新版 たたかいの記録

三つの覇権主義

不破哲三

新日本出版社

『たたかいの記録　三つの覇権主義』の新版刊行にあたって

『たたかいの記録　三つの覇権主義』の旧版は、いまから二五年前、一九九二年に刊行した著作です。新聞「赤旗」が、一九九一年九月から九二年五月にかけて、世界の覇権主義とたたかってきた日本共産党の活動の歴史を、そのときどきの当事者の回想を中心に描き出す三つのシリーズの企画を立て、それにくわわった不破が、自分の担当部分を一冊の本にまとめたものでした。この時期は、ソ連覇権主義が崩壊した直後の時期であり、中国の側では、「文化大革命」を背景として毛沢東《もうたくとう》の号令のもとに始まった覇権主義的な日本共産党への干渉攻撃はなお未解決の状態にあり、それにくわえて天安門事件（一九八九年）という新たな事態が世界を震撼《しんかん》させたという時期でした。

私は、一九六四年に日本共産党中央委員会の活動に参加して以来、ソ連、中国、北朝鮮の三つの覇権主義と、それぞれなりに対面してきた歴史がありましたから、自分自身の体験を整理しながら、ソ連問題で一二回、中国問題で二二回、北朝鮮問題で七回、合計四一回の連載を書きました。そして、それらの連載に、問題全体をとらえるうえで必要だと考えた「補章」をそれぞれ書き加え、一書にまとめたのが、この『たたかいの記録　三つの覇権主義』でした。

ここに記録された諸闘争は、いかなる国の、いかなる覇権主義的干渉に対しても、確固としてたたかいぬく日本共産党の自主独立の立場を具体的な姿で示したものとして、今なお、日本共産党の歴史の、内外に誇るべき輝かしい一部分をなしています。

この著作の刊行後、覇権主義との闘争の分野では、大きな変化が起こりました。まず一九九八年一月、中国共産党の指導部（江沢民《こうたくみん》党主席、胡錦濤《こきんとう》副主席の時代）から、両党関係正常化の申し入れがあり、北京でおこなわれた両党会談で、両党関係の正常化についての合意が成立し、三二年にわたる毛沢東以来の覇権主義的干渉に正式に終止符が打たれたのです。この合意は、中国側が、「文化大革命」以来の自分たちの日本共産党攻撃の誤りを正式に認め、その誤りにたいする「真剣な総括と是正」の意志を表明し、両党関係を律すべき原則を互いに確認しあうことを内容としたもので、両党関係の歴史のなかで画期的な意義をもつものでした。

覇権主義の問題は、中国における大国主義の新たな台頭にも見られるように、現在なお、国際政治の重要な問題をなしています。これらの諸問題に対処するうえでも、一九六〇年代から一九九〇年代にいたる、覇権主義に反対する日本共産党の闘争の歴史およびその一つの重要な到達点となった一九九八年の日中両党の合意をふりかえることは、現代的な意義をもつものと考え、今回、その関係文献をふくめて『たたかいの記録　三つの覇権主義』の新版を刊行することにしました。

そのさい、新たな注［「新版補注」として記載］を書き加えたほか、若干の補筆をおこないました。また、それぞれの部分がどういう時期の論稿であるかを示す意味で、表題のところにその文章を発表した年月を書きくわえたことも付記しておきます。

ソ連共産党とたたかって三〇年

「日本共産党の存亡をかけた闘争」および「ゴルバチョフ時代の覇権主義」の二つの章は、「赤旗」一九九一年一二月二日〜一二月一七日に連載したものです。

最初の章の主題は、フルシチョフ、ブレジネフ時代の覇権主義的干渉とその結末ですが、この時期の干渉については、その後、大量のソ連側の内部事情に関する秘密資料の入手に成功し、それを活用して、あらためて『日本共産党にたいする干渉と内通の記録』（上下二巻　一九九三年　新日本出版社）を執筆・刊行しました。この時、干渉と内通のより詳細な事実、文字通り覇権主義的干渉の恐るべき全貌が明らかにされました。本書で指摘した諸点は、ほとんどそのすべてが、ソ連側自身の資料によって実証されましたが、個々の点では、ことの悪質さが私たちの推定以上だったという場合も多数ありました。とくに重要な点は、新版への注として指摘しましたが、この時期の問題に興味をお持ちの方は、『干渉と内通の記録』をぜひ手に取っていただきたいと思います。

最後の章「覇権主義との全戦線にわたるたたかい」は、前の版で「補章」として書き加えたものです。

中国覇権主義とのたたかい

ここには、三つの章がありますが、最初の二つの章「一九六六年――日中両党会談」(「赤旗」一九九二年一月一二日~一月二六日連載)、「開始された干渉と反撃」(同二月二三日~三月一日連載)は、毛沢東時代の経過を主題としたものです。三つ目の章「干渉の諸局面をふりかえって」は、「赤旗」連載の二つの章を本書に収録するさいに、補章として執筆したもので、「文化大革命」の終結後も、日本共産党への干渉・攻撃の誤りを認めることを拒否しつづけた鄧小平《とうしょうへい》時代への批判を主題としています。この段階をのりこえて初めて、日中両党の関係正常化を実現することができたのでした。

北朝鮮　野蛮な覇権主義への反撃

「干渉と攻撃の前史――一九六八年」(「赤旗」一九九二年四月一四日~四月二〇日連載)は、一九六八年八月~九月の宮本顕治書記長(当時)の北朝鮮訪問に同行したときの記録を中心にしたものです。この時の北朝鮮訪問は、前年一二月以来、武力南進の意図を示唆してきた北朝鮮の党指導部に、そうした無法な計画の放棄を勧告することを主目的にして計画されたものでした。このことを、公式に初めて明らかにしたのが、この連載でした。

会談で金日成《キムイルソン》主席がそういう意志をもたないことを固く言明したので、私たちの主目的は達成されましたが、それ以上に驚かされたのは、北朝鮮の政治的雰囲気が、二年前、ベトナム支援の国際統一戦線問題で訪問した時とは、一変していることでした。一言でいえば、金日成への異常な個人崇拝で、そこには、私たちとの関係をはじめ、国際的にも否定的な影響を及ぼす危険があることを予見させるものがありました。

次の章「干渉の拡大から断絶へ」は、前の版で「補章」として執筆したもので、金日成個人崇拝を掲げた干渉の始まりおよび日本でのそれとの闘争の経過が主題となっています。

北朝鮮の個人崇拝体制は、金日成崇拝から金正日《キムジョンイル》崇拝へ、さらに金正恩《キムジョンウン》崇拝へと世襲的に継続され、今日では、そのもとでの専制体制が「核兵器大国」への異常な願望と結びついて、東アジアにおける危険の焦点の一つとなっています。

一九九八年の日中両党関係正常化

ここでは、一九九八年六月の両党関係正常化の合意についての記者会見と、同年七月の日本共産党創立七六周年記念講演のなかの「日中両党関係の正常化と首脳会談についての報告」の二つの文献を収録しました。

両党関係の正常化実現のこの過程は、九八年初頭に始まりましたが、そこから正常化の合意（六月）および両党首脳会談（七月）にいたる過程で、私は、毛沢東、鄧小平らの前指導部が犯してきた覇権主義の誤りを何とか是正しようとする中国共産党新指導部の決意を、局面のすすむごとに強く感じ続けたものでした。自分自身、本書の編集にあたって、あらためて当時の文献を読み返してみて、その思いをいちだんと深くしています。

正常化の合意にあたって、両党が合意し、両党関係を律すべき基準として内外に公開した原則は、双方がこれをきちんと順守するならば、世界の平和と進歩に貢献しうる内容と意義を持っていました。

その合意から二〇年近くが経過したいま、中国には、新たな大国主義の動き、東シナ海および南シナ海での領土・支配圏拡大をめざす意図と行動にくわえて、核保有五大国（いわゆるP5）の一翼をになって世界の反核平和の流れに反対するという大国主義の台頭という動きが起こってきました。

核兵器の問題については、関係正常化ののちに開かれた最初の首脳会談（九八年七月）で、つぎのような意見交換がおこなわれました。

私が、〝核兵器保有国が核兵器廃絶への責任ある決断をして、核軍拡の悪循環を断ち切るべきだ〟と述べて、核兵器廃絶を主題とする国際協議の開始、すべての核実験の中止を核兵器のこれ以上の開発の中止、核兵器の先制的な不使用の立場の明確化の、三つの問題を提起したのにさいし、江沢民主席（当時）は、次のように答えました。

「核兵器廃絶の問題について触れられましたが、第二次世界大戦のときに広島と長崎に原爆を投下されたので、核兵器の問題に非常に敏感になられることは、理解できます。中国は、五つの核保有国の一つですが、保有している核兵器の数は非常に限られています。中国は核兵器を保有したその日から、絶対核先制使用をしないことを宣言してきました。また、一貫して核兵器廃絶を主張してきました。核実験の禁止にも賛成しており、九六年七月から中国はそう宣言しています」。

一九九八年の江主席のこの言明にてらしても、現在、中国に起こっている事態の逆流的性格とその重大性はあまりにも明瞭です。

私は、両党関係の正常化にあたって双方が確認し合った合意が、今日の事態を的確にとらえるうえでも、きわめて重要な意義を持っていることを強く指摘したいと思います。

今年は、日本共産党創立九五周年の記念の年です。党史の重要な側面をなす覇権主義との闘争の生きた記録として、本書を読んでいただければありがたいと思います。

二〇一七年一月

不破　哲三

目次

『たたかいの記録　三つの覇権主義』の新版刊行にあたって　1

ソ連共産党とたたかって三〇年……………15

日本共産党の存亡をかけた闘争（一九九一年一二月）　17
1　世界の共産主義運動に前例のない犯罪的攻撃　17
2　「自主独立の党を倒せ」を合言葉に無法な干渉　22
3　ブレジネフ、日本共産党打倒作戦を引きつぐ　29
4　「併党」論による志賀一派の生き残り作戦　34
5　ソ連共産党と志賀らとの醜い関係、地下にもぐる　39
6　残された記録が告発――覇権主義の金権の網の目　44
ゴルバチョフ時代の覇権主義（一九九一年一二月）　49
7　八六年会談――ゴルバチョフとの最初の定期協議　49

8　歴史はくりかえす――対米協調路線と覇権主義と　54
9　「新しい思考」――理論はあとからついてこい　59
10　ソ連の影響力の拡大ねらって反革新分裂路線の社会党を美化　65
11　「勝共連合」の反共主義を喜ばせた「新思考」路線　70
12　三〇年にわたる闘争の到達点――覇権主義の党の解体　76
覇権主義との全戦線にわたるたたかい（一九九二年一〇月）　83

中国覇権主義とのたたかい……………………………101

一九六六年――日中両党会談（一九九二年一月）　103
1　「文革」と干渉――毛沢東が「日本共産党打倒」を発令する　103
2　東京――なぜ訪中を計画したか　107
3　海路上海へ――彭真との最初の会談　112
4　上海――「文化大革命」の騒乱発動の前夜　117
5　ハノイ――ベトナムとの最初の本格的な首脳会談　123
6　タインホア――北爆の最前線を視察　128

7　北京（上）――ソ連との覇権争いが出発点　133
8　北京（下）――意見の不一致を冷静に確認　139
9　再び北京――「熱烈歓迎」の大集会と共同コミュニケ　143
10　再び上海（上）――毛沢東、コミュニケの「修正」を要求　148
11　再び上海（中）――日本代表団には「軟弱な」メンバーなし　153
12　再び上海（下）――「北京」攻撃への転機の日　158
13　広州（上）――毛沢東との決裂のその後　165
14　広州（下）――「文革」と干渉のなかで　169

開始された干渉と反撃（一九九二年二月～三月）　174

15　党破壊活動の旗印となった「毛沢東思想」　174
16　毛沢東信仰の典型――西沢隆二の外国崇拝と転落　179
17　「紅衛兵」が干渉・攻撃の先兵に　184
18　干渉拡大の転機となった善隣会館襲撃　189
19　覇権主義的干渉の応援団となった社会党　193
20　「鉄砲から政権」路線のおしつけとの闘争　198

21　覇権主義の干渉者にたいし断固とした全面反撃へ　203
22　歴史はどんな審判をくだしたか　207
干渉の諸局面をふりかえって（一九九二年一〇月）　213

北朝鮮　野蛮な覇権主義への反撃……………………231

干渉と攻撃の前史──一九六八年（一九九二年四月）　233
1　六八年の北朝鮮訪問の主題は何だったか　233
2　「南進」問題の真剣な検討を求めて　238
3　玄界灘をこえて北朝鮮へ　242
4　チェコ問題──武力干渉にたいしてどういう態度をとるか　247
5　金日成との会談で「南進」の危険性を指摘　252
6　代表団にたいする秘密警察的な対応　257
7　開始された金日成個人崇拝の体制化　262
干渉の拡大から断絶へ（一九九二年一〇月）　268
七〇年代の干渉と攻撃　268

八〇年代——野蛮な攻撃の開始　278

一九九八年の日中両党関係正常化——報告と記録……285

両党関係正常化の合意について（記者会見、一九九八年六月）　287

日中両党関係の正常化と首脳会談についての報告（日本共産党創立七六周年の記念講演から、一九九八年七月）　300

三二年の歴史をふりかえって　300

関係正常化にいたる交渉経過——秘話をふくめて　304

両党首脳会談について　316

新しい歴史をきずく大事業に新たな確信と壮大な意欲をもって　332

ソ連共産党とたたかって三〇年

日本共産党の存亡をかけた闘争（一九九一年一二月）

1　世界の共産主義運動に前例のない犯罪的攻撃

リレー連載「ソ連共産党とたたかって三〇年」［★］の最後に、登場することとなりました。これまでの時期的な流れからいえば、ゴルバチョフの覇権主義とのたたかいが主題となるところですが、その話に入る前に、最後のまとめということもあり、ソ連覇権主義とのたたかいの三〇年間を私なりにふりかえってみたいと思います。

★**「ソ連共産党とたたかって三〇年」**　ゴルバチョフ書記長の解体声明（一九九一年八月二四日）をもって、ソ連共産党がその覇権主義の歴史を閉じたのち、同年九月一八日から一二月一七日にかけて「赤旗」に掲載されたリレー連載。ソ連共産党の覇権主義、干渉主義と対決した日本共産党の闘争の歴史を、そのときどきの当事者の回想を中心に、多面的に明らかにしました。［新版補注］

私が、それまでの一一年にわたる鉄鋼労連書記局での活動をはなれて、日本共産党中央委員会で仕事をするようになったのは、一九六四年三月のことでした。部署は政策委員会で、まず最初の課題となったのは、ソ連のフルシチョフらが世界の運動全体におしつけようとしていた誤った路線との理論闘争にとりくむことでした。

ソ連共産党は、日本の運動にたいする干渉活動をいろいろな方法で開始していましたが、その大部分は、表に出ない水面下の動きでした。六三年八月の「プラウダ」に、原水爆禁止運動の問題で社会党・総評など分裂派に肩入れしたジューコフ論文「広島の声」がのった以外には、当時はまだ、日本共産党への公開の攻撃や論争はありませんでした。

日本共産党は、この状況のもとで、ソ連共産党の不当な干渉に厳重な抗議をおこなっており、私が党本部に移ったときは、ちょうどこの問題を解決する任務をもって、党の代表団がモスクワに送られたところでしたが、日本の党の側から問題を公開の論争にうつすという態度はとっていませんでした。ですから、私自身、水面下での干渉者とのたたかいの実情を、党本部にきてはじめて知り、その確固とした原則性に驚かされたことをおぼえています。

日本共産党のこうした態度は、党と党のあいだでおこった問題は内部的な協議で解決するという、一九六〇年の八一カ国共産党・労働者党の国際会議［★］でも確認された民主的なルールにたってのことでした。私たちは、ソ連共産党にたいしてだけではなく、相手がだれであろうと、この民主的ルールを節度をもってまもりました。そのことが、干渉者とのたたかいのうえで、どんなに重要な意味をもっていたかは、その後の歴史の進行のなかで事実をもってあきらかになってゆくことです。

★ **八一カ国共産党・労働者党の国際会議**　一九六〇年、モスクワで開かれた世界の共産党・労働者党の国際会議。世界を包括する規模で諸問題を討議する共産党の国際会議としては、第二次世界大戦後、最初で最後のものとなりました。まず一〇月一日〜二五日に、二五カ国からなる予備会議が開かれ、国際会議で採択する「声明」の原案が検討されました。日本共産党は、宮本顕治書記長（当時）を団長とする代表団が参加、高度に発達した資本主義国でありながらアメリカ帝国主義に従属している革命の問題についての独自の提起を含め、八〇以上におよぶ修正案を提起、「声明」を科学的社会主義の見地で道理あるものとするために奮闘しました。本会議は、一一月二〇日〜一二月一日に開催され、この国際会議の「声明」を採択しました。［新版補注］

政策委員会は、国際的な性格をもつ理論闘争として、アメリカ帝国主義の「各個撃破政策」の告発、それを「平和の政策」と見誤った帝国主義美化論の批判、「労働者政党」ということで共産党も社会党・社会民主党も同列におき、後者を美化する傾向への批判などにとりくみました。いま述べた当時の状況でしたから、最初の段階では、これらはすべて、国際的な舞台で問題となっていた誤った潮流一般への批判として展開し、ソ連共産党の政策や行動への名ざしの批判はいっさいおこないませんでした。論争にとりくむ当事者としては、「靴の底から足の裏をかく」といったもどかしさも感じたものですが、世界の共産主義運動のなかで大義ある立場をつらぬくためには、どんな大きな党であれ不正不義を許さない勇気ある原則性とともに、最後まで緻密《ちみつ》な道理をつくす配慮が、論争の態度として必要とされたのです。

この状況を乱暴にうちやぶったのは、ソ連共産党の覇権主義者たちでした。干渉問題の解決のためにモスクワでひらかれた六四年三月の日ソ両党会談でも、彼らは干渉主義者の本性をむきだしにして、きわめて横暴にふるまいました。彼らはこの会談などを通じて、日本共産党がどんな脅しも通用しない不屈の自主独立の党であることを見きわめると、志賀義雄らのソ連追随分子を手兵として、日本共産党をくつがえす大規模な干渉作戦にただちにのりだしたのです。

私たちの理論闘争も、志賀ら反党分派を粉砕するとともに、ソ連の干渉者を正面の相手とした公開論争に、その性格を急変させました。いまのようにワープロなどのない時代、文字通りペンによるたたかいでしたが、日夜をわかたぬ第一線での激闘の日々でした。

相手の党内に反党分派という内通者を育成してその党の指導部の転覆をはかる、というのは、その後、ソ連共産党が各国に覇権主義の干渉をたくらむさい、常套《じょうとう》の手口としたものでした。とくに、一九六四年に開始された日本共産党への攻撃は、フルシチョフらソ連共産党指導部が、六〇年の国際会議以後に、資本主義国の共産党にたいしてしかけてきた最初の、そしてもっとも大規模なものだったと思います。

同じ六四年に、インドでもソ連の介入事件が起こりましたが、これは、最初は、国民会議派のネルー政権の評価などをめぐってインド共産党が分裂し、ソ連が、分裂の一方——ソ連派のインド共産党を応援するという形で手をだしたものでした。これにたいして、自主的な側はインド共産党（マルクス主義）として活動しました。これは、他国の運動にたいするソ連の覇権主義的な干渉の一つでしたが、ことの経過からいって、ソ連が反党分派をつくってインド共産党の転覆をはかったという問題ではありませんでした。

ところが、日本の場合には、日本共産党がソ連の誤った路線に同調しないということをただ一つの理由として、反党分派を育成し、社会党や総評まで〝応援団〟として動員し、党を転覆して、ソ連派の「日本共産党」におきかえようという、攻撃をしかけてきたのです。この攻撃は、「社会主義」を名乗る大国の政権党が、資本主義社会の困難な条件のもとでたたかっている共産党の転覆をはかった、きわめて背信的で、犯罪的なものでした。

2　「自主独立の党を倒せ」を合言葉に無法な干渉

国際的にぬきんでた自主独立の立場

ソ連共産党が、日本共産党に干渉攻撃の最初の矛先をむけた背景には、日本共産党の自主独立の態度が、国際的にぬきんでていたという事情がありました。

科学的社会主義の道理にたって、どんな大国の無法も恐れない日本共産党の確固とした態度が鮮明になる重要な舞台となったのは、世界八一カ国の共産党・労働者党の代表が集まった一九六〇年の国際会議でした。

当時は、いわゆる「中ソ論争」といって、ソ連と中国の間でなかば公開の論争がおこなわれていた時期で、世界の多くの党も、大部分がどちらかの陣営――いわばソ連あるいは中国を「本家」とする「派」に属して論争にくわわるというのが、大勢でした。そのなかで、いかなる「本家」をも認めず、ひたすら真理にいかに接近するかだけを基準にして積極的に論争する党・日本共産党の存在は、国際会議で大きな注目の的となったのです。日本共産党の代表団は、提案された「声明」の草案――フルシチョフ流のまちがった命題に満ちていた草案を、科学的で原則的なものに改めるために、もっとも多くの修正案を提起し、道理をつくした討論でその多くを認めさせました。とくに、ヨーロッパの一部の党によって提案された、例の〝前衛のなかの前衛〟論［★］をはじめ、ソ連共産党を世界の「指導党」扱いしたり、ソ連中心の「指導的」なセンターをつくろうとしたりするあらゆる傾向にたいして、どんな形でもこれを認めない厳格な態度をつらぬいたのは、日本共産党だけでした。

★〝**前衛のなかの前衛**〟**論**　「声明」のなかの、ソ連共産党を「世界共産主義運動の一般に認められた前衛」と位置づけた規定のこと。これは、「声明」草案にはなかったものでしたが、一部の党がソ連礼賛の立場から提案したものです。日本共産党は、各国の党の独立、平等の原則に反するとして反対しましたが、当時、ソ連共産党と論争していた中国共産党までが、「どんなものにも頭が必要」という理屈で賛成し、草案につけくわえられてしまったものでした。［新版補注］

この態度が、ソ連共産党やフルシチョフにどんなに強烈な印象をあたえたかは、声明草案の起草にあたった準備委員会が終わったときのレセプションの席で、フルシチョフが、わざわざ日本共産党の名をあげて「日本が心配しているようなセンターなど考えていない」と弁明したというエピソードにもしめされています。

それから三年、フルシチョフらは、アメリカへの無原則的な譲歩による対米接近政策をとるようになり、その最初の具体化として部分核停条約を結び、対米協調政策を世界の共産主義運動、平和・民主運動の全体におしつける覇権主義的な計画に乗りだしました。そのとき、彼らがこの計画の最大の障害物と考えたのが、被爆国・日本に、自主独立の路線にたち、彼らの誤った政策への同調や追従を断固として拒否する日本共産党が存在していることでした。

「自主独立の党をたおせ」——これが、ソ連共産党とフルシチョフの合言葉となり、六〇年の国際会議での厳粛な確認も何も紙くずのように投げ捨てて、彼らは、無法きわまる日本共産党打倒作戦にふみだしたのです。

干渉者はどんなシナリオを書いたか

ソ連共産党が最初にたてたこの作戦のシナリオはつぎのようなものでした。

①まず、日本共産党の指導部の一定の人物を中心に、無条件にソ連のいいなりになる反党分派を育成する。その分派に、適当な時期に、日本共産党の現在の政策・方針を告発する旗あげをおこなわせ、ソ連がただちにこれを支持する。

②ソ連の責任で、反党分派こそ「国際共産主義運動の本流」で、それまでの日本共産党は「国際共産主義運動」からの〝離反者〟だとする国際的な工作をおこない、国際会議など適当な舞台で、反党分派を、正統な「日本共産党」として〝認知〟する。

この作戦を展開するうえで、カギとなるのは、反党分派の中心となる「人物」をみつけることですが、それは、干渉者にとっては、何の困難もないことでした。志賀義雄という、戦前からの党歴で著名ではあるが、「ソ連への無条件の忠誠」という点では保証ずみの人物が存在していたからです［★1］。彼のソ連追従ぶりは、宮本議長（当時）が一〇月（一九九一年）にひらかれた二全協の冒頭発言で回想しているように［★2］、すでに一九六一年の日ソ両党会談でも、ソ連の党の目の前であからさまに表明されていたことでしたから。この会談は、ソ連の党の新綱領草案にあらわれた日本問題でのソ連の認識の誤りをただすことを目的にしたものでしたが、志賀は日本共産党の代表団の一員としてこの会談に臨みながら、ソ連側から一言いわれると、「突如たちあがって、それでやります、今後その方針でやりますと、ペコッと頭を下げた」のです。

★1　**志賀の内通の起点**　ソ連崩壊後に明るみに出たソ連共産党の内部文書によって、志賀は、一九六一年六月に、第八回党大会（一九六一年七月）を前にして、六月にソ連共産党のポノマリョフに秘密書簡を送り、自分が党の綱領草案に疑問を持っていることを伝え、「日本共産党の綱領草案について協議するために訪ソしたい」と申し入れていました。志賀は、党内の会議で、綱領草案に反対の意見を出したことは一度もありませんでしたが、ソ連の批判的態度を推察して、その代弁者になることを自分から売り込んだのでした。［新版補注］

★2　**宮本議長（当時）の回想**　一九九一年一〇月の第二回全国協議会で、宮本議長は、ソ連覇権主義の問題を語るさい、その手兵となった志賀義雄の以前からのソ連追従ぶりについて述べた次の回想のことです。一九六〇年の国際会議以後の、日ソ両党の関係史にもかかわることなので、回想部分の全文を紹介しておきます。

「第八回党大会後間もなく私のソ連訪問が必要となったのは、ソ連の党の綱領の問題があったからです。当時、フルシチョフがソ連共産党の新しい綱領をつくろうとしていましたが、綱領案のなかの日本の位置づけが、まちがって書かれていました。日本の軍国主義が対米従属状態にあるということを書いてない。ソ連の党の綱領のことではありますが、日本のことを誤って書いているわけですから、日本共産党の立場からみて正しくないということをいわなければならない。日本の綱領の規定の方向にソ連の綱領案の日本問題の部分を直させるというのが目的でありました。その点を訪問まえに、党の指導部で志賀義雄もくわえて十分討議して、西沢富夫同志とともに行ったわけであります。

しかし、日ソ両党会談で意外なことがおこりました。志賀はソ連側の説明をきいたら突如たちあがって、それでやります、今後その方針でやりますと、ペコッと頭を下げたわけであります。これはもう予想外のことで、われわれも驚きました。結局、その綱領問題は、われわれがるる主張しましたので、ソ連の方も資本主義の党から社会主義の党、ソ連の党にたいして綱領問題で文句をつけた党は初めてだと言いながらも、最後は日本の主張をいれて、〝対米従属下の軍国主義復活〟と直しまして、われわれの筋をとおしたわけであります。しかし問題は、この、志賀の態度がその後のソ連との問題で大きな役割を果たしていったという点であります」（宮本顕治『二〇世紀と社会主義の生命力』二〇〇八～二〇九ページ、一九九二年　新日本出版社）。［新版補注］

志賀が裏切りの旗あげをしたのは六四年の五月です［★］。当時、フルシチョフらは、世界の共産党の新しい国際会議をひらいて、名実ともにソ連を「指導党」とするソ連中心の新体制をつくりあげること、ソ連と公開論争をしていた中国などにたいしては、そこで「集団措置」をとることを、あからさまに問題にしていました。日本共産党は、世界の共産主義運動を公然と分裂させる、このような国際会議の開催には強く反対していました。

★志賀の反党「旗あげ」の前史　この「旗あげ」には前史がありました。一九六二年三月、〝文化面での日ソ協力〟をうたい文句として、ジューコフを団長とするソ連代表団が訪日しましたが、この代表団の真の任務は、日本共産党中央委員会の内部に内通者のグループを組織することでした。ソ連側の内部資料には、志賀やその他の人物が、この代表団と秘密裏に会見し、「日本共産党内の状態についての自分たちのメモと、この問題に関する大量の文書資料をわれわれに渡した」と記録されています。

この時点で、志賀らは完全な内通者となり、党中央委員会総会が開かれるごとに、事前にソ連側と対策を相談し、会議後には詳細な内容報告をするようになりました。そして六三年一〇月には、志賀が「物質的援助」をソ連側に要請、六四年二月には、最初の援助資金が志賀に提供されました。六四年五月の志賀の「旗あげ」は、ソ連共産党の指示と援助のもとに、こうして準備されたのでした。［新版補注］

干渉者たちは、この国際会議の計画と、日本共産党打倒作戦を結びつけました。すなわち、この会議に、志賀らの反党分派を出席させ、これを「真正」の「日本共産党」として公認させる舞台にすることです。そうすれば、日本共産党は、「国際共産主義運動」の枠外の存在となって、没落せざるをえなくなるだろう、これが、干渉作戦のシナリオでした。

だから、志賀たちは、反党の旗あげをした最初のときから、「国際共産主義運動」の立場（これはソ連共産党の立場ということ）から見れば、自分たちが「本流」で、「代々木」の方が「分派」だという議論を、記者会見などであきもせずくりかえしました。

ソ連の干渉者たちも、これに呼応しました。彼らは、六四年三月の両党会談のあと、長文の書簡を日本共産党中央委員会あてに送ってき、志賀らの旗あげにあわせるかのように七月にこれを一方的に公表しました。その書簡がいちばんの主題としたのは、日本共産党の路線と行動が「国際共産主義運動の合意の路線」から「離反」しているという独断的なきめつけでした。この立場は、その後の「プラウダ」やタス通信でも、手をかえ品をかえくりかえされました。そこでは、日本共産党の現指導部は、日本の労働者階級の立場も、核戦争の脅威に反対する闘争も捨てて、「北京の分裂主義者」の代弁者となりさがった「連中」として描かれ、志賀ら反党分派の方は、偉大で崇高な仕事に献身している「日本共産党の健全な、真にマルクス・レーニン主義的な勢力」の結集体として描かれるのが常でした。

しかし、干渉者たちのこのもくろみは、筋書き通りには進行しませんでした。彼らは、覇権主義者独特の自己過信から、ソ連が後ろだてになっていることがはっきりすれば、日本共産党のなかに大きな動揺がおきるだろうと、計算していました。しかし、日本共産党の隊列に結集した全国の党員の団結は、これが架空の幻想であったことを、たちまちのうちに暴露しました。いくら「プラウダ」が、志賀やその同調者の手元には、彼らと「見解をともにしこれを支持する旨を表明した多くの日本共産党員の手紙や電報が殺到している」(「プラウダ」六四年九月四日付)といった記事を書きたてても、それは、「真理」(ロシア語ではプラウダ)とは無縁な、干渉者たちの願望のあらわれでしかなかったのです。

3　ブレジネフ、日本共産党打倒作戦を引きつぐ

志賀一派もりたての国際工作の証言

一九六四年一〇月には、志賀たちに衝撃をあたえた「大事件」がおきました。頼りにしていたフルシチョフが突然失脚して、ブレジネフを第一書記(六六年から書記長)とする新体制ができたのです。あわてた志賀らは、ソ連共産党の中央委員会と連絡をとり、党付属のマルクス・レーニン主義研究所の「招待」ということで、公式にソ連に招かれます。

フルシチョフの失脚で、これまでの作戦はダメになったかという志賀らの心配は、杞憂《きゆう》でした。ブ

レジネフ新指導部は、世界の共産主義運動を分裂させる国際会議の計画を、フルシチョフからひきついでそのまま準備をすすめる態度をあきらかにしましたが、日本の問題でも、これまでの日本共産党打倒作戦を引きつぎ、これをもっと大胆にすすめるように、訪ソした志賀に指示したのです。

帰国後、志賀たちは元気をとりもどし、おこがましくも、一二月には、「日本のこえ」という新聞の名を冠しただけのこれまでの組織名でなく、「日本共産党（日本のこえ）」と名乗って、いよいよ日本共産党にかわるホンモノの党――「真の大衆的前衛党建設のための新しい段階が来た」という威勢のよい声明を発表します。このときの志賀らの声明には、覇権主義のご主人の変わらぬ支持を確かめた連中の喜びが、あふれ出ていました。

日本共産党のなかに反党分派を育成し、それを道具として党の転覆をはかるというソ連覇権主義の攻撃は、国際的にも有名となりました。とくにソ連共産党が、この干渉策動に、他国の共産党をもまきこもうとして大規模な国際工作をやっただけに、「シガ」といえば「ああソ連の干渉のこと」とわかるように、この言葉は国際的な知名度を高めたようです。八〇年代のことですが、私たちとの会談で、多くの外国の代表が、アフガニスタンでソ連のかいらいとなったカルマルのことを「アフガニスタンのシガ」とよんだほどです。

ソ連崩壊後のことですが、一九九一年の七月に、ポルトガル共産党のクニャール書記長が来日して私たちと会談をやりました。ポルトガル共産党は、ヨーロッパでもソ連に近いことで有名な党で、日本共産党とはこれまで本格的な交流はありませんでした。その党が、ソ連・東欧の激動のなかで、この激動の見方などをふくめ、日本共産党と意見の交換をしたいとの要望があり、はじめての本格的な会談が東京でおこなわれたわけでした。

両党は、その意味では、いわば初対面ですから、私は、日本共産党の今日にいたる歴史を簡潔にのべるなかで、六〇年代のソ連の干渉問題についても話しました。するとクニャール書記長が「志賀問題ですね」と即座にいうのです。

そして、ポルトガル側の発言の番になったら、自分たち自身がソ連の干渉をうけた経験の一つとして、「志賀問題」をめぐるソ連の国際工作の話をしました。

ソ連から、日本における真に正しい路線をもった党、日本の共産主義者の新しい党として、志賀の党が紹介され、関係をもつようにいわれた。われわれはそれを非難し、志賀の党のことは、われわれの機関紙で報道しなかった。日本共産党は独自の立場をもっており、この党と関係をもつのがわれわれの立場だったからだ。ソ連のいうようなやり方を容認すれば、そういう党をどこにでもつくれることになる。

当時のソ連の国際工作の内容を、工作をうけた当人の口から聞いたのはこれがはじめてでした。ソ連は、志賀らを「〝正統の〟日本共産党」にしたてあげるという計画を成功させるために、フルシチョフ時代だけでなく、ブレジネフ体制になって以後も、こうした工作を広範な規模でやっていたのです。

最初のシナリオの破産で新しい策謀に

しかし、フルシチョフから引きついだ日本共産党打倒作戦は、完全な失敗に終わりました。決定的な事情は、日本の国内での志賀たちのみじめな破綻《はたん》です。志賀たちは、ソ連の新しいお墨つきに自信をえて、これまでいろいろな時期にそれぞれの反党分派活動で党を追放された雑多な分子をかきあつめて、日本共産党に対抗しようとしました。こうして合流した彼らが、まず力をかたむけたことは、六五年夏の参院選で、日本共産党の野坂議長（当時）［★］がたつ東京地方区に対立候補をたて、党に打撃をあたえる策謀でした。この策謀はみごとに粉砕され、野坂候補が堂々の当選をかちとったのにたいし、志賀らは泡沫候補なみの惨憺《さんたん》たる敗北に終わりました。選挙戦のこの結果は、ただ反党勢力の破綻というにとどまらず、日本共産党の自主独立路線の勝利、干渉への追随者の破産として、国際的にも、覇権主義者に痛烈な打撃をあたえるものとなりました。

★　**野坂議長（当時）**　野坂参三は、戦前、ソ連に亡命し、のち中国で活動、戦後帰国した党幹部でした。ソ連崩壊後に表に出たソ連共産党の秘密文書から、スターリンの「大テロル」の時期に、自己保身の意図から、日本から亡命中の山本懸蔵に対し、「日本の警察のスパイ」という偽りの告発をおこなった事実が明らかになり、当人もそのことを認めたので、一九九二年一二月、党中央委員会で除名を決定しました。その後、野坂が、中国から日本への帰途、モスクワに呼ばれ、赤軍情報部に直結する内通者の任

務を帯びて日本に帰国したことも、ソ連側の秘密資料によって明らかになりました。［新版補注］

もう一つは、国際的な事情です。国際会議をひらこうというソ連の計画が迷走を続け、六五年三月に「予備会議」の名でひらいたものの、それが当初の構想とはちがった「相談会」に終わってしまったことです。この会議を足場に、世界の運動のソ連中心の再編成をやってのけ、そこで志賀らを〝認知〟することなどは、問題にする余地もなくなってしまったのです。

内外のこうした失敗がかさなったなかで、ブレジネフら覇権主義の指導部も、志賀らを「国際共産主義運動の本流」と称して日本共産党にとってかわらせようとする最初のシナリオを、放棄せざるをえなくなりました。

しかし、覇権主義者は、一回失敗したからといって、干渉計画を簡単にあきらめるものではありません。干渉の道具としてせっかくつくりあげた志賀一派です。何とかこれを生き残らせて活用しつづけようと、干渉者たちは新しい作戦をたてはじめました。

その後あきらかになってきた各種の事実をも集めて総合判断すると、ソ連共産党が、日本共産党との関係回復につとめる一方、志賀らにも別個の党組織をつくらせてそれとも関係をもつ、こうして、いわば「併党」論的な形で、志賀一派の〝市民権〟を既成事実にしようというのが、新しい策謀のシナリオでした。

4 「併党」論による志賀一派の生き残り作戦

両党会談申し入れのかげで「新党」工作

ソ連共産党が、日本共産党に、党関係の正常化を希望し、そのための会談を提案した書簡をよせたのは、六六年六月のことでした（書簡の日付は五月三一日）。私たちの側は、党関係の正常化の前提が、ソ連が志賀ら反党分派との関係を断つことにあることを、あらゆる機会に明示しながら、これに対応し、六六年一〇月には、東京で両党間の会談をおこなうことについて一応の合意ができました。そして、六八年一月、スースロフ政治局員を団長とする代表団が訪日して、両党会談がおこなわれることになったのです。

ところが、驚くべきことに、ソ連の干渉者たちは、日本共産党にたいして関係正常化のための会談開催を求めてきたのとほぼ同じ時期に、他方の手で、志賀たちにテコいれをし、選挙の惨敗で中断状態になっていた、雑多な反党分子を総結集する「新党」工作を再開させたのです［★］。

★ ソ連が企てた「併党」論方式　私は、こう書いた時点では、このことを裏付ける十分な事実資料を持っていませんでしたが、ソ連崩壊後に入手した秘密資料には、ソ連側の指示にこたえてその実行過程を刻々報告する志賀自身の一連の手紙が含まれており、私たちの分析の正確さは全面的に実証されました。「併党」作戦の出発からみじめな破綻に至るまでの、干渉者と内通者の間の醜いやり取りの詳細は、『干渉と内通の記録』の「第五部　『併党』作戦とその失敗」（上巻）を参照してください。［新版補注］

志賀らが、その他の反党分子と共同で、「新党」づくりの「全国会議」なるものをひらき、志賀が準備委員長に就任したのは、六六年の三月でした。七月の会議では、最終的には「日本共産党（代々木）」との統一が目標であって、「われわれの党建設と日共（代々木）の内部革新」との相互関連で、「党と党の統一」が可能になるなどと、夢のような議論がされ、八月には、「新党」結成大会を一一月にひらくことなどを決めていました。志賀らの胸のうちでは、「偉大な」ソ連共産党がねりあげた筋書きをつくってくれたのだから、この道にそってゆけば、夢のような話も現実になると、思いこんでいたのかもしれません。

ところが、志賀らがソ連の指示のもと「新党」結成準備に熱中していたこの時期に、ソ連側は、日本共産党との間で、両党会談の前提にかかわる問題として、志賀ら反党分子との関係をただされている最中――「フルシチョフからブレジネフにかわって以後は、志賀など除名された連中とはいっさい関係をもっていない」など、見えすいた虚偽答弁をしては、その矛盾をつめられ、四苦八苦の状況におちいっているところでした。私たちは、最終的には、その問題は、会談で「事実にもとづいて究明しよう」という態度をとりましたが、いずれにしても、この事前の交渉を通じて、ソ連側が、〝日本共産党との関係正常化をすすめるためには、「併党」論的な決着など絶対に不可能だ〟ということを、思い知らされたことは、間違いありません。

「向こうがやれといったからやったんだ」

その結果、志賀ら反党分子の間では、きわめて異常な事態がひきおこされました。六六年九月下旬の会議で、「結党大会」の日程も一一月一二日～一四日と決まり、大会に提案する「政治・組織方針案」も決まって、一〇月下旬には大会を前にした最後の会議がひらかれました。ところが、その会議の冒頭、準備委員長の志賀が、にわかに「結党はまちがいだから無期延期しよう」という一八〇度の方向転換の提案をもちだしたのです。おそらく、この会議の少し前に、ソ連側から、「併党」構想は、結局、夢に終わらざるをえなくなったことの、最終的な通告があり、因果をふくめられたのでしょう。

この「志賀提案」を突然もちだされて、会議がハチの巣をつついたような大騒ぎになった様子は、「日本のこえ」の簡潔な報告記事からもうかがわれます。採決の結果、「提案者（つまり志賀のこと）以外、全員反対」などの記事もつづきますが、なにせ、ソ連追随を旨とする組織の悲しさ、提案者以外全員反対でも、その「提案者」がスポンサーの意思を伝える唯一の窓口だとなると、「提案者以外」

の多数ではことを決めることができません。鳴り物入りで宣伝した「新党」も、主力になるはずだった志賀一派の参加ぬきでの発足という悲惨な結末に終わりました。

「新党」結成をみずから主唱しておきながら、いざとなると突如「結党中止」を提案し、その理由もまともに説明しない——この志賀の態度を追及する混乱のさなかに、ことの本質をみごとに表現した一つの〝名言〟があります。実は、志賀とともに、党を裏切った鈴木市蔵《いちぞう》の、この会議のなかでの発言ですが、反党分子の記録のなかにだけとどめておくのはもったいないので、ここで紹介しておきましょう。

「志賀さんに責任はない。〔新党結成は〕向こう〔ソ連〕がやれといったからやったんだし、やめろといったからやめたんだ、それでよいではないか」。

これは、ソ連のいいなりの道具になって恥じない反党分子の心情をみごとに表明していますが、問題はそれだけではありません。ここには、「新党」結成問題がすべて、ソ連のシナリオにもとづく策動であったことの、当事者自身によるまぎれもない証言があります。ソ連の干渉者たちは、日本共産党に関係の正常化を提案しながら、あわよくば志賀一派との関係もなしくずしに存続させて、これを足がかりに新たな干渉を策すという、まったく無反省なくわだてをもてあそんでいたのです。

しかし、このくわだても、干渉者とその手兵のいかなる策謀も許さない日本共産党の断固とした態度の前にあえなく挫折しました。

こうした原則的な闘争が、「併党」論的な決着で、干渉者の橋頭堡《きょうとうほ》の温存をはかるという覇権主義者の第二の作戦シナリオをも、完全な破綻に追い込んだのです。

六八年一月の両党会談を前にして、私は、「赤旗」に、論文「変節と党破壊の免罪をねらうもの」を発表しました（「赤旗」六八年一月二〇日付、『不破哲三著作集』〔一九六九年　大月書店〕所収）。これは、六四年五月の志賀の裏切りとソ連共産党の覇権主義的干渉の全体を総括するとともに、干渉のきっぱりとした清算こそが両党関係正常化の前提であって、この問題ではいかなる妥協的な解決もありえないことを、日本共産党の原則的な態度として、その時点であらためてあきらかにしたものでした。

「われわれは、志賀一派の党破壊活動を放置し、彼らの不当な攻撃をわれわれが甘受したままで、つまりわが党にたいする干渉の産物を放置したままで、どの党にたいしても便宜的に偽装的な友好をねがうものではない」。

5　ソ連共産党と志賀らとの醜い関係、地下にもぐる

科学的社会主義の事業とは異質の世界

一九六八年一月～二月に東京でおこなわれた両党会談で、ソ連側のスースロフ団長は、志賀らをはじめ、日本共産党から除名された反党分子とはいっさい関係をもたないことを、明言せざるをえませんでした。

ソ連側は、この会談をもって、ただちに両党関係を正常化させたいとの意向のようでしたが、私たちは、そうではなく、これを関係正常化への努力の「出発点」と位置づける態度をとりました。志賀一派などと関係をもたないというスースロフの言明は、両党関係回復への一歩になりうるものでしたが、足かけ四年にもわたる干渉は、原水爆禁止運動や国際友好運動などの分裂とそれへのソ連の加担など、日本の平和・民主運動の各分野に否定的な遺産を現に残しているし、その解決なしには、党間の関係も本当の意味では正常化しえない実態があったからでした。

また、率直にいって、志賀たちと「関係をもたない」との言明も、その場だけのことか、真実の裏

づけをもった真剣な態度表明なのか、実際の検証を要する問題でした。

六四年の決裂にいたる会談や接触のなかではもちろんのこと、今回の会談にいたる予備的な接触のなかでも、私たちは、ソ連共産党を代表して折衝にあたってきた代表や担当者たちが、裏と表を平気で使いわけ、自分たちに不利なことは証拠を突きつけられても認めようとせず、あきらかなウソを平然ともてあそぶ連中であることを、いやというほど実感してきました。そうした不誠実さ、権謀術数は、いやしくも共産党を名乗り、社会主義の事業にくわわる自覚をもつもの同士のあいだでは、あってはならないことのはずですが、ソ連共産党との交渉や会談には、そのことを十二分に覚悟してのぞむ必要があったのです。科学的社会主義の事業とはまったく異質の世界がそこにはありました。

しかも、人的構成の点でも、志賀らをあやつって日本共産党打倒の工作をしかけてきた中心人物――コワレンコ、セナトロフなどの面々が、「新しい」ブレジネフ指導部の「新しい」方針のもとで、こんどは、志賀らとの絶縁や干渉の遺産の〝清掃〟作業にあたり、日本共産党との関係正常化につとめるというのですから、言葉だけで信用するわけにゆかないのは、当然のことです。その仕事ぶりが本物であるかどうかは、テーブルを囲んでの話だけでなく、実践的な検証を十分に要する性質の問題でした。

そして、私たちのこの配慮が妥当なものだったことは、会談の二年後に、ソ連大使館のメンバーが志賀らの集会に出席している事実が明らかになるなど、まぎれもない形で実証されました。

このことを日本共産党がきびしく批判したあと、ソ連側と志賀らとのこうした不用意な、あからさまな接触は、確かに表に見えなくなりました。しかし、重要なことは、覇権主義者はいったん手にした干渉の道具を簡単には手放さないということです。ソ連と志賀らとの関係は、六八年のスースロフの確約以後も、長期にわたって続きました。変化は、表向きの確約との矛盾を取りつくろうために、秘密警察ＫＧＢも関与するきわめて陰湿な関係にうつったということだけでした。

レフチェンコ証言で秘密援助があかるみに

この事実があかるみに出たのは、ソ連の秘密警察ＫＧＢ（国家保安委員会）の一員として、一九七五年以後日本で活動していたレフチェンコ少佐が、七九年一〇月にアメリカに亡命、米議会での証言その他で、日本での活動内容をあきらかにした結果でした。

レフチェンコの『回想録』によると、彼は、ＫＧＢとして日本で活動を始めた七五年以前にも、ソ連共産党の国際部の指示のもと、いろいろな代表団の一員として訪日しています。そのなかでも、志賀問題との関係で目につくのは、一九七〇年の大阪万国博のときの話です。七〇年といえば、スースロフが志賀らと関係をもたないことを確約してから二年たったときのことですが、来日に当たって、志賀らとの接触については、コワレンコから特別の注意があったというのです。

「『日本のこえ』と接触するには、日本共産党に知られてはならないので、私たちは目立たぬように行動しなければならなかった。志賀氏と個人的に会うのは避け、志賀氏が顔を出すような場所にも行かないようにせよ、とコワレンコは私たちにはっきり指示していた」（『回想録』）

要するに、接触を禁じたのではなく、日本共産党に知られないように警戒せよとの指示です。当時、レフチェンコはまだKGBのメンバーではなく、もっぱら党の国際部の指示のもとにありましたが、志賀らとの秘密の接触のうちに資金援助が含まれていたことは、国際部の関係者の間では、なんら秘密事項ではない、周知のことだったようです。

「〔大阪万博の〕ソ連館には志賀グループからもたくさんの来館者があり、大部分は若い人たちだった。この若者たちは、『日本のこえ』に対する国際局の態度に不満を抱いていたが、これは彼らの間違いだった。……このことを話し合うのはむずかしく、私はつらくてたまらなかった。実を言えば、国際局は彼らの指導者である志賀氏に資金を送るなどして支援をしていたのだが、彼らはその事実を知らなかったし、また彼らに話すわけにいかなかったのである」（同前）。

レフチェンコは、七五年二月には、こんどはKGBの将校として日本に着任します。表向きの肩書は、国際誌『新時代』（ノーボエ・ブレーミャ）の東京特派員ということでした。そして、このなかで、直接、志賀への資金援助に関係することになるのです。

この問題は、一九八二年七月一四日、アメリカの下院情報常設特別委員会の公聴会での証言のなかで、いちばんくわしく説明されています。レフチェンコは、ここで、日本の政党との資金関係についてのべ、日本共産党はソ連との資金関係はまったくないこと、社会党は、「友好貿易団体」を通じるという形で、「間接的に」ソ連からの支援をうけていることをのべたあと、ソ連から「直接の」資金援助をうけているグループとして、志賀一派の名をあげました。これは、たんなる伝聞ではなく、自分自身が、志賀にたいする資金援助の執行者となったことをふくむ、きわめてリアルな証言でした。レフチェンコによると、この援助は、ソ連が、スースロフの時代から、志賀にたいして「道徳的な責任のようなものを負っている」からだそうですが、彼は、志賀への金の引き渡しの段取りを、つぎのように説明しています。

——資金の引き渡しを決めるのは政治局で、それが決まると、引き渡し作業そのものはKGBに委任される。それは、国際部の部員は、情報将校ではなく、プロのスパイの取引技術のような訓練を受けていないためである。

——レフチェンコがかかわった志賀への資金供与のケースでは、レフチェンコ自身がまずモスクワの共産党本部で、金の入った袋をもった会計係にあい、その袋を特殊なスーツケースにいれて、受領書を渡す。それから、この金は特別便によって日本へ送られ、日本ですべてを心得ているKGB将校が、スパイの取引技術を使って、日本の他の都市へ行き、その金を志賀義雄に渡した。

6　残された記録が告発──覇権主義の金権の網の目

「ソ連党」の名誉まで動員した虚偽答弁

レフチェンコ証言がおこなわれたのは、一九八二年でした。日ソ両共産党はソ連側が、一五年来の干渉の誤りについて公式にこれを反省する態度を表明し、反党分子といかなる関係ももたないことを誓約したことにもとづき、二年あまり前の七九年一二月、両党首脳会談で、党間の正常な関係を回復していました。ソ連側の説明では、七〇年に、ソ連大使館員が志賀一派の集会に参加するなどの事件をおこして、私たちから追及されて以後は、志賀一派とは完全に絶縁したことになっていました。レフチェンコ証言が真実であるとしたら、それは、ソ連側の誓約が、まったくの偽りであったことをしめすものでした。

それだけに、私たちは、この証言を重視し、ソ連側に、真相の解明をくりかえし要求しました。

ゴルバチョフが書記長になって以後にも、私自身、一九八八年三月の東京での両党会談の席で、この問題をとりあげ、志賀一派にたいするソ連の資金援助の問題の真相を解明するよう、要求しました。公式の会談での追及だけに、ソ連側は、一瞬、緊張した表情を見せましたが、そのとき、アファナシェフ団長（当時の「プラウダ」編集長）にかわって、答弁をかって出たのは、国際部の日本担当責任者としてこの二十数年来、志賀問題にもっとも深くかかわってきたコワレンコでした。彼は、レフチェンコ証言はデマだといい張り、「ソ連共産党の名において、志賀グループとはなんの関係ももっておらず、なんの財政的援助もしていないことを確認する。最高レベルでも確認する用意がある」と、大げさな言葉を連発しながら、その事実を否定してみせました。「最高レベルで」とは、ゴルバチョフとの会談で確認してもよい、という意味です。もっとも強い否定の意思表示をしたつもりだったのでしょう。

しかし、「ソ連共産党の名」だとか「最高レベルでの確認」までもちだしたこの言明は、例の表と裏の使いわけに属するもので、真実性を欠いている点では、日本の金権政治家の国会答弁も顔負けのものでした。裏の世界でやっていることだから、レフチェンコ証言を裏づける新たな証拠などこれ以上でるはずがない、せいぜい「水かけ論」に終わるだろうとの打算が、最大限の形容詞で飾った言葉のかげにありありと顔をだしていました。

レフチェンコ証言をソ連党の中委秘密文書が裏づけ

ここでも、事態は覇権主義やその執行者たちの思惑をこえてすすみました。レフチェンコ証言が、ソ連共産党の国際的な資金活動について、真実をついた言明をしていたことは、最近、ソ連共産党中央委員会が保存していた文書記録自体によって、証明されることになったのです。

一九九一年の八月、ソ連で不法なクーデターが起こり、それが「三日天下」の失敗に終わったとき、ゴルバチョフはクーデターに関与した責任ということでソ連共産党の解散を宣言し、ロシア共和国は、ソ連共産党中央委員会の差し押さえの挙にでました。こうして、覇権主義者やその追随者たちが絶対にひらかれるはずはないと確信していた秘密の扉が、ついにひらかれるにいたったのです。

ロシア共和国最高会議幹部会が発行している週刊紙「ロシア」は、一〇月になって、差し押さえた中央委員会文書にもとづいて、外国のソ連派の共産党や分派にたいするソ連共産党の資金援助のしくみを告発しました。この新聞の告発の力点は、ソ連国民の財産の不法な流用というところに置かれていましたが、それは、当然、内容的には、世界の共産主義運動を自分の支配下におこうという野望のために、ソ連国民の資金をつぎこんできた覇権主義への告発という意義をもっていました。

この告発によると、スターリン時代の一九四〇年代末に、彼の提案で「左翼労働者組織援助国際基金」なるものが創設され、これが歴代の指導部にうけつがれて、つい最近まで、ここから、ソ連のお気に入りの外国の共産党に、秘密の手段で外貨を提供しつづけてきた、というのです。

「ロシア」紙は、この秘密資金の近年の提供先として、フランス、アメリカ、ポルトガルなど、アフガニスタン侵略問題でもソ連を支持する立場をとってきた一連の共産党の名前をあげたうえ、「複数の共産党が存在している諸国では、通常それらのうちもっとも正統的な立場をとっていた党が分配の対象になっていたことがわかっている」と書いています。ここで「正統的」というのは、ソ連派ということ、つまり志賀一派のようなソ連派のことです。こういう反党分派でも、「複数の共産党」のなかでの「正統派」ということで、この資金の提供をうける〝市民権〟を認められていたことを、示すものでした。

この告発にたいして、フランス共産党は事実無根とする反論を発表しましたが、「ロシア」紙は、フランス共産党やその幹部の名の入った新たな資料も明示しながら、痛烈な回答を発表しました。そのなかで、「ロシア」紙が、なぜ事実に背をむける頑固な態度をとるのかを論じて、「ここではおそらく、秘密はけっして明るみに出されないことを確信するという、遺伝的な固有の要因が、その役割を果たしている公算が大きい」と書いている部分を読んだとき、思わず、レフチェンコ証言を「頑固に」否認したときの、ソ連側の表情が私の頭に浮かびました。

今回あきらかになった秘密基金の問題で、志賀問題に関連して興味深いのは、基金の年々の「分配」をきめるのは政治局で、具体的なことは国際部が管轄していること、基金の受け渡しは「KGBに委任する」とされていることなど、その取り扱いぶりの細目まで、レフチェンコ証言を裏づけるものとなっていることです。

外国の政党にたいするソ連の「資金援助」では、もう一つの形態――「間接」援助の実態も、問題になってきました。外国の「友好諸党」にたいする「間接援助」の役目をつとめてきた「友好会社」が、ソ連の経済危機で窮地にたったとき、これを救うためにソ連共産党の政治局が特別の決議で外貨をまわした事実が、あきらかにされたのです。このときの党国際部の要請文書には、「友好会社」の倒産の危機が「友好諸党自体の財政のメカニズムを破壊しており、これら諸党の今後の存続にたいする現実的な脅威をつくりだしている」と、その政治的緊急性が強調されていました。

この「友好会社」のリストに、日本の企業の名があがっていたことから、一部のマスコミのなかには、「日本共産党への援助」判明といった早とちりのニュースを流したところもありましたが、それはすぐ「訂正とお詫び」を出さざるを得ませんでした。これらの日本企業なるものが、日本共産党とはなんの関係もなく、日本社会党ときわめて関係が深い「日ソ貿易協会」に参加している貿易商社であることが、すぐあきらかになったからです。ソ連は日本社会党に「友好貿易団体」を通じて「間接的な支援」をおこなっているとしたレフチェンコ証言が、ここでも具体的な裏づけをえたことは、注目すべきことです。

この「日ソ貿易協会」というのは、一九六七年、ソ連側との話し合いにもとづき、社会党の中執決定で設立されたものです（当初の名称は「日ソ友好貿易協会」）。社会党とソ連とのこうした特別の「友好」関係は、もともとは、ソ連の干渉者たちが、日本共産党と日本の民主・平和運動にたいする干渉攻撃の〝同盟者〟として社会党を利用しようとしたところから生まれたものでした。ここには、日本の政治の問題として、覇権主義との関連できっぱり清算すべき問題がかくされていることを、指摘しておかなければなりません。

（「赤旗」一九九一年一二月二日～一二月一一日）

ゴルバチョフ時代の覇権主義（一九九一年一二月）

7　八六年会談――ゴルバチョフとの最初の定期協議

私は、ソ連覇権主義との闘争には、六〇年代の半ばから、さまざまな形で参加してきましたが、ソ連を公式に訪問したのは、一九八五年の三月、チェルネンコ書記長の葬儀への出席がはじめてでした。

その時、訃報《ふほう》をきいてすぐ出発の準備をし、モスクワに向かいました。その間に、後継者としてゴルバチョフが書記長に選ばれたことが発表されました。ゴルバチョフとは、その前年の六月、イタリア共産党のベルリングエル書記長の葬儀のときに、ローマで顔をあわせたことがあります。そのときは、日ソ両党間で、核兵器廃絶・核戦争阻止の問題での首脳会談を準備する討論がおこなわれている最中で、その成功を願ってのあいさつをかわしたものでした。

両党間のこの討論は約一〇カ月にもわたり、ソ連側が、反核平和の闘争を反帝闘争と同列視する態度に固執するなどしたため難航しましたが、八四年一二月の両党首脳会談でこれらの問題にも決着がつけられ、核戦争阻止・核兵器廃絶を緊急の中心課題とし、反核国際統一戦線の方向を世界にしめした共同声明として実を結びました。

その三カ月後に、ソ連の指導者が交代したわけですから、葬儀のあとでひらかれたゴルバチョフとの最初の会談では、話し合いの主題は、当然、この共同声明の路線を再確認しあうことにおかれました。共同声明の内容とともに、それを効果的に実現してゆくための両党間の定期協議についても、声明で規定したとおり実行してゆくことを確認しあって、このときは別れたのです。

「カカシのような運動はいらない」

つぎにゴルバチョフと会談したのは、一年おいた八六年八月でした。この間に起きた問題の一つに、「ヒロシマ・ナガサキからのアピール」署名の問題がありました。このアピール署名は、両党共同声明の方向にそっての国際的な運動の最初の具体化として、八五年二月に発表され、核兵器廃絶・核戦争阻止をめざす国際的な署名運動が大規模に展開されはじめたものでしたが、ソ連が、その最初の実行委員会に代表を送らず、運動にも具体的に参加しないという状況がうまれたのです。また国際政治の分野でも、米ソ間の核軍縮交渉で、交渉の冒頭に両党双方で確認しあったはずの「核兵器廃絶」の問題が、しだいに影をうすくしてくるという問題が起こり、日本共産党として、公式の提案やソ連側への書簡の形で、問題点を指摘するという状況がありました。

両党の首脳会談という形で共同声明発表後の最初の定期協議をおこない、これらの問題点をふくめて、共同の努力の方向を見いだそうというのが、八六年の会議の主題でした。

私たちがモスクワに到着したとき、ソ連側に思わぬハプニングが起こっていました。会談に先だって極東を旅行していたゴルバチョフが、極東で風邪を引き、いつ仕事にもどれるかわからない、ということが知らされたのです。

病状の好転を待つ間に、予定外のレニングラード旅行などもしましたが、結局、モスクワ到着の五日目に、ゴルバチョフとの会談の運びになりました。ただし、病気のため、彼が出席するのは限られた時間とし、あとはリガチョフ政治局員が交代するということでした。

会談に出てきたゴルバチョフは、この時は、その覇権主義を表に出さず、〝殊勝な〟態度を見せたものでした。発言の冒頭、その年の三月のソ連共産党大会で、世界の各国共産党の関係について、「画一性、序列性、他党への干渉、真理独占の志向」の否定などについてのべたことにふれ、これは「数十年にわたる国際共産主義運動のいろいろな過程を分析した結果」であって、この分析にあたっては、日本共産党との関係の経過の分析も大きな関心の的となったと、いかにもソ連が無法な干渉をしてその反省を余儀なくされた日ソ両党関係の歴史を重視しているかのような説明をしたのも、その一つでした。

また、世界情勢や平和のたたかいの課題についても、「新しい思考」流のアメリカ帝国主義美化論などはもちだささず、逆に、「軍国主義や軍拡競争に未練を持つ米国の政権に、世界の運命をゆだねないようにすること」を、「われわれの共通の課題」として強調し、世界の平和勢力が「米国の軍国主義的な政権に抗し、反撃する力」となるべきことを力説したものでした。

私が、ソ連も関係している世界の平和・民主団体、とくに世界平和評議会の運動に、ソ連のその時々の外交政策の重点をすぐ平和運動の中心課題にしようとするソ連追従の傾向が強くあり、こうしたやり方をあらためないと、本当に世論を結集できる平和運動とはなりえないことを指摘すると、「われわれは、平和運動や民主運動の諸団体に、親ソ団体になってもらいたくない。カカシのような運動や団体は力を持たないし、必要はない。これらの団体の独自的な活動の発展のために共同して努力したい」と、すぐ賛成の考えを表明しました。

「ヒロシマ・ナガサキ」アピールにもすぐ賛意

問題の「ヒロシマ・ナガサキからのアピール」についても、私はその経過を説明し、ソ連側がこれに参加しない態度をとっていることを指摘し、「アピール」のロシア語訳をゴルバチョフに手渡しました。同席していたコワレンコがあわてて駆け寄り、しきりに何か耳打ちしていましたが、ゴルバチョフは、「いきさつは知らないが、前に何がおこったかくわしく調べてみる。このアピールの内容は、われわれがやっていることと、完全に合致している。このアピールについて両党は協力すべき根拠がある。あなたの呼びかけをどのように支持するか検討したい」とのべ、共同でこの運動を推進する措置をとることを約束しました。

米ソ交渉をふくむ世界政治の問題については、午前中の会談ではつっこんだ話をする余裕はなく、ゴルバチョフが退席したあと、リガチョフやヤコブレフとの午後の会談に持ち越されました。しかし、午前中に確認しあった平和運動の問題については、それにもとづく具体的な協議がすぐ開始され、それぞれ前進的な措置がとられました。この点は、ソ連の国際部の担当者が、「不破さんとの会談のあと、すぐゴルバチョフによばれて、これまでの消極的態度についてしかられた」などと話していたことにも、うかがわれました。

しかし、ソ連側が両党共同声明の実行にそれなりの積極的態度をとり、平和運動の分野などで、日本との共同行動に応じる姿勢を見せたのは、この会談とそれに続く一定の期間だけのことで、ゴルバチョフが「新しい思考」をとなえだして以後は、平和運動の問題でもソ連の態度は急変し、「カカシのような運動はいらない」とのゴルバチョフ自身の言葉も平然と投げすてて、従来型の覇権主義的なおしつけがいたるところで横行するようになったのです。

8　歴史はくりかえす――対米協調路線と覇権主義と

干渉「基金」もそのまま引きつぐ

ゴルバチョフが、八六年の定期協議において見せた〝殊勝な〟態度が、スターリン以来の覇権主義の本質的な反省にたったものではなかったことは、やがてあきらかになりました。党大会で「他党への干渉の排除」を国際的な原則としてうたいながら、もっとも乱暴な干渉であったアフガニスタンやチェコスロバキアへの軍事干渉について、ゴルバチョフがなんの反省もおこなわず、ブレジネフ時代そのままの干渉合理化論にたっていたことは、その後の演説や論文にはっきりとしめされました。

この面でとくに重大な問題は、ゴルバチョフが、表面ではこういうことをいいながら、外国の共産党に資金を提供して世界の運動を支配下におくという例の「基金」体制を、そのまま引きつぎ、毎年、その分配について、政治局で決定しつづけていたことです。

私は、一九九一年一一月の「赤旗まつり」の記念演説で、「ソ連に追随する党にたいしては秘密の資金援助、気に入らない自主的な党にたいしては、ソ連派分派を育成してその転覆をはかる。これが、世界の運動をソ連の支配下におくための二つの大きな手立てとなってきた」ことを指摘し、とくにこの「基金」がゴルバチョフをふくむ歴代の指導部にうけつがれてきたことの重大性を強調しました。いま表にでてきた資料では、この種の「援助」をうけている共産党の政策にたいして、ソ連側からあれこれの注文をつけている様子が、議事録つきであきらかにされていますが、そこには、ゴルバチョフが書記長になってからの「干渉」の記録もふくまれています。

「基金」の分配についての政治局の決定で、いま公表されているのは、すべてゴルバチョフ書記長時代の記録です。

そのソ連共産党とゴルバチョフが、八六年の定期協議をふくむある時期まで、日本共産党にたいして、〝殊勝な〟態度をとった背景はどこにあったのでしょうか。

そこには、八四年の両党共同声明が、国際的にも重い意味をもっており、簡単にその立場を投げ捨てることはできなかったという事情、またそこでの厳粛な両党間の合意にもとづいての日本共産党の道理ある主張が、無視するわけにゆかない力をもったという事情も、もちろん、ありました。

同時に、会談にのぞんだ当事者として、私が実感している一つの点は、ゴルバチョフが当時はまだ、アメリカとの提携に成功しておらず、ソ連の外交的な成功をかちとるためにも、反核平和運動などの国際的な発展を必要としていた、という状況があったことです。八六年の会談で、世界平和の問題についてのべたゴルバチョフの語調にも、「この相手は押しても引いてもらちがあかない」と、対米交渉の困難をいろいろと数えあげながら、「そこでどうすべきかを、討論したい」といった調子がありました。

それが、レーガンとの交渉に一定の見通しがでてくるとともに、状況は一変しました。「新しい思考」が、ゴルバチョフの最大の看板としてもちだされたのは、ワシントンでの米ソ首脳会談を前にした一九八七年秋のことでした。そこで、「人類みな兄弟」と、アメリカとの「運命共同体」的な関係を説き、「全人類的価値」優先の名のもとに、人民の闘争、階級闘争の抑制を説教する「新しい」協調主義の路線がもちだされ、それがソ連外交の指針とされただけではなく、世界の共産主義運動にも、平和・民主運動にも、現代の指導路線としておしつけられるようになったのです。

一時、衣の下に身をひそめていた覇権主義の鎧《よろい》が、その衣を投げ捨てて、本来の姿を一挙にさらけだしたという感じでした。

フルシチョフが、日本共産党にたいする攻撃をしかけてきたときも、その覇権主義は、ケネディやジョンソンを「平和の政治家」としてほめたたえるなど無原則的な対米協調路線と結びついていました。ゴルバチョフの場合にも、その覇権主義の表面化は、レーガンやブッシュとの提携をよりどころにした対米協調路線の展開と一体のものだったのです。まさに「歴史はくりかえす」です。

ジェノバ会議へのレーニンの指示をめぐって

「新しい思考」の問題では、科学的社会主義の基本的な立場がいとも簡単に捨てられてしまったところに、ゴルバチョフの急転換の特徴の一つがありました。この点で、ゴルバチョフがまだ「新しい思考」路線をとなえだす前のことですが、八六年の会談で、私が驚かされた経験の一つを紹介しておきましょう。

会談に先だってモスクワの革命博物館を訪問したとき、私はそこで、一九二二年のジェノバ会議に出席した代表団にたいし、レーニンが送った手紙の一つが展示されているのを発見しました。レーニンが、ジェノバ会議の代表団を指導するなかで、大量殺戮《さつりく》兵器の禁止という問題を提起したのは有名な話で、日本では、核兵器廃絶のたたかいに関連して、レーニンの先見性が大いに話題になっている問題でした。ちょうど、核兵器の問題を主題にした会談を目の前にしていただけに、レーニンの手紙に出会ったことは、私にはたいへん印象的でした。

会談のなかで、私が核兵器廃絶のための闘争の意義を説いたとき、話の成り行きとして自然にレーニンの手紙の話がでました。ところが、それにたいするゴルバチョフの応答は、私にはきわめて意外なものでした。「不破同志がレーニンの指示についていわれたことは、私にとって大きな援助になった」というのです。つまり、レーニンのこうした指示を、はじめて知ったという様子でした。しかし、ジェノバ会議といえば、革命後、ソビエト政権が参加した最初の国際会議で、この会議にたいしてレーニンがどういう方針でのぞんだかということは、社会主義外交についてのレーニンの考えを知ろうという場合、欠かすわけにはゆかないはずの問題です。それなのに、「レーニンに帰れ」ということをしきりに口にし、その立場で世界平和をめざす外交をおしすすめようとのべていた人物が、レーニンの肝心な文献についてその存在も知らなかったようなのですから、「レーニンに帰れ」という彼の言葉の空虚さを実感せざるをえませんでした。

しかも、ゴルバチョフがつづいていった言葉も、この実感をさらに強めるものでした。

「私たちは、軍備完全撤廃という点でなんの疑いもなかった。われわれは、軍備完全廃止論者であり、とくに核兵器についてはそうだ」。レーニンが、資本主義が存続するもとでの「軍備全廃」論を空想論としてきびしくしりぞけたことは、これまた周知のことです。そのレーニンが、大量殺戮兵器については、その全面禁止を世界政治の現実問題として提起したというところに、核兵器廃絶のたたかいに通じる重大な問題提起があったのですが、その内容は、彼にはまったく理解されなかったようでした。レーニンのせっかくの貴重な提起も、「軍備全廃、その一歩としての核兵器廃棄」というレベルでしか、受け取らなかったのです。

「レーニンに帰れ」といいながら、レーニンをまともに研究しようとせず、科学的社会主義を口にしながら、場当たり主義の対応ですませるこうした姿勢は、「新しい思考」路線への転換のなかで、急速にその理論的弱点を露呈することになりました。

9 「新しい思考」——理論はあとからついてこい

帝国主義の変質を期待しての問いかけ

ゴルバチョフが、その「新しい思考」路線をまとまった形で展開してみせたのは、一つは、一九八七年秋、訪米を前にしてアメリカでまず英語版として発表した著書『ペレストロイカ』のなかででした。そして、つぎに、同じ年の一一月、モスクワでおこなった十月革命七〇周年の記念演説でした。こちらは、より「理論的な」よそおいをととのえて、「新しい思考」路線の初舞台としたのです。

アメリカ向けの「新しい思考」は、その結論をむきだしの形で強調していたのにたいし、革命記念日の演説は、問題を一応「質問」の形で提起していたのが、特徴でした。帝国主義の侵略的な本質に変わりはないが、今日の世界情勢のもとで、その「本質のもっとも危険な発現を封じ込めてしまうような働きかけ」はできないかと、いかにも人民の闘争の展望や可能性を論じているかのように見せながら、軍国主義ぬきの資本主義はありうるか、資本主義体制は植民地主義ぬきでやっていけるか、資本主義が非核、非武装の世界とか、新しい公正な経済秩序などの条件に適応できるかといった質問をなげかけ、こういう形で、帝国主義の変質の可能性を問いかけたわけです。

これらの「質問」にイエスという答えがだされるなら、「帝国主義の変質が可能な新しい時代がきた」ということになり、それをもって、帝国主義との「運命共同体」を説く「新しい思考」路線の理論的な基礎づけになる、というねらいだったのでしょう。

日本共産党から革命七〇周年のこの集会に出席したのは、国際委員会の責任者だった立木洋さんでした。立木さんは、このとき、ソ連の『国際生活』誌から、ゴルバチョフの質問への回答を執筆するよう依頼をうけ、翌年一月、それにたいする詳細な回答をこの雑誌の編集部に送りました。

また八七年一一月にひらいた日本共産党の第一八回大会では、名ざしはしませんでしたが、「新しい思考」路線への実質的な批判が展開されました。

八八年会談での一時逃れの弁明

八八年五月のゴルバチョフとの会談は、立木論文をソ連側に送って間もなくの時期にひらかれました。この会談の最大の主題だったソ連側の日本社会党美化論をめぐる問題は、あとでのべることにして、ここでまず、ゴルバチョフがこの会談で、「新しい思考」の問題をどのように説明したかを、紹介することにしましょう。

ゴルバチョフは、会談のなかで、自分から、革命記念日におこなった「質問」の弁明をはじめました。その内容は、私たちが自分の耳を疑わざるをえないようなものでした。

ゴルバチョフは、「私があの『質問』を提起したのは、資本主義にたいする社会主義の優位性をあきらかにするためだ」という主旨の解説をはじめたのです。「現在の資本主義は、つねに社会主義にたいする優位性を前提にしているが、軍国主義なしでは存在できない体制は、なんの役に立とうか、という問題だ」、「現代の資本主義は、昔の植民地諸国、第三世界の略奪をしないでは、自国内の生活を維持できない」、自分は、資本主義を追及する立場から「こういう問題を提起したのだ」、その問題提起から一部の人は、「ゴルバチョフは資本主義を美化しようとしている」との結論をひきだしたが、それは誤解だ、これが、ゴルバチョフの〝解説〟でした。さらに、最初からいまの考えをもっと決定的な形でいうこともできたが、これをあえて「質問」という形で提起したのは、世界的な討論をもとめたかったからだとも、解説してみせました。つまり、自分があの質問をだしたのは、資本主義は、そういう能力がない、ノーという答えが、討論を通じてひきだされることを期待してのことだというわけです。

私は、この問題についての日本共産党の見解を簡潔にのべるとともに、もし質問がそういう立場で問題を提起したのだとしたら、立木論文で示した回答と一致できるはずだから、この論文を「出題者」としてよく検討してもらいたい、と答えましたが、ゴルバチョフが、日本共産党の立場をよく知っており、理論闘争を回避するために、自分の質問の真意をあえてゆがめて説明したことは、あまりにも明白でした。

実際、この会談の二カ月後にひらかれたソ連共産党の第一九回全国協議会（六月二八日から七月一日）では、彼は、さきの設問にたいし、「ノー」ではなく、「イエス」という答えをはっきりだし、それをソ連外交の基本方針として確認しました。会談での説明は、まったく一時逃れの弁明でしかなかったのです。

この態度の根底にあったのは、「新しい思考」路線が科学的社会主義の立場からの理論的な批判に耐えないことを、ゴルバチョフ自身がよく自覚していたということです。

しかも、ソ連共産党は、その「質問」への回答を正式に立木さんに依頼しながら、それを雑誌に掲載することを拒否するという、民主主義の最小限のルールも心得ない非礼な態度にでました。これも、彼らが、公開の討論のなかで、自分たちの見地の正当性を擁護する自信がないことを、あらわしたものでした。ちなみに、この掲載をもとめるやりとりのなかで、ソ連側の一担当者が、寄稿に応じたのは立木論文だけで、ゴルバチョフの問題提起を支持する回答は一つも寄せられていないことを、つい告白してしまったことがあります。覇権主義の号令をかけるのは簡単ですが、科学的社会主義の根本をねじまげた「新しい思考」への頼りになる「理論的な」援軍は、世界のどこの国の党からもついにあらわれなかったということでしょう。

先にあったのはアメリカとの協調という結論

ゴルバチョフは、その後、「新しい思考」をマルクスやレーニンによって正当化しようと、「社会発展の利益」についてのレーニンの言葉をもちだしたり（レーニン流刑地でのテレビ・インタビュー、八八年九月）、「若きマルクス」の人道主義を掘りかえしたりしました（ソ連の雑誌『新時代』八八年第四七号、八八年一一月）。私は、そのたびに批判論文を書きましたが、結論的にいって、レーニンやマルクスに帝国主義美化や階級闘争否定の「新思考」の源泉をもとめようとしても、それは無理な相談というものです（不破「レーニンの名による史的唯物論の放棄――『人類的価値』優先論を批判する」「赤旗」八八年一〇月二二日～二三日付、『「新しい思考」はレーニン的か』所収、「『若きマルクス』は新協調主義の援軍となりうるか――『全人類的価値』優先論とマルクス」「赤旗」八九年一月一八日～一九日付、『社会主義の原点と未来』所収）。

ゴルバチョフは、「新しい思考」の理論化がうまくすすまない、そのために自分が日和見主義の代表者のように扱われるといって、ソ連の「理論家」たちに八つ当たりをしたこともあります。「新しい思考」が、現代の世界の真剣な科学的な考察から生まれたものだったら、「理論化がおくれている」といった苦情など、そもそも起こるはずのないものです。アメリカとの接近・協調という結論が先にあり、「理論はあとからついてこい」というのが、ゴルバチョフ路線の基本姿勢だからこそ、こうした苦情も思わず飛びだすのです。

　しかも、帝国主義との協調路線の方は、どんどん「進化」をとげます。たとえば、八七年一一月の革命記念日の演説で持ち出されたのは、「帝国主義の本性は変わらないが、その破壊的な作用を制限できる」といった、まだ反帝闘争的な言葉づかいを残した理論だてでした。ところが、八八年七月の全国協議会でこの「質問」に基本的に「イエス」の答えをだしてからは、階級闘争のにおいを残したこの種の理論だては二度ともちだされなくなり、手放しの帝国主義変質論が前面にでる、さらに八九年一一月の「プラウダ」に発表されたゴルバチョフ論文「社会主義思想と革命的ペレストロイカ」では、「帝国主義」の言葉そのものが完全に消えてしまう、といった始末です。これを、その都度、科学的社会主義の枠内で理論化せよと号令されても、命令主義の体制に順応するのになれた「理論家」だからといって、そんな無理難題に応じられるはずがありません。

　こうした転落と迷走のあげく、ゴルバチョフが、九一年七月、クーデターとソ連共産党の解体の直前の中央委員会総会で到達したのは、「新しい思考」路線が科学的社会主義の学説とは両立しえないことを認めて、この世界観を全面的に放棄し、社会民主主義への変質を理論面からも宣言することでした。「新しい思考」は、落ち着くところへ落ち着いたというべきでしょう。

10　ソ連の影響力の拡大ねらって反革新分裂路線の社会党を美化

東京会談――事実の前にソ連代表団もカブトをぬぐ

一九八八年五月のゴルバチョフとの会談で、最大の主題となったのは、ソ連共産党による日本社会党の美化の問題でした。

一九八〇年一月の「社公合意」以後、社会党が「日本共産党排除」の反共分裂主義の立場に公然とふみだし、政策のうえでも、党綱領に規定されていた安保条約廃棄の旗を捨てて、日米軍事同盟と自衛隊の存続を容認する路線に転換したことは、かくれもない事実です。八〇年代の日本の政治線戦と大衆運動では、この右転落路線に抗して、革新と平和の立場をまもり発展させることが、きわめて重大な課題となってきました。八六年には、その分裂主義は、原水爆禁止運動での統一にも背をむけて、世界大会から脱落するまでにいたりました。反核平和運動でのこの統一は、一九七七年の合意を出発点にしたもので、「社公合意」以後も、この世界大会の統一開催だけは、社会党もともかくそれに応じてきていたものでした。八六年には、「社公合意」の分裂主義がここにもひろがってきたのです。

ところがそのときに、ソ連共産党の指導部は、社会党の路線と行動を美化する態度をつよめてきました。それは、日本の政治情勢をまともに考えての態度ではなく、日本社会党への接近を、ソ連の影響力を日本にひろめる手段にしようという、「ソ連第一主義」の意図からのものでした。

「プラウダ」やタス通信などでは、「社公合意」の分裂主義や反革新の内容をソ連の世論にはかくしたまま、社会党を、日米軍事同盟に反対し、「非同盟中立」の立場を堅持している党としてほめたたえる評価が、くりかえし登場しました。これは、事実に反するとともに、反共分裂主義にたいする日本の革新・平和勢力のたたかいを妨害するものであり、日本における政党間闘争にたいする外部からの事実上の干渉を意味するものでした。

しかも、核兵器廃絶・核戦争阻止の問題で、日本共産党と共同声明を結び、反核国際統一戦線の結成への努力を共同してよびかけたソ連共産党が、日本の反核平和運動を分裂させた党（日本社会党）を、日本の平和と革新の代表者のように扱い、美化と礼賛の評価をくりかえすわけですから、日本共産党として、これを放置するわけにゆかなかったのは当然でした。

党大会にソ連代表が参加した機会をとらえての意見交換や「赤旗」の紙上を通じても、私たちの批判はソ連側に伝えましたが、問題は解決せず、両党の定期協議でこの問題のほりさげた検討と解決をしようということになりました。その第一回として、八八年三月、「プラウダ」編集長のアファナシェフ氏を団長とする代表団が日本を訪問、日本側は私が中心となって会談をおこないました。

この会談で、ソ連側はなかなかその誤りを認めようとはしませんでした。しかし、なにしろ、ほかならぬ安保問題を右転換の中心軸の一つとし、安保存続肯定論をとなえだした社会党を、安保反対の党としてもちあげた記事が、くりかえし「プラウダ」に掲載されたのです。ソ連側としては、「正しい評価」だったと頑張るわけにはゆかないし、その「プラウダ」の編集長が団長なのですから、「自分の知らないこと」と逃げるわけにもゆきません。最初は、タス通信をそのままのせただけと弁明しましたが、問題の記事が「プラウダ」特派員の署名記事であることが指摘されると、そのいい逃れもきかず、ついにカブトをぬぎました。

すなわち、こと「プラウダ」にかんするかぎりは、事実に反する社会党美化の誤りを認め、こうした誤った報道をした「特派員を厳重に罰する」と言明するとともに、「プラウダとしては今後、日本社会党のことをとりあげるときには、もっと注意深くとりあげること」を約束したのです。

会談のあと、大企業の党組織を訪問したいというので、私が石川島播磨の党委員会に案内しましたが、そこでのあいさつで、アファナシェフが私たちとの会談の模様を紹介し、「社会党問題で自己批判的な発言をした」とのべました。ともかく会談が終わったあとは、ソ連代表も、日本社会党問題で「プラウダ」がとった立場が誤りだったことを、そこまで公式に表明するようになったのです。

しかし、「プラウダ」以外の、ソ連共産党全体にかかわる問題については、アファナシェフには回答する権限がないというので、この問題は、つぎにもちこされ、上田耕一郎副委員長（当時）がモスクワを訪問しておこなった四月の会談をへて、五月、モスクワでの私とゴルバチョフとの会談ということになったのです。

モスクワ会談――ソ連側が通訳をためらう一幕も

この会談でのゴルバチョフの態度は、驚くべきものでした。まず、三月の東京での会談、四月のモスクワでの会談などでソ連側が認めたこと、たとえば、「プラウダ」記事の問題でのアファナシェフの〝自己批判〟などもまったく無視した態度で、社会党問題でのソ連側の態度には誤りなしということで押し通そうというものでした。「今年（一九八八年）の三月と四月の会談の内容を知っているのか」とこちらからただすと、「参加した同志から報告を受けている」とは答えます。しかし、自分はそんなことには拘束されないぞという調子がありありでした。

この問題についての会談は、一対一のさしの会談でやりました。私がまず問題の基本を簡潔に説明したあと、ゴルバチョフが発言しました。この最初の発言では、私の問題提起にたいするソ連側の態度は「書面で回答したい」、いまのべるのは「予備的な見解」だとしていました。それが、討論をすすめるなかで、ゴルバチョフは、私にはまったく「突如」という印象でしたが、「干渉」とか「妨害」とかの用語を私が使ったことについて、いきなり、非常にいきりたって発言をしはじめました。

私が、かさねて社会党の現状を説き、この党がソ連に「よい顔」をするからといって、ソ連側がそれで結構と社会党美化を続け、日本の闘争を妨害しつづけるならそれは外部からの干渉にならざるをえない、というのが、われわれの見地だ、と答えると、彼は、その興奮を顔色の変化に鮮明にあらわしながら、「干渉という言葉をあなたがたが自覚して使うのなら、われわれはもっとも高いレベルで、受け入れることはできない」といいます。「われわれが、この問題をどういう意味で日本の運動にたいする外部からの有害な干渉と見ているか、そのことを研究すべきだ」との私の再度の発言にたいしても、問答無用の態度で、「そういう評価や分析は拒否する。その言葉をいうなら、東京に持ってお帰りいただきたい」とまでいいだしました。私は、「討論は冷静にやろう」と、彼をおさえて討論をつづけましたが、冷静な討議の可能な状況ではありませんでした。

私は、「干渉」という批判にたいする彼の激高ぶりを見て、ゴルバチョフという人物は、覇権主義の害悪についてなんの批判的な自覚ももっていない政治家だということをあらためて痛感するとともに、これまで正面から批判をうけたことのない人物だという印象を深くしました。

ところが、会談を終わって宿舎への帰途、日本側の通訳から、ゴルバチョフが興奮して何をいったかをきいて、いっそうあきれました。ゴルバチョフは、このとき、「荷物をまとめて帰国してもらいたい」といい、ソ連側の同席者に「飛行機のつぎの便は何時だ」とたずねることまでしたというのです。ところが、その言動のあまりの粗暴さに、ソ連側通訳も、ゴルバチョフの言葉をそのまま訳すことをためらい、「その言葉は日本に持ってかえっていただきたい」という〝穏健な〟言葉に直して、その場をとりつくろったというのでした。まさに、「新しい思考」などの美しい言葉ではおおいかくせない、覇権主義者の本性をむきだしにした一幕でした。

社会党問題をめぐるこのやりとりは、ゴルバチョフと私との一対一の会談でのことでしたから、私は、日本側の問題提起が、ゴルバチョフの興奮と激高のなかだったので、ソ連側に正確にうけとられないこともありうると考え、その翌日、この問題についての私たちの基本的な見解を、会談で十分解明する余裕がなかった問題点もふくめて、ゴルバチョフあての書面にまとめ、ソ連側に手交してから、モスクワをあとにしました。

11 「勝共連合」の反共主義を喜ばせた「新思考」路線

「ソ連第一主義」を公然と宣言したソ党中央委の手紙

社会党問題にたいするソ連からの回答は、一カ月後の六月一四日（八八年）に寄せられましたが、その内容は、これまでの会談で彼らがしめした態度にくらべても、いっそうひらきなおった形で、自分たちの社会党美化論を正当化しようとしたものでした。

この手紙が展開した中心の考えは、まず、社会民主主義の政党の多くは自分の国の共産党とは「激しい政治的・思想的闘争を続け」ているが、国際的な舞台でその党がよい態度をとるならば、それを評価してその党と接近・協力するのが、ソ連共産党の基本方針だ、そこになんの悪いことがあるか、というものです。

彼らは、それにくわえて、その国の政治情勢にどんな特徴があろうと、それは、ソ連共産党と社会党との「相互行動」の障害にはならない、との主張も展開しました。これは、ソ連共産党は、日本社会党が日本の政治情勢でどんな役割をしているかといった問題とは無関係に、社会党との「相互行動」を大いに発展させるのだという宣言でした。

ゴルバチョフ指導部は、日本の政党にたいする自分たちの態度をきめるさいに、そのことが日本の情勢のなかでどんな役割を演じるかといった問題はまったく無視し、ソ連の利益にとってプラスになりさえすればそれでよい、という「ソ連第一主義」の立場にたっていることを、この手紙でむきだしの形でしめしてみせたのです。社会党が日本の国内で日本共産党や平和・革新の勢力に敵対する反革新の立場をとっていようと、この党と関係をもつことが、ソ連の影響力を日本にひろげるのに少しでも役にたてば、おおいに社会党を評価し、共同行動を発展させよう、そのことが、日本の革新・平和の運動の発展を妨害することになろうと、それは、ソ連には関係ない「日本の政治情勢の特徴」にすぎない——こういう立場です。

私たちは、七月一三日付のソ連共産党への返書（『日本共産党国際問題重要論文集 18』所収）のなかで、このソ連第一主義の誤りを道理をつくして批判しましたが、ソ連側からの反論はありませんでした。

ソ連の影響力をどう拡大するかを、日本の政党や政治勢力に接近する際の唯一の基準にするという「新しい思考」にたてば、美化論の対象となるのは、社会党だけにとどまらないはずです。実際、ソ連共産党のその後の行動は、日本の反共勢力を美化する点で、ますます度はずれたものとなってゆきました。

公明党の場合　公明党は、八八年一〇月、党主催の文化講演会に、ソ連作家同盟幹部会のアイトマートフ書記を招きました。

「公明新聞」の記事によると、アイトマートフは、この講演のなかで、公明党について、「綱領にみられるように高貴な目的を追求されていることに深い尊敬の念を抱いた。体制の違うさまざまの国で、公明党のような政党が生まれ、発展することを願ってやまない」とほめちぎり、また創価学会の池田会長に会ったことにもふれて、「創価学会の精神はヒューマニズムの思想を極めてよく体現したものと感じた」とほめあげたとのことです。反共主義を事実上最大の党是ともしている公明党も、ソ連への接近の姿勢をしめしたとなると、「高貴な」党としてその国際的な存在意義まで強調して評価する、その母体であり、日本共産党の宮本議長宅盗聴事件など数多くの反社会的行動をかさねている創価学会は、ヒューマニズムの精神の体現者として礼賛する――ここにも、ゴルバチョフ指導部の「ソ連第一主義」がおちいった救いがたい状況をはっきりと見ることができるでしょう。

「サタン（悪魔）の国で共産主義に勝った」

国際勝共連合の場合　ソ連によい顔をするものならだれでもほめあげるという「新しい思考」路線がどこまですすみ、また現実に何をもたらすかを、より露骨に暴露したのは、ソ連が、九〇年四月に、国際勝共連合＝統一協会の教祖文鮮明《ぶんせんめい》をモスクワに招いたことでした。

このとき、「第一一回世界言論人会議」なるものが、モスクワでひらかれたのですが、これは、文鮮明の提唱で一九七八年に「第一回会議」（ニューヨーク）がひらかれた、国際勝共連合の国際的な宣伝のための「会議」です。その会議を、「社会主義」を名乗るソ連で、勝共連合系の団体とソ連のノーボスチ通信社などとの共催でひらくこと自体、とんでもない話ですが、ソ連側は、「国際勝共連合までソ連の理解者になった、『新しい思考』の成果だ」という調子で、マスコミ総動員の大宣伝をしました。

そして、このキャンペーンの頂点と位置づけられたのが、ゴルバチョフと文鮮明との会談でした。ゴルバチョフはそこで文鮮明にたいし、このキャンペーンが世界の言論人の間にソ連への理解を広める点で大きな役割をはたしたと、深い「感謝」の意を表明したのです。国際勝共連合の新聞、「世界日報」は、この会談でのゴルバチョフの言葉を、つぎのように報道しています。

「今回の世界言論人会議は韓国の『世界日報』をはじめ、世界有数の言論機関が多数参加することで、世界の有名な言論人たちによって、ソ連の実情を把握して、ソ連の改革の方向と精神を理解する良い機会になったと思う。特に、今回の集まりを通じて世界各国の言論人らがソ連に対する偏見を払拭し、相互理解と友好増進のために力をあわせるようになったことに対し、文師に本当に感謝する」(「世界日報」九〇年四月一三日付)。

興味深いのは、ゴルバチョフが、「感謝」を惜しまなかった「世界言論人会議」について、勝共連合側の報告書が日本で発行されていることです(久保木修己監修『文鮮明師と新ソ連革命』)。そこでは、モスクワでの「会議」は、もっぱら共産主義にたいする「勝利」の集会として描きだされています。まず、文鮮明自身が、その直後に韓国でひらかれた「モスクワ大会勝利帰国報告会」での講演で、「モスクワ大会」の意義について、こう語っています。

「私はまた、共産主義は七十三年を越えることができないことを天理を通じて知っていたので、今日の日を待ちに待っていました。かつて一九八七年十一月までに、金日成とソ連のKGBは、文総裁を暗殺する計画を完了していたのです。……そのようなソ連が統一原理を研究してみて、これこそ、ソ連に新しい希望をもたらす真理であるということが分かるようになったのです」。

つまり、ソ連が勝共連合の「統一原理」に降伏したのだというわけです。

また日本統一協会会長代理を名乗る小山田秀生なる人物は、モスクワ大会を「カイン圏での勝利」あるいは「サタン(悪魔)側の国家」での勝利と呼び、それに参加した「率直な感想」をこうのべています。

「ああ、ソ連の下におけるロシアの七十年捕囚時代がこれで終わった。バビロンやアビニヨンの捕囚のごとく、七十年もの間、共産主義の下で虐げられてきたロシア。我々も長年にわたり勝共、反ソ運動を展開してきたが、とうとうこれでロシアも共産主義のくびきから解放され、新しい時代を迎えることができる」

彼は、この報告のなかで、ゴルバチョフやペレストロイカへのほめ言葉を惜しみなく並べ、全員が「親ソ、親ゴルバチョフ、親ペレストロイカ」に変わったとまで書いていますが、それは要するに、ゴルバチョフと「新しい思考」が共産主義にたいする自分たちの勝利を助けたことを評価しての言葉なのです。

ところが、ゴルバチョフらは、こうして反共主義の〝凱歌《がいか》〟をあげている連中を、彼らがソ連に接近したというのでほめたたえ、「感謝」の言葉までささげて、ここに「新しい思考」の成果があると、誇ってみせたのです。これは、帝国主義も反動勢力も見失った「新しい思考」路線と、ソ連の影響力をひろげるのに役立つと思えば何にでも飛びつくソ連第一主義との落ちゆく先を、典型的な姿であらわしたものでした。

12　三〇年にわたる闘争の到達点――覇権主義の党の解体

「歴史的巨悪」の解体は巨大なプラス

一九九一年の八月二四日、ゴルバチョフは、ソ連共産党の解散を声明しました。直前におこなわれた犯罪的なクーデターに関与した疑いがつよいというのがその理由でしたが、この声明のもと、ソ連共産党は、中央委員会などの会議さえひらかないまま、解体をとげるにいたりました。ゴルバチョフの声明一つで、党員一五〇〇万と称した組織が消滅してしまったのですから、科学的社会主義の大道を根本からふみはずした矛盾の決算ともいうべき、実にみじめな終焉《しゅうえん》でした。

私は、解散声明がだされたその日の記者会見で、これが「覇権主義の党の終焉」としてプラスの意義をもつことを指摘しました。つづいて、九月一日に発表した常任幹部会の声明では、日本共産党は、ソ連共産党の解散を「歴史的巨悪」の解体として「もろ手をあげて歓迎」する態度を鮮明にしました。これは、「自主独立の党をたおせ」を合言葉に日本共産党の転覆をめざして集中攻撃をかけてきた覇権主義の干渉に正面からたちむかって、これをうちやぶったことをはじめ、世界政治から覇権主義の害悪をとりのぞくために三〇年にわたってたたかいつづけた私たちの偽らざる実感でした。

世界政治を毒した巨悪、まともな運動を敵視し妨害してきた邪魔者が取り除かれるわけですから、世界の科学的社会主義の運動にとっても、大局的には、新しい発展の条件がひらかれることを意味します。もちろん、その条件を現実のものにするためには、覇権主義に追従することでその横行を助けてきた世界の多くの党の弱点を、その党自身が自主的に克服することが、不可欠の要件となります。三〇年にわたるたたかいと国際活動を通じての私たちの実感として、声明では、簡潔ながら、そのことも指摘しました。

先日、外人記者クラブで常任幹部会の見解「科学的社会主義の世界的な運動の発展のために」についての会見をおこなったさい、だされた最初の質問の一つは、「日本共産党は科学的社会主義の前途についてなぜそんなに楽観的なのか」というものでした。おそらく、ソ連共産党の解散を巨大なプラスととらえる私たちの見地が、これをもっぱらマイナス要因と見てきたこの記者にとっては、きわめて意外に感じられたのでしょう。私は、「ソ連覇権主義の害悪がいかに重大なマイナスであったかを、日本共産党が三〇年のたたかいで実感しているからだ」とまず答え、その内容を説明しました。

たしかに、ソ連共産党の解体をもって、あたかも科学的社会主義の事業の破綻であるかのように扱う議論も、一部ではかなり流行しました。しかし、それが見当違いの議論だということは、ソ連覇権主義にたいする日本共産党のたたかいの歴史が、何よりも雄弁に実証しています。

歪められた経文集――ソ連党の「理論」についての告白

日本共産党は、この三〇年間、ソ連共産党の誤りをさまざまな問題で批判し、それとたたかってきましたが、私たちは、どの誤りを批判する場合でも、その問題を科学的社会主義の立場からどう見るべきかを明確にし、ソ連の誤りが科学的社会主義の原則にたてば、絶対に許すわけにゆかない誤りであることを道理をつくしてあきらかにしてきました。

日本共産党がこの三〇年間に、ソ連との論争などでとりあげ、批判の対象とした問題は、日本の革命運動・民主運動にたいする干渉、チェコスロバキアやアフガニスタンへの侵略、アメリカ帝国主義への美化論と無原則的な協調路線、核軍拡競争を合理化する軍事力均衡論、核兵器廃絶の課題をたなあげする傾向、千島・歯舞・色丹などの覇権主義的併合、社会民主主義政党の美化論、帝国主義との協調と人民の闘争の抑制を説く「新しい思考」路線、ソ連・東欧の政治・経済体制の評価をはじめ、現代の世界の広範な諸問題にわたりました。そして、読者のみなさんが、ソ連共産党の誤りを批判した日本共産党の無数の論文や手紙のどれを見ていただいても、私たちが、この論争を、科学的社会主義の基本をふみはずした誤りから科学的社会主義の事業をまもるという一貫した立場でおこなってきたことを、読みとってもらえると思います。

これにたいして、ソ連共産党の側も、自分たちがマルクス、レーニンの学説――彼らは最後までそれを「マルクス・レーニン主義」という呼称で表現していました――に立脚していると主張しつづけたのは、たしかに事実です。

フルシチョフ時代に、ソ連共産党が送ってきた日本共産党非難の長文の手紙では、自分たちこそ「マルクス・レーニン主義」の正統な擁護者であり、日本共産党がその離反者だということが、最大級の言葉を駆使して、強調されました。

ブレジネフの時代にも、ソ連共産党は、日本共産党への攻撃や反論の文章のなかで、彼らの「マルクス・レーニン主義」なるものを、覇権主義の立場や政策を権威づける根拠としてたえずもちだしました。

ゴルバチョフもまた、つい最近まで、「マルクス主義者」あるいは「マルクス・レーニン主義者」として語り、その「新しい思考」路線を「マルクス・レーニン主義」の現代的な発展として位置づけようとしていました。彼が、その現代世界論から「帝国主義」の概念を追放してしまった例の八九年一一月の「プラウダ」論文「社会主義思想と革命的ペレストロイカ」においてさえ、彼は「われわれはレーニンにしたがって行動している」ことを強調し、自分たちが依拠している「社会主義思想」が「マルクス・レーニン主義と結びついている」ことを、言葉の上ではくりかえし力説していました。

こうして、ソ連共産党が「マルクス・レーニン主義」の名でとなえ、覇権主義・官僚主義の武器としてきた「理論」、ソ連共産党の解体によってその破産が実証されることとなった「理論」とは、いったい何だったのでしょうか。

この点で興味があるのは、この党の最後の中央委員会総会（九一年七月二五日〜二六日）でのゴルバチョフの報告です。

「過去において、党が自己のインスピレーションの源泉と認めていたのは、マルクス・レーニン主義であった。しかも、この学説そのものが、当面の実利主義的（プラグマティック）な方針の都合に合わせて途方もなく歪められ、一種の経文集に変えられていた」（『世界政治』九一年九月上旬号）

つまり、自分たちが「マルクス・レーニン主義」だとしてふりかざし、世界におしつけようとしてきたのは、「実利主義的な方針の都合に合わせて途方もなく歪められ」た「一種の経文集」にすぎなかった、というのです。ここには、覇権主義の党、ソ連共産党とともに崩壊したのが、科学的社会主義の理論でも事業でもなく、それを途方もなくゆがめた、科学的社会主義とは無縁の思想だったことの、当事者自身による証言と告白と見ることができます。

科学的社会主義の運動の発展の三つの基準

日本共産党は、一九九一年一二月六日、「科学的社会主義の世界的な運動の発展のために」という常任幹部会の見解を発表しました。私たちはそこで、ソ連覇権主義の解体という画期的な事態を、世界的な運動の発展に生かすため、主体的条件の再検討にとって避けることのできない問題として、つぎの三つの基準を指摘しました。

第一。覇権主義およびそれへの追従のあらゆる傾向を、根本的に清算すること。

第二。ソ連・東欧での破綻を、科学的社会主義の事業そのものの崩壊・破綻として描き出す「共産主義・社会主義崩壊」論は根本的に誤りであることを明確にして、それに反対すること。

第三。今日の世界および自国の社会が提起している諸問題にとりくむにあたって、科学的社会主義の学説を活動の生きた指針として、社会の法則的な発展を促進する立場をつらぬくこと。

この見解は、日本共産党がこの三〇年間、世界の共産主義運動の波乱と激動のなかで、この三つの基準を、その路線と活動の一貫した立脚点としてきたことをふりかえるとともに、それが国際的に見て、今日の歴史的要請にこたえる科学的社会主義の運動の今後の発展の道であることを、つぎのように強調しています。

「ソ連覇権主義の解体は、すでに世界情勢に平和と民族自決の事業の前進に役立つさまざまな重大な変化をうみだしている。それだけに、科学的社会主義の運動が、ソ連覇権主義の支配にともなうこれまでの否定的な制約からぬけだし、ひらかれた新たな発展の可能性を現実のものとする努力が、国際的にとくにつよくもとめられる。まさに世界の共産主義運動、共産主義者が、科学的社会主義の原則に立脚して、積極的、主導的に世界にはたらきかけ、各国で自主的に社会発展の促進者としての役割を果たすべきときである。

日本共産党は、ここに提起した三つの基準は、世界の共産主義運動が歴史的な要請にこたえ、科学的社会主義の運動としての自主的発展の方向を探究するさいに、避けるわけにゆかない問題であることを、確信している」。

ソ連覇権主義に反対する日本共産党のたたかいの歴史は、日本の運動についてはもちろん、科学的社会主義の運動の世界的な前途についての私たちのこうした確信の基礎をなすものです。そのことを最後に指摘して、結びとしたいと思います。

（「赤旗」一九九一年一二月一二日〜一二月一七日）

覇権主義との全戦線にわたるたたかい（一九九二年一〇月）

ソ連覇権主義のすべてとたたかってきた党

「赤旗」のリレー連載「ソ連共産党とたたかって三〇年」は、一九九一年九月一八日から一二月一七日まで、一七人の筆者が六六回にわたって書き継いだものでした。私は、この連載の最後の部分を引き受けたわけで、その最初の回の冒頭にも書いたように、「ソ連覇権主義とのたたかいを私なりにふりかえる」ことと、その最後の局面である「ゴルバチョフの覇権主義とのたたかい」とを主題としました。

この補章では、ソ連覇権主義とは何だったか、日本共産党のそれとのたたかいは、どのような内容と意義をもっていたか、そのことを総括的に整理して、読者の参考にしたいと思います。

ソ連の覇権主義とは何だったか――この問題について、私は、一九九一年一〇月の日本共産党第二回全国協議会での報告「世界の現状と科学的社会主義の立場」のなかで、くわしい解明をおこないました。

ここではまず、覇権主義とは、「他民族への侵略と干渉の行動、政策のことであって、ほんらい、帝国主義の特質をなすもの」であること、そして、「社会主義を称する国」が、この帝国主義的な政策を、「社会主義」の看板のもとで多年にわたり実行してきたところに、ソ連の覇権主義が「歴史的巨悪」といわれる所以――「世界史に逆行する重大性」があることを、指摘しました。

報告は、そのうえで、それが世界にいかに有害な結果をもたらしたかを、「世界政治における帝国主義的な行動」と、「国際的な運動を自分の支配下におこうという野望」との、二つの大きなあらわれから分析し、日本共産党が、ソ連覇権主義の行動と政策の全体を、科学的社会主義の事業にそむくものとして正面から批判し、これとたたかってきたことを、明らかにしたのです。ソ連覇権主義と全戦線にわたってたたかってきたということを、歴史の明確な事実にもとづいて断言できる政党は、日本にも世界にも、日本共産党以外には存在しないでしょう。

世界政治における覇権主義

まず「世界政治における帝国主義的な行動」ですが、二全協の報告では、この分野でのもっとも重大な行動として、つぎの四つの問題を指摘しました。

――千島、歯舞・色丹を不法に占領する、独立国だったバルト三国を武力で併合する、こういう領土の併合。

――多くの東欧諸国にたいして、戦後しいてきたような他国支配。

――チェコスロバキアやアフガニスタンの事件にあらわれたような、軍事侵略を強行し、ソ連の軍事力でクーデターをおこし、ソ連いいなりのかいらい政権をその国におしつけるといった武力干渉。

――アメリカと軍事的覇権を争い、また、他国を制圧する手段として核軍拡競争にのりだしてきたこと。

世界政治におけるソ連のこれらの覇権主義的な行動にたいして、日本共産党は、一貫した批判と闘争をおこなってきました。その一つひとつが、日本共産党ならではのもので、肩をならべうる政党が世界にも日本にもない、鋭く原則的なたたかいでした。ここでは、そのなかでももっとも顕著な、いくつかの特質を紹介しておきましょう。

武力侵略を許さない　一九六八年にソ連などによるチェコスロバキアへの軍事侵攻が起きたとき、日本共産党は、これを、国際的な正義が許さない軍事侵略として、徹底的に糾弾し、侵略と干渉の全面中止を要求しました。当時は、「社会主義国が軍事侵略をやるはずはない」といったソ連弁護論も一部には聞かれました。私たちは、チェコスロバキアで何が起きたかを、動かしがたい形で確認できる事実にもとづいて、明らかにすると同時に、理論的にも、そうした「社会主義無謬《むびゅう》」論は根拠のない俗説であって、社会主義を称する国でも、指導部が大国主義、覇権主義の誤りをおかせば、侵略者にまで堕落することがあることを、科学的社会主義の理論にてらして解明し、その誤りが現実に訂正されるまで、ソ連の侵略にたいする批判と追及をけっしてやめませんでした。

アフガニスタンへの侵略（一九七九年）にたいしても、私たちはこのような侵略と干渉を絶対に許さない態度をとりました。このときには、チェコスロバキア事件がおこった一九六八年当時とはちがって、ソ連共産党と関係を正常化していた時期だったので、この問題を正式の主題にした両党会談を東京でおこない（八一年一二月）、面とむかっての論戦をすすめて、ソ連代表が反論不能におちいり、そのことを告白せざるをえなくなるところまで、論戦をつくしました。

ソ連の侵略行為にたいして、こういう徹底した態度をとった共産党が世界にほかになかったことは、二全協の報告で、つぎのように指摘したとおりです。

「世界でも、アフガニスタン問題などに批判的態度をとった共産党は少なくありませんでしたが、事件がおきたときに一応の異論を表明するにとどまり、日本共産党のように、この害悪を世界政治からとりのぞくためにたたかいつづけたといえる党はないのであります」。

ソ連に領土返還を要求　一九七〇年代の話ですが、フランスのある新聞が日本共産党のことを読者に紹介するさい、「ソ連に領土返還を要求している世界でただ一つの共産党」と書いたことがありました。この点でも、ソ連の覇権主義に反対する日本共産党の態度は、国際的にもきわめてきわだったものでした。

日本共産党がソ連共産党と会談をしたのは、一九五九年一月、宮本顕治書記長（当時）を団長とする代表団のソ連訪問が最初です。その最初の会談で、宮本書記長は、領土返還の問題を日本の国民的な要求として正面から提起しました。ソ連側は、「外国の共産党から領土返還を要求されたのははじめてだ」との感想をもらしたようですが、そのときは、ソ連側も、領土問題の「解決ずみ」論といった無法な立場はまだかたまっておらず、将来、日本が軍事同盟のくびきをはなれて、独立・非同盟・中立の道にふみだしたときには、国後・択捉などの南千島諸島は返還する、ということを、約束しました。その三年前、日ソ共同宣言（一九五六年）で合意されたのは、平和条約締結による歯舞・色丹の返還ということだけでしたから、それ以上にふみこんで、南千島の返還をソ連側に約束させたのは、歴史上、日本共産党の対ソ交渉だけだったのです。

その後、私たちは、米英ソ三国のヤルタ会談（一九四五年二月）の経過をふくめた第二次世界大戦の戦後処理の問題、一九世紀以来の日本とロシアおよびソ連との間の領土関係の歴史など、領土問題の全面的な研究をおこないました。そしてそのうえにたって、一九六九年に、領土問題の解決は、スターリンの大国主義によってひきおこされた「戦後処理の不公正」をただすことを中心にしなければならないこと、歯舞・色丹や南千島だけでなく、千島列島の全体が当然、返還の対象となることを、歴史の事実と道理にもとづいて明らかにしました。その後のソ連共産党との領土交渉は、この立場にもとづいておこなわれました。

日本共産党のこの態度は、日本の他の諸政党が、サンフランシスコ平和条約の千島放棄条項――これ自体、千島列島を不当に占拠したスターリンの覇権主義の延長線にたった条項だった――にしばられて、領土要求を、歯舞・色丹・国後・択捉の四島だけにかぎり、その四島についても道理ある国際法上の根拠をしめしえないでいることと、鮮明な対照をなしている点です。

アメリカとの覇権争いと核軍拡競争を批判する　ブレジネフ時代以降のソ連が、アメリカとの軍事的な覇権争いや他国制圧の目的から、核兵器廃絶などの世界平和の課題に背をむけて、アメリカとの核軍拡競争に乗りだしたことは、ソ連覇権主義が世界におよぼしたもっとも有害な役割の一つでした。それは、世界の緊張をはげしくする一方の要因となるとともに、アメリカよりも基盤の弱いソ連経済を、途方もない規模で軍事優先に方向づけた結果、国民の消費生活の窮迫をひきおこし、今日の経済的崩壊へとみちびく深刻な原因ともなったのです。

この問題も、私たちとソ連共産党との論戦の重要な主題となりました。とくに、ブレジネフ時代には、ソ連はこうした方針を「平和綱領」にまとめて、それがあたかも国際的な連帯の共同の綱領でもあるかのように位置づけて、世界におしつける態度をとり、一九八一年には、日本共産党にも手紙を寄せて、自分たちの「平和綱領」についての意見を求めてきました。それが、この問題をめぐる公開の論争の出発点となったのですが、大国主義、覇権主義のふるまいになれてきたソ連指導部は、この「平和綱領」が日本共産党の批判の対象となるなどとは、あまり予想しなかったのかもしれません。

実際、世界の共産主義運動では、当時、アフガニスタン問題などで批判的な見解を表明する党はあっても、世界平和のための闘争の基本路線といった問題などでは、ソ連の方針や見解に異論をとなえる党はまったくありませんでした。ヨーロッパの諸党にしても、いろいろな国際的な発言の機会に、「アフガニスタンはともかく、『平和綱領』は歓迎」などというのが、せいぜいの自主的な声でした。ソ連共産党が、核兵器廃絶や軍事ブロック解消などの伝統的なスローガンまで投げ捨て、アメリカとの軍事的覇権争いや核軍拡競争にうちこむ態度をとっても、世界平和を真剣にめざす立場から、これに批判の声をあげるという党は、日本共産党しかなかったのです。

この論戦は、最初は、「平和綱領」をめぐる書簡での論戦として展開されました（一九八一年～八三年『日本共産党国際問題重要論文集 12』、『同 13』所収）。ついで、八四年には、両党の会談での論戦に引きつがれました。この会談は、予定された両党首脳会談のための予備会談として開かれたものでした。三回にわたってひらかれた予備会談では、結局は、その年の一二月の、核戦争阻止・核兵器廃絶をめざす日ソ両国共産党の共同声明へと発展してゆくのですが、会談の実際の内容は、三回とも、大きな論戦の舞台となりました。

その重要な論争点の一つが、国際緊張の現状にたいするソ連側の責任の問題、はっきりいえば、世界政治におけるソ連覇権主義の害悪の評価の問題にあったのです。ソ連側が、国際緊張の全責任はアメリカを中心とする帝国主義にあるとして、ソ連自身の責任はいっさい認めないのにたいし、日本側は、アメリカ帝国主義の責任を追及しながら、ソ連も、軍事的な覇権争いや核軍拡競争に熱中することで、国際緊張への責任を免れないことを指摘する――この二つの立場の論争でした。

私は四年前（一九八八年）のある論文で、このときの論戦を整理して紹介したことがあります（「今日の世界と日本共産党」『「新しい思考」はレーニン的か』所収）。そこから、この論争点にかかわる部分を引用しておきましょう。

この文章は、予備会談での大きな論争点として、まず核兵器廃絶の課題の位置づけの問題を簡潔に説明し、そのあと、もう一つの論争点が「反核平和の闘争と、反帝闘争との関連をどうとらえるか」にあったとして、つぎのように述べています。

「この問題でのソ連側の立場はどういうものだったかというと、核軍拡競争を引きおこしているのもアメリカ帝国主義であり、国際緊張の根源もアメリカを先頭とする帝国主義だから、反核平和の運動の敵は帝国主義である、だから、共同声明は、核戦争の脅威、核軍拡競争の根源と責任が帝国主義にあることを明記し、反核平和運動は反帝闘争だという方向づけを明確にすべきで、その方向づけをしないような文書を両党間でつくっても、それは意味がないし、世界の運動を混乱させるだけだ、一口にいって、こういう立場でした。

これにたいして、わが党は、反核平和運動と反帝闘争を同一視するこうした立場には、賛成できないことを、会談のなかで一貫して主張しました。

なぜかというと、私たちはまず第一に、わが党が国際緊張や核軍拡競争の責任を帝国主義の側だけに求める立場はとっていない、ということを、率直にいいました。あなたがた自身、アフガニスタンを侵略して、国際緊張の原因をみずからつくっているではないか。核軍拡競争についても、ソ連自身が、長期にわたって核兵器廃絶の旗を投げ捨て、アメリカとのあいだの核戦力のバランスをもっぱら追求してきたということで、核軍拡競争の共同責任をまぬがれないところに自分をおいているではないか。世界で核軍拡競争を最初にはじめたのはアメリカだが、その後の軍拡の悪循環については、ソ連も一定の共同責任を負っているというのが、われわれの見方であって、それをすべての責任はアメリカにある、帝国主義の側にだけあるという、事実にもわれわれの見解にも反する見方を、共同の文書に書き込むわけにはゆかない。こういう議論を、最初から率直にやりました」（同書四〇～四一ページ。この論争点を「反核平和運動の運動上の問題」という角度から解明した、これにつづく文章は、省略します）。

その年の一二月の両党首脳会談では、ソ連側が反帝一本槍の一面的な見地を事実上ひっこめるという形で、この論争点をのりこえ、歴史的な共同声明が結ばれました。しかし、この共同声明も、ゴルバチョフが「新しい思考」外交に乗り出すとともに投げ捨てられてしまったのです。

この論戦のなかで私たちがおこなった批判の正しさは、世界政治の現実の動きから立証されました。それればかりか、ソ連の当局者自身が、その数年後には、自分たちの核軍拡政策の誤りを、それぞれなりの角度から告白しはじめたのです。

世界の現実にてらしてみると、ソ連のそのときどきの外交政策を、国際的な共同綱領であるかのように横行させてきた世界の多くの共産主義運動の実態――フルシチョフの無原則的な対米接近政策にせよ、ブレジネフの核軍拡路線にせよ、ゴルバチョフの「新しい思考」外交にせよ、すべて世界平和の〝崇高な〟行為として礼賛されるといった事態が、世界平和にとっていかに有害なものであったかは、すでに明白です。ところがこの問題については、日本共産党が、文字通り唯一の批判者だったのです。

国際的な運動の支配をめざす野望

覇権主義のもう一つの重大なあらわれ――「国際的な運動を自分の支配下におこうという野望」については、二全協の報告でおこなった指摘は、つぎのようなものです。

「ソ連共産党のいいなりにならない自主的な勢力は、これをくつがえし、世界の進歩や平和の運動を自分の支配のもとにおこう、ソ連絶対化の傾向でおさえこもう、この野望であります。日本共産党が一九六三、六四年以後の時期に直面したのは、そういう野望にもとづいて、自主独立の日本共産党をくつがえそうとする干渉と攻撃でありました。

ソ連共産党は、そういう干渉と攻撃を世界の各地でひろくおこない、世界の共産主義運動に、いわゆる『指導党』としての自分の地位をおしつけようとしました。口では『対等・平等』とか、『内部問題不干渉』とかいいながら、事実上はソ連共産党に他党を従属させるという関係をもちこみ、おしつけることをやってきました。

共産主義運動だけでなく、世界の平和運動、民主運動の全体にたいしても、これらの運動をソ連のそのときどきの外交政策の道具とするというおしつけと干渉の工作をくりかえしてきました」

この面でも、ソ連覇権主義にたいする日本共産党のたたかいは、他党への干渉を許さないことはもちろん、「指導党」的ないかなる特権も認めないという、民主的な道理をつらぬき通したものでした。

日本の党と革命運動への干渉を謝罪させる

一九六三、四年に、フルシチョフが反党分派を内通者とする乱暴な干渉と攻撃をくわえてきたとき、日本共産党がこれといかにたたかい、この干渉を粉砕したかは、本文でかなりくわしく書きました。ここでは、その補足として、この干渉がどんな結末に終わったかを述べることにします。

ソ連共産党は、フルシチョフの失脚後、日本共産党に関係改善の会談を申し入れてき、一九六八年には両党会談が実現しましたが、その後も、干渉の誤りを認めることを回避したうえ、志賀一派との関係を続けたり、日本共産党攻撃の文章を折にふれて発表したりしつづけました。そして、私たちの批判の前に、ソ連側がようやく干渉の反省を公式に表明し、そのことを前提にして両党の間に正常な関係がつくられたのは、フルシチョフの覇権主義的干渉が両党関係の断絶をもたらした一九六四年から一五年たった、一九七九年一二月の両党首脳会談のことでした。

この年、首脳会談にさきだっておこなわれた東京での会談（二月、三月）で、ソ連側の代表は、「かつてプラウダに志賀一派支持の論文を発表したことを（自分たちは）正当化していない、（これは）正しくなかった」と、発言しました。この言明は、六八年以来の度重なる会談のなかでソ連側がはじめて表明した、過去の干渉の誤りを認めた自己批判の発言でした。そして、続いておこなわれたモスクワでの四月会談では、この自己批判の発言を双方で確認すると同時に、会談の「合意文書」に、〝今後、いかなる反党分子とも関係をもたない〟というソ連側の誓約を、つぎのように書きこんだのです。

「ソ連共産党代表は、ソ連共産党が日本共産党を日本の共産主義運動を代表する唯一の党とみなしていることを表明した。またソ連側は、かつて日本共産党員であったもの、あるいは各種のグループが共産主義運動の名においておこなうどのような策動も、反党活動の現れであり、彼らがどのような旗をかかげ、また、どのような口実を設けようとも、ソ連側はこの種のグループの活動にたいし、なんらの関係ももたないと言明した」。

一五年の時間を要しましたが、ソ連共産党――自分を世界の「指導党」と位置づけて、勝手な干渉をくりかえしてきたこの覇権主義の党に、過去の干渉についての公式の謝罪をさせ、干渉の誤りを清算したうえで、両党関係を正常化したという、日本共産党のこのたたかいとその結果は、不屈の原則性において、世界の共産主義運動のなかで、大きな驚異の的になりました。

しかし、覇権主義者の本性は変わらないものです。ソ連共産党は、これを自分の本質的な反省とはせず、その後も、他国への干渉をさまざまな形で続け、結局、九一年のあの解体と崩壊にいたったのです。二全協への報告は、そのことをつぎのように指摘しました。

「ソ連共産党が自分の干渉の誤りについて、資本主義国の党に謝ったというのは、かつて前例のないことであります。しかし、ソ連共産党はこれを自分たちの干渉主義への本質的な反省に発展させないで、せいぜい〝余儀ない譲歩〟にとどめ、その後も形をかえて日本共産党攻撃に熱中しましたし、日本共産党以外の党にたいしては七九年以後も平気で干渉をつづけました。他党のなかに反党分派を育成・支持しての干渉というのは、ゴルバチョフ時代にもつづけられたことであります」

社会党を「友党」としての干渉　日本の革新運動にたいするソ連の干渉として見すごすわけにゆかないのは、ソ連共産党が、社会党を最大の「友党」とし、この党が現実にどのような役割をはたしていたかにお構いなく、この党を日本の革新・平和の勢力の代表として美化し、社会党を通じて日本の政界と世論にソ連の影響を広げようという立場を、とりつづけたことでした。

ソ連共産党と社会党のこうした関係は、フルシチョフ時代に、ソ連が日本共産党への攻撃や原水爆禁止運動や国際友好運動の分裂に乗りだし、日本の革新・平和運動のなかにソ連追従の潮流をつくりだそうとしたとき、社会党が、その干渉の応援団の役を買って出たところからはじまったものです。社会党の書記長を団長とする代表団が、モスクワでソ連共産党と、初の共同声明を発表したのは、ソ連が干渉の火ぶたを切った一九六四年七月のことでした。この関係は、その後も連綿として続きました。

ソ連共産党のこうした態度が、とくに重大な問題となったのは、一九八〇年の「社公合意」を転機に、社会党が反革新の分裂主義の道にふみだし、いったん統一に合意した原水爆禁止運動でもそれを割って出るという態度に出て、この分裂主義との闘争が日本の革新・平和運動の重大な問題となったときでした。ソ連共産党は、ゴルバチョフらを先頭に、その社会党をひきつづき日本の平和・民主勢力の代表扱いする態度をとり続けたのです。これは、日本の革新・平和運動に事実上介入して外部からこれを妨害する、不当な妨害的干渉というべきことでした。

日本共産党は、一連の論文で、また私とゴルバチョフの最後の首脳会談（一九八八年五月）をふくむ一連の会談で、ソ連共産党の態度の誤りについて、事実と道理をつくして解明し、その批判をおこないました。しかし、会談の模様を本文で説明したように、ゴルバチョフは、覇権主義者の傲慢さをむきだしにした横暴な態度で、私たちの批判に耳を貸す態度をついに見せなかったのです。

日本共産党は、ゴルバチョフらのこの態度にたいして、それが、「ソ連の対外政策の姿を日本に広げる」うえで「日本社会党の効用」がどれだけあるかだけを問題にし、そのことをすべての上におく、「ソ連第一主義」――ソ連の国益第一主義にほかならないことを、くりかえし指摘しました。

これが、いかに的を射た批判であったかは、ソ連共産党の解体後に明らかになったソ連共産党＝日本社会党関係の秘密資料によって、あらためて浮き彫りになりました。

フルシチョフの日本干渉の応援団となって以後、一九六七年に、社会党系の貿易団体を通じてソ連の秘密資金を社会党に提供するというしくみがつくられ、それが長期にわたって続けられてきた――この事実を、ソ連共産党中央委員会の国際部の報告や書記局会議の決定で裏づける一連の文書が、一九九二年に、ロシア当局の手で公表されたのです。

これは、六〇年代、七〇年代だけにとどまるものではなく、これに先だって公表されていた八〇年代のゴルバチョフ時代の文書にも、ソ連の党中央が、「関係の政党」への資金提供を目的として、日本社会党系の貿易団体に特別の援助をしたことを指摘した資料がふくまれていました。これは、こういう陰の金権的な関係が、過去の指導部だけにかかわる問題ではなく、ゴルバチョフ時代にも続いていたことを、うかがわせるものでした。

ソ連共産党が外国のあれこれの共産党に秘密資金を提供していた目的はどこにあったのか。ゴルバチョフの腹心の一人として、国際関係を担当していたアレクサンドル・ヤコブレフ（ソ連共産党の元政治局員）は、自分自身をあざけるような調子で、「ソ連共産党の諸大会で諸共産党の指導者たちが寄せる賛辞に、幾百万の金が支払われた」と述べたことがあります（「イズベスチア」九二年二月一五日付）。正確には、この秘密資金の代価となったのは、ソ連共産党の大会での「賛辞」だけではありません。秘密資金提供の対象となった「諸共産党」が、それぞれの国の国内や国際的な運動のさまざまな舞台で、ソ連の政策や行動に「賛辞」をあたえ、さらには、アフガニスタンなどのソ連の無法にたいして当然くわえるべき「批判」を控えたことも、この代価の重要な部分をなすものでした。

このことは、日本社会党にも、そのままあてはまります。たとえば、社会党は、ソ連のチェコスロバキア侵略にたいして、もっとも理解ある態度をとった政党でした。まさに、ソ連共産党は、社会党が、ソ連の影響を日本の政界や世論にひろめる仕事のにない手となることを期待して、その国際的な金権政治の網の目に日本社会党を組みこみ、秘密資金を提供しつづけたのだし、この党が日本の政治のなかで反革新の役割をしようが、分裂主義の道にたとうが、社会党とその指導部を革新・平和の党として美化し、ソ連の最大の「友党」として扱いつづけたのです。

ここまで明らかになった以上、この問題は、たんに日本の一政党の財政問題の不明瞭さといった次元にとどまらず、日本の政治の自主性にかかわる重大問題としてとらえられなければなりません。

私が、九二年九月の第七回中央委員会総会での報告のなかで、この問題をとりあげ、それが、旧ソ連との関係だけでなく、「中国、北朝鮮などの覇権主義にたいする追従の態度」にもつらなる問題であることを指摘して、「こうした自主性の欠けた態度を清算することが、日本の政治の健全な展開に必要な課題となっている」ことを強調したのは、こうした立場からの提起でした。

ソ連の応援団化の流れとたたかう　国際的な運動をソ連共産党やソ連外交の応援団化させる企てとのたたかいは、国際的な平和・民主運動のほとんどあらゆる舞台で展開されました。ソ連やその追従者のやり方は、二全協の報告でつぎのように述べた通りでした。

「ソ連の覇権主義者は世界の平和・民主運動の分野でも傍若無人でした。フルシチョフが『対米接近』をとなえれば、それをありとあらゆる国際団体にもちこむ。ブレジネフが核軍拡競争に熱中すれば、どの平和・民主団体からも『核兵器廃絶』のスローガンが消えるようにしむける。アフガニスタン侵略をおこせば、結構結構というキャンペーンをあちこちでおこす」。

そして、ソ連代表などの横暴きわまるやり方に反対し、平和と民主主義の道理ある旗をかかげ、覇権主義を許さない不屈の毅然たる態度をしめして、国際的な運動の全体に感銘をあたえ続けたのは、いつも、日本の平和・民主勢力の代表でした。

ソ連の崩壊、東欧の激変のなかで、国際的な平和・民主運動をめぐる状況は、大きく変わってきましたが、運動の自主性を擁護しつづけた日本の平和・民主勢力の活動は、それぞれの分野で、今後の発展につながる大きな積極的遺産として記録されており、それをふまえて前進への道を見出そうという動きが、さまざまな形で見られることも、いま注目すべき重要な点です。

国際的なたたかいのもっとも集中的な舞台となったのは、『平和と社会主義の諸問題』誌の編集局でのたたかいでした。この雑誌は、一九五八年に、各国共産党が平等の立場で経験を交流しあうという建前で、共同の機関誌として創刊されたものです。ソ連はこれを事実上私物化し、とくに、アフガニスタン侵略を強行したときには、かいらい政権の首班としてソ連がアフガニスタンにおしつけたカルマルをこの雑誌に登場させるなど、この雑誌をソ連の覇権主義の外交政策の宣伝機関誌化するというやり方に出たのです。

日本共産党は、ソ連のこのやり方を断固として批判し、編集委員会や党代表者会議などで論議をつくしたうえ、一九八〇年一二月、「ソ連の宣伝機関という恥ずべき役割をやめないのなら、この雑誌を廃刊せよ」という態度を決定し、この要求をかかげてたたかいぬきました。この問題のいきさつは、不破『スターリンと大国主義』(一九八二年　新日本新書。二〇〇七年新装版)で、三章にわたってかなりくわしくまとめてありますので、参照してください(「31　二十四年間、ソ連が編集長を独占」、「32　心情は反党分派の側に」、「33　ソ連対外路線の『宣伝機関』に変質」)。

この編集局には、多くの党が参加していましたが、こういうたたかいをおこなったのは、日本共産党だけでした。

以上、ごく大まかにソ連覇権主義に反対する日本共産党のたたかいを見てきました。

この概観だけでも、日本共産党のたたかいが、文字通り覇権主義の全戦線にわたるものであったことを、わかっていただけたと思います。

最後に、二全協の報告で、ソ連覇権主義との闘争をふりかえった、そのしめくくりとして述べた言葉を引いて、この補章のしめくくりとしたい、と思います。

「こういう三十年にわたるたたかいの歴史をふりかえるとき、常任幹部会声明〔九一年九月一日の、ソ連共産党の解散についての声明〕が特徴づけましたように、日本共産党の立場は、ソ連共産党の覇権主義の『歴史的巨悪』にたいして、これをただ横からみていただけの『歴史の傍観者』の立場ではない、『それと文字どおり生死をかけてたたかいつづけてきた歴史の変革者としての立場』につらぬかれたものであること、このことが重要な点であります。

私たちは、世界のどこにも日本共産党のこうしたたたかいを明確に支持する党はない、そういう状況のなかでも、こういうたたかいをつうじてこそ、共産主義運動の未来がひらかれるという深い確信にたって、この闘争をおこなってきたのです。そういう党だからこそ、あの晴ればれとした声明が発表できるのだということを、私はここで強調したいのであります」。

（一九九二年刊　不破『たたかいの記録　ソ連・中国・北朝鮮――三つの覇権主義』初出）

中国覇権主義とのたたかい

一九六六年——日中両党会談（一九九二年一月）

1　「文革」と干渉——毛沢東が「日本共産党打倒」を発令する

一九六六年に開始された、日本共産党にたいする中国覇権主義の干渉と攻撃は、いわゆる「プロレタリア文化大革命」なるものの重点的な対外作戦として、毛沢東の号令のもとに展開されたもので、目的のために手段を選ばないその無法さ、野蛮さの点で、フルシチョフらがはじめたソ連覇権主義の干渉・攻撃にまさるとも劣らないものがありました。

「北京は軟弱だ」「小鬼たちを天宮に進撃させよ」

日本共産党への攻撃と中国の国内での「文革」の騒乱とのつながりを象徴的にしめすものとして、

一九六六年三月二八日、上海での一つの情景があります。

「文化大革命」のなかでひろめられた毛沢東の言論集『毛澤東思想萬歳』をみると、この日、毛沢東が、康生《こうせい》に、つぎのような指令を発したことが記録されています。康生は、当時、中国共産党の政治局員候補で書記局員も兼ねていた毛沢東の側近でした。

「えん魔殿を打ち倒して、小鬼《しょうき》を解放しよう。私はこれまで、一般に中央諸機関が悪事をしでかしたら、地方が謀反をよびかけ、中央に攻撃をかけねばならぬと主張してきた。地方はうんと孫悟《そんご》空《くう》を送り出し、天宮《てんきゅう》を騒がすべきだ」(『毛沢東思想万歳』〔三一書房〕下　三三二ページ)。

ここで、「えん魔殿」とか「天宮」というのは、北京にある中国共産党や政府の指導部のこと、「小鬼」、「孫悟空」は、「文革」中に毛沢東の手兵として働いた「紅衛兵《こうえいへい》」のことです。全国の「紅衛兵」を動員して党・政府の指導部を打倒するという「文化大革命」の騒乱の幕をきっておとしたのが、この日のこの指令でした。

実は、三月二八日というこの日は、宮本顕治書記長(当時)を団長とする日本共産党代表団が、中国共産党との公式会談を終えて、帰国への途上、上海で毛沢東と会見した日でした。そして、毛沢東は、中国の党指導部が日本共産党との間で結んだ共同コミュニケに反対し、さらに中国側がそういうコミュニケを結んだことを非難して、日本の代表団の面前で、「北京は軟弱だ」と攻撃したのです。

さきの指令を毛沢東から受けた康生も、実は、この日の朝、日本の代表団に同行して、北京から上海に到着し、毛沢東と日本共産党代表団との会見にも同席していたのでした。この会見での「軟弱」

発言と、康生にあたえた「えん魔殿打倒」指令との時間的な前後関係は定かではありませんが、毛沢東の頭のなかで、日本共産党との関係における「北京の軟弱さ」への非難と、中国の党・政府指導部の打倒をめざす「造反」の号令とが、一つに結びついていたことは、疑いありません。

日本共産党を「文革」の主敵と規定

それに続くもう一つの記録があります。「北京」の中枢部への攻撃が、六月はじめの彭真《ほうしん》の北京の党委員会書記と北京市長からの解任や党北京市委員会の改組から、八月の劉少奇《りゅうしょうき》・鄧小平《とうしょうへい》などにたいする直接攻撃へと展開してゆく途上で、毛沢東が一つの「講話」をおこなったとされています。「中央の責任者への講話」と題するもので、七月二一日の日付がありますが、大衆にワクをはめず、徹底的に造反にたちあがらせろと、「文革」の「火勢を煽《あお》りたてた」演説です。そのなかで、毛沢東は「文化大革命の敵はだれか」と設問して、自分でつぎのように答えています。

「文化大革命に反対する者はだれか？　アメリカ帝国主義、ソ連修正主義、日共修正主義、そして日本反動派である」。

「日共修正主義」の言葉を、毛沢東が、日本共産党をさす悪罵《あくば》の意味をこめた代名詞として使っていることは、いうまでもありません。当時は、日本にたいする中国側からの干渉・攻撃は、水面下ではすでにはじまっていましたが、公開の論争の段階にいたってはおらず、中国の国内で開始された

「文化大革命」なるものにたいして、日本共産党は、批判とも肯定とも、どんな態度も公式にあきらかにしていませんでした。ところが、毛沢東は、この段階ですでに、日本共産党を、「文化大革命」の国際的な主敵の一つとして、各部門の責任者の前で名ざしで数えあげてみせたのです。

この「講話」から、干渉と追従の旗印となった、悪名高い「四つの敵」論が生まれたのですが、これは、毛沢東にとっては、日本共産党の打倒が最初から「文化大革命」の基本目的の一つだったことを、告白した「講話」でした。

ソ連の覇権主義や無原則的な対米協調の誤りを確固として批判しながら、毛沢東思想のもとに世界の運動を「統合」しようとする中国の覇権主義にたいしても、きっぱりした態度をとる自主独立の日本共産党——この党の存在と活動は、毛沢東とその一派にとって、その覇権主義の計画の前に立ちふさがる、最大の「敵」の一つとして位置づけられたのでした。

日本にたいする中国覇権主義の干渉と攻撃は、こうして毛沢東の号令のもと、「文化大革命」の重要な作戦の一つとして開始され、野蛮のかぎりをつくして推進されました。

それから一五年後、鄧小平を中心とする中国の現指導部は、「文化大革命」を総括した中央委員会総会の決議を発表し、これを「指導者がまちがってひき起こし、それが反革命集団に利用されて、党と国家と各民族人民に大きな災難をもたらした内乱」だったとしました（「建国以来の党の若干の歴史的問題についての決議」、中国共産党第一一期中央委員会第六回総会、一九八一年六月）。

しかし、日本共産党への干渉・攻撃をはじめとする「文化大革命」の国際的な害悪については、今日にいたるまで、沈黙のうちにほおかむりをしたままです［★］。過去の反省や改革を問題にしながら、国際的な最大の害悪である覇権主義への反省は回避する――この点で、中国の現指導部の態度と、破綻《はたん》のうちに退陣したソ連のゴルバチョフ指導部の態度との、共通点をみないわけにはゆきません。

★ **干渉問題の解決**　干渉問題の解決は、この稿の執筆から六年たった一九九八年五月、中国共産党の総書記が鄧小平から江沢民に交代した後におこなわれました。その詳細は、本書の最後の部分、「一九九八年の日本共産党と中国共産党の関係正常化――報告と記録」をお読みください。

2　東京――なぜ訪中を計画したか

一九六六年三月の毛沢東との決裂は、中国の覇権主義的な日本共産党攻撃への転機となったものでしたが、そもそも、日本共産党代表団のこのときの訪中は、アメリカのベトナム侵略戦争が拡大の一途をたどるなかで、これに反対する国際統一戦線の結成を目的として、計画されたものでした。

ベトナム侵略戦争の開始と中国の立場

アメリカは、ケネディ政権の時代から、外国軍隊の撤退をとりきめたジュネーブ協定にそむいて、南ベトナムをその占領下におき、北部のベトナム民主共和国への侵略を計画していました。そして、六四年八月、いわゆるトンキン湾事件をでっちあげて、北ベトナムへの軍事攻撃の火ぶたをきり、翌六五年二月からは連続的な北爆を開始、ベトナム侵略戦争は、それまでの南ベトナムにたいする武力支配から、北部のベトナム民主共和国にたいする正面攻撃へと一挙に拡大しました。

日本共産党は、アメリカの侵略に反対し、ベトナム人民の独立擁護のたたかいを支援する共同の闘争を、世界の平和勢力にただちによびかけました。日本共産党はソ連からの干渉の攻撃をうけて、ソ連共産党とは党関係が断絶の状態にありましたが、ソ連がアメリカの侵略に反対しベトナムを支援する立場にたつならば、ソ連を国際統一戦線、統一行動にふくめるべきことは、当然の筋道でした。

ソ連では、それまでフルシチョフの対米協調政策が支配的でした。しかし、アメリカがむきだしの侵略戦争にうって出たために、フルシチョフの帝国主義美化論の誤りはだれの目にもあきらかになりました。そういうなかで、六四年一〇月、フルシチョフは失脚し、新しいソ連指導部は、アメリカの侵略反対、ベトナム支援の国際的な共同行動推進の立場を表明せざるをえなくなりました。

ところが、その重大な時期に、中国が、ベトナム支援の国際統一戦線に頑強に反対しはじめたのです。中国は、それまでは、ソ連の対米協調路線を批判し、アメリカ帝国主義の侵略と戦争の政策に反対する闘争を、大いに主張していました。その対米協調路線の破綻が明確になり、ソ連も、多くの動揺的な要素をもちながらも、ともかくベトナム侵略反対の立場をとりはじめたのです。中国がそれまで強調してきた反帝国主義の主張が本当に真剣なものであったなら、いまこそ反帝国際統一戦線の旗を高くかかげて、ベトナム人民支援の国際的な共同行動の発展のために力をつくすのが、道理でした。

ソ連のベトナム支援の言葉が口先だけのことだったり、実際の政策と行動にその言葉を裏切る消極的な弱点があったとしたら、たたかいのなかでその弱点を批判してこそ、その批判が生きた力となるし、ソ連をより積極的なベトナム支援の立場に立たせることもできるはずです。

しかし、中国は、そういう立場をとらず、〝ソ連はアメリカ帝国主義の共犯者だから、ソ連をふくむいかなる国際的な共同行動にも反対する〟、〝ソ連とのいかなる共同をも拒否するものだけが、本気でアメリカ帝国主義とたたかうことができる〟という「反米反ソ統一戦線」の旗を前面におしたてはじめたのです。その主張は勇ましい言葉で飾られていましたが、ベトナム侵略に反対する勢力の団結に反対し、その分裂をおしすすめようというのですから、この方針は、ベトナムへの大規模な侵略戦争をしかけているアメリカの帝国主義勢力を助け、ベトナムを窮地におとしいれる有害きわまるものでした。そのことは、アメリカのベトナム侵略によってひきおこされた事態をまじめに考えるものには、あまりにもあきらかなことでした。

しかも、アメリカ帝国主義の侵略戦争がアジアで開始されたそのときに、社会主義を名乗るアジア最大の国家であり、ベトナムと国境を接している中国が、この分裂方針をとなえだしたのです。ことは、ベトナム戦争と世界平和の今後にかかわるきわめて重大な問題でした。

国際統一戦線を主題に三カ国訪問を計画

中国のこの分裂方針が、まとまった形であきらかにされたのは、六五年一一月一一日に発表された「人民日報」・『紅旗』両編集部の共同論文「ソ連共産党新指導部のいわゆる『共同行動』を反ばくする」のなかででした。

この論文は、ソ連の指導部を「アメリカ帝国主義と連合して世界を支配しようとしている」と非難し、「われわれは絶対に彼らと『共同行動』などというものをおこなうことはできない」と断定していました。そして、ベトナム問題についても、ソ連はアメリカと共同行動をとっており、彼らがねらっているのは、「ベトナム問題をソ米協調の軌道にのせる」ことであり、ベトナムへの援助も「国内、国外の人民をだまし、ベトナム情勢を左右し、ベトナム問題で発言権をかちとり、ベトナム問題でアメリカ帝国主義と取引しよう」との下心のあるものだというのです。だから、ベトナム問題で、ソ連と共同行動をとることは、「彼らといっしょになってベトナム人民の革命事業を売り渡すことになる」というのが、その結論でした。

この論文を目にしたとき、日本共産党の指導部では、ただちに問題の検討がはじまりました。そして、その結論は、中国をふくめたアジアの関係諸国の党との間で、至急、ベトナム支援の国際統一戦線の問題で真剣な討議をおこなう必要がある、ということでした。こうして、ベトナム、中国、北朝鮮の三国に代表団を送ることが決められ、一二月、各国にそのことを申し入れました。

「反米反ソ統一戦線」についての中国の主張は頑強なものであり、代表団を送って討議したからといって、中国側が簡単にその態度を変更することは予想されませんでしたが、この大事な時期に、重大な誤りが世界の反帝平和の闘争に損害をあたえるのをだまって放置したのでは、日本共産党として国際的な責任をはたさないことになる、あらゆる可能性を実際に追求してみる必要がある、というのが、私たちの基本的な考えでした。毛沢東は、自国の革命運動のなかで、国民党との合作を二次にわたっておこなうなど、弾力的な統一戦線政策を推進した経験をもつ人物だから、直接の会談で道理をつくして議論しあったら、理解し接近しあえる可能性も絶無ではないかもしれない、との思いもありました。

やがて三カ国から、日本の代表団の訪問に同意する旨の連絡がそれぞれあり、宮本書記長（当時）が団長、岡正芳《まさよし》常任幹部会員（同）が副団長、そして蔵原惟人《くらはらこれひと》、米原昶《よねはらいたる》両幹部会員（同）をふくめ、総勢九名の代表団が編成されました。私も、政策委員会で同じ仕事をしていた上田耕一郎《こういちろう》現副委員長（この論文発表当時）や立木洋《ひろし》副議長（同）、小島優《まさる》常任幹部会委員（同）、工藤晃《あきら》幹部会委員（同）などとともに、代表団にくわわりました。私にとっては、最初の外国訪問であり、外国の党との最初の会談でした。

3　海路上海へ——彭真との最初の会談

会談準備のためにレーニンの徹底研究も

訪問は、六六年の二月〜三月を予定して、その準備にかかりました。この準備作業では、ベトナム侵略をめぐるアメリカの戦略や世界情勢の分析も重要な問題でしたが、国際統一戦線をめぐる理論問題の本格的な研究にも、力をいれました。

たとえば、中国側は、ソ連との共同行動を拒否する論拠として、一連の論文のなかで、日和見主義や修正主義との闘争についてのレーニンの文章を断片的にとりだし、それをいかなる情勢のもとでも通用する絶対不変の命題にしたてるという流儀に、よく訴えていました。たとえば、レーニンがある時期に、ロシアの日和見主義者と「一線を画すべきだ」と主張した文章を見つけると、それを引用して、「そら、レーニンは『一線を画せ』といっている、だから、ソ連とは『一線を画して』いかなる共同行動も認めないのが、レーニン的なんだ」といった調子です。

レーニンの理論的・実践的な蓄積の全体のなかから、自分たちのその時どきの主張に都合がよいように見えるいくつかの文章を、勝手なやり方でとりだし、それを金科玉条にするといった教条主義は、アメリカ帝国主義論にせよ、「武力革命」の絶対化論にせよ、それまでソ連との論争などのなかでの中国の議論に、多かれ少なかれ共通した論法でした。それがこんどもくりかえされたのですが、レーニンが、日和見主義、修正主義との闘争を一貫して重視しながら、情勢の要求に応じて、これらの潮流との統一戦線政策を弾力的に駆使したことは、よく知られていることです。ところが、中国の論者たちは、レーニンの理論と実践をゆがめて、日和見主義の潮流との統一戦線をすべて否定することが、レーニンの立場だったとするのですから、それは、中国流の教条主義の誤りをとくにきわだだせたものでした。

中国との会談では、論争は当然こうした点にもわたります。

私たちは、反ファシズム統一戦線や中国の国共合作の経験など世界の共産主義運動のなかの教訓も大いに研究しましたが、この問題でのレーニンの理論と実践を、個々の時期の個別の経験にとどまらず、その革命的生涯の全体にわたって研究し直すことも、理論的な課題としました。

そのための苦労話の一端を紹介しておきましょう。私は、レーニン全集から、統一戦線の問題について、また日和見主義、修正主義との闘争についてレーニンが論じたすべてを包括的にまとめて、代表団の全員が研究できるようにする仕事にとりかかったのですが、当時は、いまのように、コピーなどを簡単に使える条件はありませんでした。いろいろ考えたあげく、レーニン全集の出版元の大月書店をたずね、屋根裏の倉庫にある乱丁本の山から全集全巻を探しだして、それを譲ってもらいました。そこから、統一戦線問題、帝国主義問題、戦争と平和の問題など、中国との論争に必要な論点にかんするレーニンの全文章を抜きだし、編集して、膨大な抜粋集をつくりました。

こうした研究の成果は、三カ国訪問の前後に党が発表した、反帝国際統一戦線、統一行動についての二つの論文――一九六六年二月四日の「赤旗」に発表した論文「アメリカ帝国主義に反対する国際統一行動と統一戦線を強化するために」と八月八日論文「ふたたびアメリカ帝国主義に反対する国際統一行動と統一戦線の強化について」などに生かされましたが、この抜粋集は、代表団全員がまわし読みし、旅行中にも持参して、論争にも大いに活用したものでした。

「対米・対ソ両面での戦争にそなえる」

代表団は、六六年二月九日朝、北九州の門司《もじ》港を船で出発しました。船は中国の貨物船「紅旗《こうき》」です。私たちは、日本から中国に運ばれる貨物とともに、海路、上海にむかったのです。

私たちの予定では、まず最初に侵略戦争反対のたたかいの最前線に立っているベトナムを訪問、ベトナム労働党と会談するとともに、ベトナムをめぐる実情をよく把握し、そのうえで、中国共産党指導部と会談し、最後に北朝鮮を訪問して朝鮮労働党との会談をおこなう計画でした。とくに、ソ連が現実にどのような規模と内容でベトナム援助をおこなっているか、その実情をベトナムの現地で調査することは、中国の指導部と討論するうえでも、どうしても必要なことでした。しかし、最初の訪問国であるベトナムへ直接行く方法がなく、中国経由の道を選ばざるをえなかったのでした。

当時は、私たちが訪問する三カ国のどこも、日本との国交がなく、日本政府が敵視政策をとっていましたから、これらの国を訪問すること自体に、交通面でも困難がありました。また、日本をはなれたあとは、どの国にも、日本との電話の便はなく、航空便で手紙を送っても相当の日数を要する状況で、急ぎの連絡は電報が唯一の手段という時代でした。この旅行には、少なくとも一カ月をこえる日数がかかるだろうという予想でしたから、宮本書記長をはじめ、党指導部のかなりの部分がそれだけの期間、日本をあけ、しかも日常の連絡がほとんど不可能な状態ですごすことになります。党の活動の全体からいって、なかなか大変な問題でした。しかし、国際統一戦線の結成の可能性を追求するという大目的のために、党は、そうした困難をおして、この三国訪問を計画したのです。

国際統一戦線問題についての日本共産党の立場をくわしく解明した無署名論文「アメリカ帝国主義に反対する国際統一行動と統一戦線を強化するために」が、「赤旗」に発表されたのは、代表団の出発にさきだつ二月四日でした。会談の相手方のどの党も、この論文を読み研究してくれれば、この問題についての日本共産党の見解の詳細を理解してもらえるはずでした。

私たちは、一日半の船旅で、二月一〇日夕刻、上海に到着、ここで中国に駐在していた砂間《すなま》一良《いちろう》書記局員（当時）が代表団に合流しました。

上海滞在中の二月一三日に、政治局員の彭真が、康生とともに私たちの宿舎を訪ねてき、宮本団長と話し合いました。毛沢東のところへいった帰りだとのことで、国際情勢や国内問題について、いろいろ話しました。本格的な会談ではなく、お互いの立場を予備的に説明しあう、いわば「情報交換」という性質の会談でしたが、彼の話からうかがえる中国側の考えは、驚くべきものでした。

「現在、アメリカは中国に戦争をしかける危険性がますます増大している。ソ連とアメリカは全世界で中国に反対する大合唱をやっているだけでなく、軍事的な包囲をやっている」。「ソ連が極東に増兵し、中国に近いところに増兵している」。「アメリカがいったん中国を攻撃したら、ソ連も中国を攻撃するだろう」。「ソ連が全国で中国の領土的野心を宣伝し、党内の動員をすすめている。その目的は何かといえば、戦争の煽動《せんどう》をしているのだ」。彭真は、ソ連とアメリカの間には、揚子江《ようすこう》を境界線として、中国を南北に分割する取り決めがあるという話まで持ちだしました。

そこから、ベトナム戦争の今後についての見通しも、つぎのように展開されます。「アメリカが中国本土に大規模な攻撃をしかけてきたとき、ソ連が援助の名目で中国に入りこみ、中国の一部の領土を占拠しようとするだろう」。それにとどまらず、「アメリカ侵略軍に呼応して、ソ連が中国を直接攻撃してくる危険性もある」。だから、「われわれは、いま対米・対ソ両面での戦争にそなえることに、着眼している」。

現実ばなれした情勢分析ですが、ソ連の指導部を、アメリカと連合して中国に攻めこもうとしている敵対的な侵略勢力と決めつけているのです。中国の発表する論文からは、直接にはうかがうことのできない極端な見方でした。そして、ソ連を侵略戦争でのアメリカの軍事的同盟者とするこの図式にたてば、当然の帰結として、ソ連との「共同行動」などとんでもない話という理屈になる筋書きでした。

4　上海――「文化大革命」の騒乱発動の前夜

資本主義の「実権派」との闘争を力説する彭真

彭真は、この会談で、中国の国内問題についても基本点を話しましたが、私たちが異様に思ったことは、彼が国内でのたたかいの最大の問題として、「資本主義の道を歩む実権派」なるものとの闘争をしきりに強調したことでした。

――現在、中国では、全国で社会主義の道と資本主義の道との闘争をくりひろげている。その中心は、党内にいる資本主義の「実権派」との闘争だ。「実権派」とは、生産隊、工場、人民公社などで実権をにぎっている人びとのことで、彼らが資本主義復活のにない手になっている。この資本主義の道は、下部や中クラスの党幹部にあらわれただけでなく、党中央にも反映している。

彭真の説明によると、この「実権派」との闘争は、毛沢東によって一九六三年にはじめられたもので、「レーニンがうちたてたソ連で、四〇年たった後にブルジョアジーが実権をにぎったこと」を目の前に見たことから、毛沢東が教訓をひきだし、四年前の中央委員会で、「階級闘争を百年も何百年もつづけよ」とのべた。いま中国でおこなっている「資本主義の道を歩む実権派」との闘争は、まさに「だれがだれに勝つか」、「資本主義が復活するのか、われわれが社会主義革命をおしすすめて資本主義の復活をうちやぶるか」の問題だ、とのことでした。

この方針は、まさにその後の「文化大革命」の指導方針そのもので、当の彭真自身が、「資本主義の道を歩む実権派」のレッテルを真っ先にはられて、三カ月もたたないうちに追放・打倒されることになるのです。しかし、上海で宮本団長にこの方針を語ったときの彭真は、自分がそういう罪名で糾弾されるなどとは、夢にも思わない調子でした。

毛沢東が北京攻撃を準備している最中だった

実は、彭真が日本代表団を訪ねてきたのは、国内での階級闘争、とくに学術・文化面での闘争の方針について、毛沢東と打ち合わせをしてきた帰りでした。

当時は、やがて「文化大革命」として爆発する騒乱を、毛沢東がひそかに準備している最中でした。毛沢東は、党主席として絶対の権威をうちたてていながら、副主席の劉少奇を中心とする党の中央諸機関を打倒して、より完全な専制支配の体制をうちたてることを、かなり早くから計画していたようです。彼が、この計画の第一の標的の一人としたのは、首都の北京の党組織の責任者であり、党中央の宣伝部門などをにぎっていた彭真でした。そして、彭真打倒作戦の最初の突破口として選ばれたのが、彼のもとで北京の副市長をしていた呉晗《ごがん》という人物への攻撃でした。

六五年一一月はじめ、上海の新聞に、呉晗が書いた歴史劇を、封建社会の支配階級をほめたたえ、地主・ブルジョア階級のイデオロギーを代表するものだと攻撃した論文、姚文元《ようぶんげん》「新編歴史劇『海瑞《かいずい》の免官』を評す」が、突如、掲載されました。海瑞というのは、一六世紀、中国の封建時代の官僚で、農民の利益をまもる活動をし、その罪で皇帝によって解任された人物だとのことですが、呉晗がその官僚を評価したことが、地主・ブルジョア階級の歴史観、国家観にたつものだとして、非難されたのです。実は、この論文は、毛沢東夫人の江青《こうせい》が姚文元に書かせ、それに毛沢東が手をいれてしあげたもので、一一月末には、党の中央機関紙「人民日報」にも転載されました。

しかし、この論文は、直接的には、海瑞という人物の歴史的な評価の誤りを問題にしての批判でしたから、その限りでは、歴史学の範囲での学術論争に属するものでした。しかし、毛沢東のねらいは、そこにとどまるものではなかったのです。彼は、一二月に、腹心の集まりで、姚文元の論文を「よく書けている」と評価しながら、「まだ核心をついていない」と述べました。核心とは、毛沢東によれば、「『海瑞』が彭徳懐《ほうとくかい》だ」という点にあるというのです。彭徳懐とは、政治局員で国防相だった党幹部で、一九五九年に毛の「大躍進」政策の誤りを批判したために、党と政府の地位を解任されたばかりか、「反党集団」の頭目という汚名を着せられて投獄され、糾弾の的となった人物のことです。「『海瑞』が彭徳懐だ」ということになれば、呉晗は、毛沢東を「皇帝」になぞらえ、歴史上の人物にこと寄せて、毛沢東を批判し、彭徳懐の復権をはかった陰謀派だということになります。毛沢東は、こうした論法で、呉晗を「反党・反社会主義」の政治犯罪者にでっちあげ、そこを突破口に、彭真を攻撃し、さらには、その攻撃を劉少奇を中心にした党の諸機関の全体におよぼすことをねらったのでした。

後に、毛沢東は、「文化大革命」は、姚論文の発表から始まったと、誇らしげに語ったことがありますが［★］、これは、そういう意味で、「北京征伐」への最初の号砲となったのです。

★「文化大革命」は姚論文から始まった　「アルバニア軍事代表団に対する講話」（一九六七年）のなかでの言明。

「わが国のプロレタリア文化大革命は、一九六五年冬の姚文元同志の『海瑞、官をやめる』についての批判から始まったというべきです。あの頃、わが国のある一部門、ある一部の地方は修正主義に握られていました。本当に針もとおらず、水も通らなかったのです。当時、私は江青同志に『海瑞、官をやめる』を批判する論文を書くよう一部の人びとを組織することを提案しました。しかし、この赤色都市［北京に対する皮肉］ではどうしようもなく、上海に行って準備するほかなかったのです。最終的に論文が書きあげられてから、私は三度目を通し、それで基本的に十分と考えて、江青同志に持ち帰らせ、発表させました」（『毛沢東思想万歳』下　三八七ページ）。

注目すべき腹心・康生の陰謀的な足跡

彭真は、党中央につくられた文化革命五人小組の責任者として、この問題の処理をも担当したのですが、毛沢東のこうした作戦には、まったく気づいていませんでした。毛沢東が、呉晗批判をむりやり「政治問題」にしようとしている真意がはかりかねて困っているというのが、当時の彼の心情だったのでしょう。上海で日本代表団とあったとき、雑談のなかで蔵原さんに、「あれは歴史劇なのに、毛主席が政治問題だというので困っている」と語ったのも、そうした気持ちの正直なあらわれだったと思われます。

彭真が、毛沢東に相談にいったのは、この問題でした。姚論文で火をつけられた討論をどういう方向に発展させるかを文化革命五人小組で討論し、その結論を「報告要綱」（あとで「二月要綱」とよばれた）にまとめ、政治局の常務委員会の同意を得たうえで、それをもって、二月八日、毛沢東のところを訪ねたわけです。毛沢東がそれに反対しなかったので、彭真は、毛沢東の承認をえたものと思って、これを党中央の決定として全国に通知しました。ところが、のちの彭真糾弾のさいには、この「二月要綱」を勝手に作成し、党中央の名をかたって全国に通告したといわれ、そのことが、彭真の反毛沢東の最大の罪にされるのです。

私は、のちに、「文化大革命」の騒乱のなかでの彭真糾弾の経過を見ながら、上海での彼の言動を思いあわせて、毛沢東の北京攻撃の陰謀的な手法をあらためて痛感したものでした。「文化大革命」のなかでの〝告発〟では、二月の彭真の毛沢東訪問自体が、反毛沢東の陰謀のひとこまとされましたが、私たちの前にあらわれた彭真は、反毛沢東どころか、終始、毛沢東路線の忠実な推進者としての口ぶりでした。反対に、彭真がもってきた「報告要綱」について、一言も反対意見をのべず、彭真が安心して全党に通知をだしたあとで、これを告発の材料にするという毛沢東らのやり方こそ、陰謀的な手法の最たるものでしょう。この手法は、のちに、日本共産党との共同コミュニケ問題でも、再現したものでした。

陰謀的な手法という点では、日本代表団との会談に同席した康生という人物の足跡も、きわめて注目すべきものでした。彼は、上海での最初の会談だけでなく、その後、北京での会談から毛沢東との会談まで、日本共産党との会談のすべてに出席した中国側の唯一の幹部でした。

康生は、一九三〇年代にコミンテルンで活動した経歴をもつ古い幹部で、当時は、政治局員候補と書記局員を兼務、とくに毛沢東の側近中の側近として知られていました。犯罪的な「文化大革命」推進の中心人物で、一九七五年に病死しましたが、毛沢東が死んで、「文化大革命」が否定されたときに、「四人組」とともにその〝反革命〟的責任を問われました。実際、一九七八年の中国共産党の中央委員会総会で、「林彪《りんぴょう》・江青反革命集団」なるものの首魁《しゅかい》の一人として断罪され、一九八〇年には党籍が剥奪《はくだつ》されています。

彼は、毛沢東の呉晗批判の真意を知りながら、五人小組の一人として問題の「二月要綱」づくりに参加し、彭真と毛沢東との話し合いにも同行します。そして、毛沢東が彭真を「反革命」として打倒するときには、平気でその打倒作戦の執行者となるのです。

5　ハノイ――ベトナムとの最初の本格的な首脳会談

毛沢東を慈愛深い君主として崇める

私たちは、上海には四日ほど滞在、つづいて広州に移り、その後、ベトナム国境に近い南寧《なんねい》に進みました。

この間、上海や広州では、文化行事に招待される機会がいろいろありました。しかし、芝居にしても、歌や踊りにしても、すべてが毛沢東への個人崇拝で染めあげられていたことは、たいへん異様な印象をあたえるものでした。

それも、ただ革命の指導者としての毛沢東の偉大さを礼賛するという次元のものではないのです。農民が地主の搾取から解放されたのも毛沢東のおかげ、中国人民がいま享受している生活はすべて毛沢東が下さったもの、つまり、彼を人民にすべてを与えた慈愛深い君主として礼賛するといった次元の、毛沢東賛歌が、すべてに共通する特徴でした。

しゃれの得意な蔵原さん――実は、私は、しゃれが蔵原さんの特技であることをこの旅行中にはじめて知り、「蔵原著作集には、ぜひ『駄洒落《だじゃれ》編』を一巻ふくめるべきだ」といった冗談がしばしば一行の話題になったものでした――、その蔵原さんが、演劇の席から宿舎に帰るなり、「もうたくさん」とため息をついて、私たちを笑わせました。

各地での経験から、文化行事のなかでは、「雑技」(曲芸)がいちばん毛沢東宣伝が少ないことがわかったので、それ以後は、文化行事の希望を聞かれるときには、必ず「雑技」と答えるようにしました。接待する中国側の担当者からは、「日本共産党の代表団は、なぜか雑技が好きだ」と不思議がられましたが、個人崇拝のこの異常さも、まさに「文革」の前奏だったのです。

南寧からハノイに向かって飛びたったのは、二月一七日の夕刻でした。まだ北爆はハノイやその周辺までは及んでいませんでしたが、爆撃の対象地域はたえず北へ北へとエスカレートしていましたから、代表団を乗せた飛行機が米軍機の攻撃をうけるようなことがないように、明るい時刻をさけ、夕やみにまぎれてハノイに到着するという配慮からのことでした。

この時間表のために、ハノイ近郊の小さい軍用飛行場につき、車でハノイの中心部の迎賓館についたときは、もうすっかり暗くなっていました。しかし、迎賓館の建物の前には、色とりどりのアオザイで身を飾った女性たちをはじめ一〇〇〇人余りの人びとが集まり、ホー・チミン主席やレ・ジュアン第一書記など党・政府の指導部が顔をそろえて、心のこもる歓迎の気持ちをしめしてくれました。

五日間、延べ三〇時間にわたる会談を通じて

ベトナム労働党指導部との会談は二月一九日からはじまりましたが、ベトナム側が、会談を前にして、日本の党の路線や主張について詳細に研究しているのには、驚かされました。国際統一戦線についての二月四日論文はまだとどいていなかったので、英文に訳したものを到着してすぐ渡しました。すると、英語からベトナム語への翻訳を徹夜でやり、出席者が全員これを読んだうえで、会談にのぞんでいました。ベトナムの代表団のそれぞれが、机のうえに、二月四日論文の訳文をおいていたのを見て、ベトナム側が日本共産党の路線、見解にどんなに注目しているかが、実感されました。

ベトナム側からは、レ・ジュアン第一書記、チョン・チン、レ・ドク・ト、グエン・ズイ・チン（副首相・外務大臣）の各政治局員をふくめ、指導部の中枢が参加し、五日間、延べ三〇時間にもおよぶ長い会談でした。途中でホー・チミン主席も飛び入りで出席して発言したりしましたが、北爆が激しさをくわえる重大な情勢のもとで、これだけの時間をさいて、集中した会談をやったこと自体、ベトナム側がこの会談をどんなに重視しているかを、端的にあらわしたことでした。

実は、日本共産党とベトナム労働党の間には、早くから友好的な関係はありましたが、宮本書記長とレ・ジュアン第一書記のような党の最高首脳が直接あって、本格的な会談をやるというのは、これがはじめてのことでした。

ベトナム側も、六〇年の八一カ国共産党・労働者党代表者会議などの機会を通じて、また論文や決定などの文献を通じて、日本共産党の自主独立の立場や、フルシチョフの対米協調路線にたいする批判などはよく知っていました。しかし、世界の共産主義運動が複雑な状況をしめしているなかですから、それぞれの党の立場や路線について、直接あって話しあってみないとわからないこともたくさんあります。

私たち自身にとっても、ベトナム労働党のことで、この会談ではじめて知ったことはたくさんありました。たとえば、日本共産党へのソ連の干渉・攻撃の問題ですが、ベトナム労働党は、この問題で一貫してソ連に抗議をしてきており、ソ連のシェレーピン（ソ連党中央政治局員）がベトナムを訪問したときにも、「君たちが日本共産党にたいしてこのような干渉をやっているのはまちがいだ。志賀（義雄）への援助などの干渉はただちにやめろ」と要求したと聞きました。こういうことも、具体的には、会談ではじめてわかったことでした。

そういう意味では、五日間にわたったこの会談は、両党のどちらにとっても、一日ごとにお互いの立場への理解を深めあう、いわば相互の再「発見」（ディスカバー）といった色彩の濃い会談となりました。ベトナムや日本の情勢の問題から世界情勢、世界の共産主義運動の問題などさまざまな問題について第一日よりは第二日、第二日よりは第三日と、よりたちいった見地から検討しあう、こういう会談を五日間もかさねて、その結論として、両党のあいだに、非常に堅固な共通点があることがたがいに確認されたのです。

とくに重要なことは、この会談でベトナム側があきらかにしたベトナム侵略戦争とそれをめぐる国際情勢についての見方は、ソ連や中国で支配的な路線とその誤りにたいする批判をもふくめて、多くの点で日本共産党の分析と評価、方針と合致しており、私たちが提唱してきた反帝国際統一戦線、国際統一行動の方針が、文字通りベトナム情勢の深刻かつ切実な要請にこたえるものであることが、実証されたことです。

この会談を通じて両党間の深い相互理解が達成され、一致点が確認されたことは、その後長期にわたる両党の連帯したたたかいへの確固とした出発点とも基礎ともなり、そのことが、ベトナム人民の抗米救国の闘争をささえる重要な力の一つとなったのでした。

後に七〇年代はじめ、ニクソンの訪中・訪ソで、ベトナムをめぐる国際情勢が複雑をきわめたとき、ベトナムの党は、この問題をめぐって日本共産党が発表した国際論文［★］を翻訳して、南で地下活動をしている幹部・活動家にもとどけ、それを学習することを正しい意志統一の一助にしたことなどが、伝えられました。こういうことも、六六年二月のこの会談が出発点となって、展開されえたことだったのです。

★ **国際論文** 「米中共同声明とニクソン美化論の新段階」（「赤旗」七二年三月二五日）のこと。

6　タインホア——北爆の最前線を視察

国際統一戦線の問題で完全に意見が一致する

両党会談で、レ・ジュアン第一書記は、ベトナム戦争の歴史と現状について詳細な報告をおこないました。彼はそのなかで、ベトナム侵略、とくに北爆の開始にあたってアメリカがとった手法について、「社会主義の諸国」がどんなに反撃しても断固としてやるというのではなく、「さぐりを入れながらやっては、ソ連や中国の反撃を見て、たいしたことはないということで一歩一歩拡大してきた」と特徴づけました。六五年二月の北爆の開始を、わざわざソ連のコスイギン（首相）がハノイを訪問している最中にやったのも、反応テストの時期を大胆に選んだものだったとのことでした。

さらに、そもそも六四年にアメリカがトンキン湾事件をでっちあげて、社会主義の一角であるベトナム民主共和国への軍事攻撃を開始したときのことについて、レ・ジュアン第一書記が、「社会主義諸国の反応の弱さは世界をびっくりさせた」と語ったのは、たいへん印象的な表現でした。こういう事態をうみだしたフルシチョフらの対米協調政策について、ベトナムが、ソ連との内部的な討論では、勇気をもって正面からの批判をくわえてきた経過も、よくわかりました。

これらの報告は、アメリカの侵略政策を、フルシチョフの対米協調路線や国際共産主義運動内部の不団結につけこんでの「各個撃破政策」［★］と特質づけた日本共産党の分析の確かさを、侵略の矛先をむけられた当事者の立場から明確にした言葉でした。

★「**各個撃破政策**」　日本共産党が、一九六三年五月の第七回中央委員会総会で、アメリカ帝国主義の侵略政策が新たに取り出した政策――ソ連とは緊張緩和政策をとりながら、攻撃の矛先を他の地域に向けようとする戦略を特徴づけた言葉。七中総決定のその部分は次の通り。

アメリカ帝国主義は、「とくに最近では、国際主義運動の不団結につけ込み、一方ではソ連などとの一定の『やわらぎ』に一応応ずる態度をとりながら、『中国封じこめ政策』を中心として、各個撃破的にアジア、ラテンアメリカなどの民族解放運動の圧殺や中国、朝鮮、ベトナムなどアジアの社会主義国への侵略戦争の陰謀と結合して、南ベトナム、中印国境、朝鮮三十八度線、キューバなどで緊張をつよめている」。

また、ベトナム側は、アメリカの侵略を打ち破るこのたたかいで、ベトナム人民は国際的な援助を必要としているが、最大の援助は、団結した力による国際的援助、すなわち、国際統一行動、国際統一戦線であることを、あらゆる角度から強調しました。レ・ジュアン第一書記は、そのことを、「どのようにして社会主義陣営と民族解放運動をふくむ広範な統一戦線を結成してベトナムを支援するか、このことが自分たちの立場からみて非常に切実だ。その点で、日本共産党が一貫してアメリカ帝国主義に反対する国際統一戦線の旗を掲げていることに深く感謝する」と、きわめて端的な言葉で表現しました。

会談中、ホー・チミン主席が、古タイヤでつくった例のホー・チミン・サンダルをつっかけて姿をみせました。彼は、「いま各国の党は自分たちを援助してくれている。しかし、それは残念ながらこういうものだ」と私たちの前に指をひらいた右手をさしだし、「しかし、こうして援助してくれたなら、もっと力になるのだ」と、ひらいた右手をがっちりとこぶしににぎったのです。言葉は短いものでしたが、国際統一戦線を待望するベトナムの人たちの熱い思いが、じんと私たちの胸に伝わりました。

会談の最中に、レ・ジュアン第一書記のお父さんが急になくなるということがあって、最終日には、チョン・チン政治局員がベトナム側を代表して発言しました。彼が、そのなかで、国際統一戦線をめざす日本共産党の努力にかさねて感謝を表明しながら、「われわれは、日本共産党の二月四日の論文を非常にくわしく研究した。そしてこの基本的観点に同意する」とのべたのが、五日間にわたる会談の重要なしめくくりともいえるものでした。

国際統一戦線の問題でのこの合意は、もちろん、三月一日に東京とハノイで同時に発表された両党の共同コミュニケに、「双方は、現在、アメリカ帝国主義に反対する、世界の平和と民族独立のための世界人民の統一戦線を結成し、それを拡大することは、きわめて重要でさし迫った任務であるということを一致して認めた」という形で、明確にうたわれました。

前線の実情も国際統一戦線路線の正しさを実証

会談のあと、代表団は二手にわかれ、宮本団長らはハノイに残って工場などの視察を、岡副団長らは前線にいって北爆下の抗戦の実情を視察することになり、私は、前線視察の組に加わりました。

目的地は、ハノイの南方約二〇〇キロのタインホア省、当時、しだいに北へ拡大していた爆撃地域の一つの中心となっている地方でした。戦時ですから、移動はやはりすべて夜中、暗やみのなかを走るわけですが、途中の川では橋という橋はほとんど破壊されて、かわりに竹の橋や浮き橋がかけられて、そこを車でわたるのです。到着したのは深夜のおそい時刻でしたが、竹とカヤでつくった仮の宿舎です。これも、私たちが爆撃に遭わないようにとの配慮からの宿舎でした。

このタインホア省には、ハムロン橋といって、一〇〇〇回もの爆撃をうけながら、そのたびに修復して健在で頑張っている鉄橋があります。どんな北爆にもまけないベトナム人民の不屈のたたかいの象徴ともよばれている橋です。村をあげて、この橋の防衛にあたっており、私たちは、この村で撃墜したアメリカの爆撃機の残骸も見ましたし、女性たちだけで組織された村の民兵隊にも会いました。少女のようなかわいらしい女性が、アメリカの飛行機を小銃でうちおとした名手だと紹介されたのには、驚かされたものです。

ハムロン橋に近い丘の上に陣を敷いて、この橋の防衛にあたっている高射砲部隊も激励しましたが、高射砲はすべてソ連からの援助によるものでした。移動の途中では、前線に向かうミサイル部隊の姿も、やみのなかにしばしば見かけました。

実は、上海での会談では、彭真は、ベトナム戦争における米ソ共犯説を証明しようとして、ソ連のベトナム援助について、「使いものにならない三〇年代の武器も含まれている」とか、「おまけにその輸送を中国がやれという」など、表面をよそおう形だけのものであることをしきりに強調し、実のある援助をしているのは中国だけだといわんばかりの口ぶりでした。そして、ソ連の援助にたいするこうした評価は、その後の北京での劉少奇たちとの会談でも、また上海での毛沢東との会談でも、決まり文句のようにくりかえされたものです。

それにたいして、ハノイの会談での説明は、まったく違っていました。「フルシチョフ時代には、ソ連のベトナムにたいする態度は、妥協工作と対米追従の一本やりだったが、現在では、帝国主義に反対する面がでてきた。もちろん、反対の仕方には対米協調を引きずった弱点はあるが、ベトナムへの援助も実質的なことをやるようになった。高射砲やミサイルの大部分は、ソ連から送られているものだ」というのです。私たちが、北爆の最前線で見たことも、それを裏づけるものでした。

また、金額的には、ソ連と中国の援助額はほぼ同程度で、ソ連が、北への援助だけでなく、南ベトナム解放戦線への援助を始めたことも、フルシチョフ以後の重要な変化だという説明でした。会談の内容とともに、前線の視察も、ソ連の援助を形だけの無意味なものだとする中国側の説明の根拠のなさを事実であきらかにし、国際統一戦線が反帝闘争の緊急の課題だという日本共産党の主張の正確さを実証するものだったのです。

7 北京（上）――ソ連との覇権争いが出発点

「人民日報」が二月四日論文の全文を紹介

代表団がベトナム訪問を終えてハノイを出発したのは二月二七日でした。

南寧に夜おそく到着して、ベトナム滞在中の中国の新聞・雑誌を手にとると、二月二五日付の「人民日報」に、日本共産党の二月四日論文「アメリカ帝国主義に反対する国際統一行動と統一戦線を強化するために」の全訳が、まるまる三ページぶちぬきで掲載されているのが、パッと目に入りました。もちろん、だからといって、中国側が統一戦線の問題で歩みよったなどと見るわけにはゆきません。同じ号には、ずっと短いものではあるが、ソ連をふくむ「共同行動」に反対するオーストラリア共産党（マルクス・レーニン主義者）の論文も掲載されて、外国の党のさまざまな意見の客観的な紹介の一部という体裁が成り立つように編集されていたからでした。

また、三月一日に、ハノイと東京で発表された日本共産党とベトナム労働党の共同コミュニケは、最後まで「人民日報」には紹介されずじまいでした。アメリカに侵略されている当のベトナムが、帝国主義反対の国際統一戦線を切望していることを公表すれば、それは、あれこれの意見の客観的紹介にはとどまらない意味をもちますから、中国の党指導部の許容範囲をこえることだったのでしょう。

しかし、「人民日報」が、両党会談の前に日本共産党の二月四日論文を全文紹介したということは、少なくとも、この問題で本格的な討論をしようという中国側の態度を読みとらせるものでした。

会談は、三月三日から開始ということになりました。中国側の代表団は、党の副主席の劉少奇が団長、鄧小平（総書記）、彭真（政治局員・書記局員）、康生（政治局員候補・書記局員）、廖承志《りょうしょうし》（中央委員）、劉寧一《りゅうねいいち》（中央委員）という顔ぶれで、「人民日報」編集長の呉冷西《ごれいせい》や日本担当の張香山《ちょうこうざん》、趙安博《ちょうあんばく》も出席しました。

この会談は、日程上の都合による休日を間にはさんで三月三日、四日、六日、八日と、結局延べ四日間つづけられました。それぞれの国内問題は問題にせず、ベトナムの問題を中心に、もっぱら国際問題を主題として、調子は静かだが本質的には激しい対立をふくんで、双方の立場を論争的に展開したのですから、客観的にいって、世界の共産主義運動の歴史にも重大な意味をもつ論戦だったといえるでしょう。

日本側は宮本団長が発言、中国側の発言は劉少奇が中心で、それにときどき、鄧小平や彭真、康生らが口をはさむという形で会談はおこなわれました。

中国側の立場についての劉少奇や鄧小平の説明は、結局のところ、ソ連の現指導部はアメリカの「別動隊」だから、ソ連との「共同行動」はありえない、本気でアメリカ帝国主義との闘争をやろうとするなら、ソ連とは決裂しなければならない、という主張に終始したものでした。

しかし、彼らは、彭真が上海でのべたような、米ソ共同で中国への軍事攻撃を計画しているとか、米ソによる中国分割をねらっているといった非難は、もちだしませんでした。彼らは、ソ連指導部の反中国宣伝をとりあげたときに、それが高じて、ソ連が中国を軍事攻撃する可能性も「ある時期にはありうる」とのべましたが、すぐ、そんなことをやれば「ますます人心は離反するだろう」といい、会談のなかで、二度とこの問題に帰ろうとはしませんでした。

劉少奇が、ソ連が「アメリカの別動隊」だとみる最大の根拠としたのは、ベトナム問題についていえば、準備中の中国侵略の共犯者だという非難ではなく、世界大戦をおそれて、ベトナムをアメリカに降伏させようとしている降伏主義者だとの批判でした。しかし、論拠は違っても、ソ連との「共同行動」反対という結論は、まったく同じだったのです。

劉少奇が展開した「反米反ソ統一戦線」論

劉少奇の説明は、会談全体で六時間にも及んだだけに、中国の「反米反ソ統一戦線」論の立脚点は、いっそう鮮明になりました。彼が展開してみせた中国側の見解の核心は、整理してみると、つぎのようなことになります。

——ソ連では資本主義が復活しており、ソ連共産党は国内的にはブルジョアジーのファッショ的な党となり、国際面ではアメリカ帝国主義の「別動隊」となっている。彼らの根本的な路線は、「アメリカと連合し、ソ米協力により世界を支配する」ことであるから、アメリカ帝国主義と真剣にたたかうものは、ソ連ともたたかわなければならない。

——ベトナム問題でも、ソ連はアメリカの連合勢力となっている。ソ連は、これまでは、不介入政策（中国側の表現によれば、「脱身政策」）をとっていた。それが、最近、「介入政策」に転換したが、それもすべて、アメリカとの取り決めのもとでやられたことだ。ベトナムへの支援も、アメリカに報告し、アメリカが了解する範囲でやっているにすぎない。その目的は、援助を道具にして、ベトナム問題を「米ソ協調による世界支配」の軌道にのせるためだ。だから、ベトナム問題でソ連との「共同行動」を許したら、アメリカに降参し、南ベトナムをアメリカに引き渡すことになる。

——北爆とたたかうために、ソ連の援助が必要だという意見についていえば、アメリカの爆撃を恐れる必要はない。爆撃で人命の損失をうけても、かならずとりもどせる。朝鮮戦争のさい、爆撃による人命の損失は百万をこえたが、停戦後、人口はもとどおりになった。要するに戦争における爆撃の作用は非常にかぎられている。

国際民主運動でのベトナム人民支援の統一行動の問題についても、さすがにそれを正面からすべて否定することはできないものの、「国際民主運動の作用は大きくない。国際会議でよい決議がだされたとしてもたいした効果はない。過去に国際民主運動でソ連と共同行動をやったことがあるが、結果はよくなかった。修正主義のそばに少しでも近づくと、マルクス・レーニン主義と修正主義のけじめがつかなくなる」といった態度でした。

こうした議論は、私たちが実際に目撃し体験してきたベトナム人民の闘争の現実とは、あまりにもかけはなれたものでした。ある意味では、きわめて「体系」的な見解でしたが、事実による証明を欠いた独断的な命題の連続という点では、上海で聞いた彭真の説明と同質のものでした。

とくに、現実に多くの犠牲をはらいながらたたかわれているベトナム人民の闘争が何を必要としているかを基準にするのでなく、ソ連指導部との決裂という中国の方針から出発して、ベトナム情勢や世界情勢の見方を、すべてその図式にあわせる、こういう論法が議論の全体にありありでした。

「少数でも武器をにぎってこそ牽制できる」

そうした独断的な論法は、世界の革命運動の状況を論じるときには、いっそうきわだってきます。劉少奇によれば、現在は、第三次世界大戦の前夜であって、真の革命勢力にとっては、革命闘争、つまり武装闘争の準備が何よりも重要だ、というのです。彼はまた、ソ連批判の帰結として、世界の共産主義運動の分裂推進論をのべましたが、それが、武装闘争推進派だけを真の革命的「左派」とみなす立場と結びついていたことも、はっきりしていました。

――侵略的、反動的な戦争の力は、革命的な戦争の力によってしか消滅させることはできない。いま重大なことは、第三次世界大戦の勃発のおそれがあるのにたいして、それに革命戦争で対抗する準備をすることだ。戦争が勃発した場合、二〇万、三〇万、一〇〇万の党員も、大衆的なデモやストライキも、あまり役割をはたさないが、もし何千人、何万人の人が手に武器をにぎることができれば、帝国主義の戦争勢力を牽制《けんせい》することができる。

――世界の共産主義運動ではすでに分裂がはじまっており、ソ連指導部を代表とする潮流との決裂は、国際的にも、それぞれの国でも不可避である。これはちょうど、レーニンが第二インタナショナルの各党と分裂したのと同じことだ。どんな理由であろうと、ソ連の指導部と「共同行動」をとるならば、ソ連がその本質をごまかすことを助け、彼らとのあいだにはっきりと境界線を引くことができなくなる。

「革命戦争の準備」といった方針をふりまわして、世界の共産主義運動、革命運動のなかの極左的な勢力を結集し、その「盟主」となって、ソ連に対抗する――劉少奇の世界論は、中国のこうした構想をもうかがわせるものでした。

これにたいして、宮本団長は、アメリカのベトナム侵略の重大性をどうとらえるか、反帝国際統一行動の緊急性、ソ連の現指導部の態度の評価など、日本共産党の見解を全面的に展開しました。もちろん、第三次世界大戦にそなえて、「革命戦争で対抗する準備」が大事といった議論にも、その根本的な誤りをきびしく指摘しました。

8　北京（下）——意見の不一致を冷静に確認

ここで、両党会談のなかの二つのエピソードを紹介しておきましょう。

重大な情報も劉少奇にとどかず

まず、ソ連のベトナム援助の性格をめぐってのやりとりです。

劉少奇は、会談のなかで、例によって、ソ連のベトナム援助がみせかけだけのごまかしだという議論をもちだし、その証拠として、「ソ連は北の援助をするだけで、南の革命闘争の援助をしていない」とのべたのです。

私たちは、ベトナムでソ連の援助の実態をくわしく調べてきていますから、宮本団長は、「最近は南ベトナムへの援助もおこなっているときいた」とその場で即座に劉少奇の誤りを指摘しました。すると、鄧小平が、劉少奇に耳打ちするように、「南部にもカチューシャ砲のような武器や弾薬を少し与えている」といいました。劉少奇は、「ソ連のねらいはベトナム戦争をソ米協力の軌道にのせると ころにあるのだから、与える援助もけっして多くはない」とのべ、自分の発言のつじつまをあわせようとしましたが、彼が、ソ連のベトナム援助のこうした変化を知らないままでいたことは、すでにあきらかでした。

これは、いろいろなことを私たちに教える一幕でした。

一つは、総書記として、日常の党の仕事をにぎっている鄧小平などが、中国側の主張に不利になる情報は、党副主席の劉少奇にさえ知らせていない、ということです。

ソ連がその援助を北の防衛だけに限っているのか、南の闘争勢力にも援助するようになっているのか、ということは、ソ連の指導部のベトナム問題にたいする態度を評価するうえで、きわめて重要な意味をもつ事実です。だからこそ、劉少奇も、この問題をもちだしたのでした。ところが、アメリカのベトナム侵略の拡大とともに、とくにフルシチョフ失脚の後に、ソ連のベトナム援助にこの点での変化が起きたのに、その情報は鄧小平のところでにぎりつぶされ、劉少奇さえ知らされないままでいたのでした。

中国の最高指導部は、この種の情報も知らないまま、ベトナム情勢を判断し、一面的なソ連「別動隊」論などを展開し、それを、分裂主義の「反米反ソ統一戦線」論などの根拠にしていたのです。

もちろん、劉少奇たちがその気になって調べるなら、これはすぐわかるはずのことです。ですから、このやりとりは、中国の最高指導部が、ソ連非難には熱心だが、ソ連のベトナム援助の実態についても、そのことをふくめたベトナムの闘争の切実な実情についても、真剣な集団的検討をやっていないことを、しめすことでした。

この情景を見て、私は、彼らの最大の関心事は、ベトナムなど現実の反帝闘争の成功と勝利ではなく、ソ連に対抗して、世界の人民運動のあいだで覇権をかちとることなのだ、すべてはそのための「理論だて」だということを、実感せざるをえませんでした。

レーニンを研究しない「レーニン派」

もう一つのエピソードは、レーニンの統一戦線論をめぐるやりとりです。

宮本書記長は、会談での発言のなかで、日和見主義の潮流との国際統一戦線にかかわる科学的社会主義の事業の歴史的な経験の一つとして、レーニンがコミンテルンと第二インタナショナルなどとの統一行動の提唱をおこなったことに触れました。

劉少奇はつぎの発言で、「宮本同志の提起した論点について、レーニンの論文を研究してみた」といって反論したのですが、彼が問題にしたのは、第一次世界大戦のさいの第二インタナショナルの分裂から新しいインタナショナルの創設にむかう経過のことでした。宮本書記長は、ふたたび、レーニンは、そのコミンテルンを創設したあとで、第二インタナショナルとの統一戦線の問題にとりくみ、情勢に応じて、その実現をめざす活動をおこなったのだと、よりくわしくその経験を紹介しました。しかし、劉少奇にはまったく理解できない様子でした。

中国側は、「レーニン主義万歳」という論文でソ連との論争をはじめたことにも見られるように、みずからを、現代のレーニン派になぞらえるのが好きで、会談でも、「現在はレーニンが第二インタナショナルを分裂させたのと同じ時期だ」といった議論をしきりにくりかえしました。論文などでも、レーニンの片言隻句《へんげんせっく》をふりまわして、それをソ連批判などの根拠にすることはよくやります。しかし、統一戦線問題一つとっても、レーニンの理論と実践の全面的な研究など、まったく視野の外においていたわけで、劉少奇をはじめ、会談に出席したどの幹部も、レーニンのこの経験については、なんの知識もなかったようでした。

これも、中国の教条主義の議論の底の浅さを、はしなくも暴露した論争でした。

こうして、四日間の会談は、その討論の全体を通じて、アメリカのベトナム侵略にいかに立ちむかうか、ベトナムを支援するあらゆる勢力の団結に努力するのか、それを拒否するのかという当面の中心問題で、両党の見解の相違をくっきりと浮き彫りにする結果に終わりました。

しかし、両党の指導部が直接討論しあって、お互いの立場をそれぞれ深く認識しあったことは、一つの収穫でした。最終日に劉少奇は、「長時間の会談で、お互いの意見も割合はっきりした。会談は有益だったといえる」とのべましたが、この点は私たちも同じ気持ちでした。劉少奇はまた、「意見のちがう問題があるということで、私たちの団結が弱められるようなことがあってはならない」とものべました。

意見は一致しなかったとはいえ、激した雰囲気もなく、互いに冷静に討論して、いくつかの一致点とともに、互いの立場の違いについても議論をかさねた会談でした。その三週間後の毛沢東との会談から始まったように、「決裂」、そして干渉へというような異常な状況を予想させるものは、まったくなかったのです。

会談が終わったあと、私たちはこれで中国訪問の任務は基本的に完了したと考えました。彭真らは、帰りに毛沢東と会ってくれとしきりにいいましたし、別にそれを断るつもりはありませんでしたが、公式の両党会談が終了した以上、毛沢東と会ったとしても、それが儀礼的な訪問の意味しかもたないのは、当然予想されたことでした。

それで、北京に荷物をあずけたまま、私たちは、三月一一日に、最後の訪問国である北朝鮮に、空路、向かいました。

9　再び北京――「熱烈歓迎」の大集会と共同コミュニケ

北朝鮮には一〇日間の滞在で、その間に金日成との会談をおこない、ベトナム支援の国際的な団結をはじめ多くの国際問題で意見の一致を確認し、三月二二日には、日本共産党と朝鮮労働党の共同声明を発表しました。共同声明は、ベトナム情勢に関連して、反帝国際統一戦線の重要性をとくにつぎのように力説しました。

「アメリカ帝国主義は、国際共産主義運動内部の困難につけこんで、ベトナム侵略を拡大し、民族解放運動を圧殺し、社会主義諸国を各個撃破的に侵略し、破壊することをねらっている。これにたいして、反帝勢力が団結した力で対処できずにいることは、アメリカ帝国主義の侵略と戦争の政策をより効果的に打破するうえでの障害となっている。

両党の代表団は、このような情勢のもとで、ベトナムにおけるアメリカの侵略を阻止し、ベトナム人民を支援するうえで、反帝勢力の国際的な共同行動と統一戦線を強化することがなによりも切実な問題であることを一致して強調した」。

中国訪問の「第三段階」という突然の提案

代表団が、北朝鮮での全日程を終えて、三月二一日、北京へ帰ってきたとき、北京では、意外な状況が私たちを待っていました。空港には彭真や康生、劉寧一らが出迎えにでていましたが、そこで「あなたがたの中国訪問の第三段階がこれからはじまる。そこで共同コミュニケの作成、毛沢東との会見、歓迎集会の開催を予定しているがどうか」という提案があったのです。

彼らの説明によると、上海到着からベトナムへの出発までが私たちの中国訪問の第一段階、北京での会談が第二段階、そして今日からが第三段階だということになります。共同コミュニケをつくる意向があるのなら、両党会談の席で提案するのが普通だし、帰国の直前に歓迎集会というのもあまり例のない話でした。おそらく私たちの北朝鮮訪問中に、方針の変更があったのでしょう。日本共産党の代表団がベトナム、中国、北朝鮮の三国を訪問し、ベトナム、北朝鮮とはそれぞれ共同コミュニケや共同声明を発表し、連帯してアメリカのベトナム侵略とたたかう立場をあきらかにしたのに、中国だけはなんの連帯の意思表示もなかったとなると、アジアでの中国の孤立を対外的にも印象づけることになる——私の推測ですが、こういった考慮が働いたのかもしれません。「人民日報」も、ベトナム労働党との共同コミュニケは紹介しませんでしたが、朝鮮労働党との共同声明の方はさっそく発表の翌日（三月二三日）、全文を報道しました。これも、中国側の対応の変化をしめすものと読めました。

この方針変更を、日本の代表団の中国訪問の「三段階」説という形で、もちだしたわけです。劉少奇はこの日パキスタンに出発し、鄧小平は地震災害のあった地方にでかけていて留守だとのことでしたが、この新しい提案が、会談の主役だった彼らをふくめての提案であったことは、あきらかでした。

私たちは、会談で重大な立場の相違を確認しあったわけですから、日本共産党の側から共同コミュニケなどの提案をするつもりはありませんでした。しかし、中国側から提案があったのですから、「両党間の不一致点はとりあげず、一致点だけを書く。できるだけ簡潔なものとする」という条件で、中国側の提案に応じることをきめました。

歓迎集会は、三月二六日に、北京の労働者体育館でひらかれ、一万六〇〇〇人の労働者・市民が参加しました。劉少奇とならぶ党副主席の周恩来《しゅうおんらい》、朱徳《しゅとく》をはじめ、多数の党幹部がそろって出席、ベトナム人民の闘争を支援することの意義や反帝国際統一戦線の緊急性を訴える宮本書記長の一時間にわたる演説に、熱心に耳をかたむけました。周恩来は、集会の帰りぎわに、宮本書記長に「非常にいい話をしてくれた」と語ったほどでした。劉少奇が留守なので、この「第三段階」では、周恩来が中国側の責任者となる旨、私たちもきかされていました。

中国側を代表しておこなわれた彭真の演説は、日本共産党の路線と活動をあらゆる面から高く評価したものでした。

翌日の「人民日報」では、歓迎大集会の模様を大きな写真入りで一面に、宮本書記長の演説全文と彭真演説の要旨を二面にと、大々的に報道しました。その見出しは、「中国共産党と日本共産党の戦闘的友情万歳！　戦えば必ず勝つマルクス・レーニン主義万歳！　首都で日本共産党代表団を熱烈に歓迎する盛大な集会　周恩来、朱徳らの同志が大会に出席し、彭真同志と宮本顕治同志が会場で講話」というものでした。

ソ連への名ざし批判をめぐる論争も解決して

共同コミュニケの起草も集会の準備と並行してすすめました。すぐ起草委員会をつくり、日本側は岡副団長、中国側は劉寧一が責任者となって、まず「一致点で簡潔なものを」という大枠を一致して確認したのち、すぐ小委員会で具体的な作業に入りました。小委員会のメンバーは、日本側は米原、上田、不破、中国側は呉冷西、張香山、趙安博でした。

そこで一番難航したのは、中国側が、多少形を変えながら、会談での不一致点をコミュニケにもりこもうと、しきりにねばったことです。

コミュニケの最初の草案は日本側で書いて、中国側に渡しました。中国側は、翌日、「よくできており、大部分賛成だ。個別の点で字句の調整をおこなった」といって、彼らの「調整」案なるものをもってきました。ところが、それは「大部分は原案通り」どころか、会談での「不一致点」についての中国側の主張をすべてもりこんだ、全面的な書き直し案なのです。それに反論して、日本側の第二次案を提起する。こういう調子で、はげしい論争もかわしながら、五日間、六回にわたる会議で論議をつくした結論として、共同コミュニケは、北京を明日出発するという三月二七日の午後、一致点で書くという最初の確認を厳格につらぬいて仕上げられました。

この過程で最大の論争点となったのは、ソ連への名ざしの非難を書きこむかどうか、という問題でした。中国側は、「両党ともソ連と論争をおこない、その修正主義を批判しているのだから、当然ではないか」と、頑強に名ざしの批判の書きこみを主張しました。しかし、日本共産党は、自身の独自の経過と判断から、ソ連共産党の覇権主義的干渉や対米協調その他の誤りにたいする批判や反撃をおこなっているのです。中国もまた独自の経過をふまえ独自の判断にたって、中国流のやり方でソ連への批判をおこなっています。そのときに、二つの党が、共同コミュニケでソ連への名ざしの非難をおこなうとしたら、それは、いわば両党がソ連に反対する政治同盟を結ぶことになります。それは、ソ連にたいする評価やその誤りにたいする闘争のやり方の共通性を事実上確認することになり、客観的には「反米反ソ統一戦線」という中国の路線に日本共産党が連帯を表明することをも意味します。

日本側が、「不一致点」をそういう形でもちこもうとする中国側の提案をきびしく拒否したのは、当然のことでした。私たちは、起草委員会の最初から、世界の共産主義運動の問題では、名ざしをいっさい避け、現代修正主義の問題を、双方の一致する範囲内で書くにとどめることを主張していたのです。そして、中国側が、二七日午後の会議で、名ざしの非難という提案を撤回したので、共同コミュニケはできあがりました。

10　再び上海（上）——毛沢東、コミュニケの「修正」を要求

周恩来が共同コミュニケの成立に乾杯

三月二七日の午後、起草委員会で共同コミュニケ案を一致して確認したあと、間もなく、正式の両党会談がひらかれました。周恩来が団長で、前の日の歓迎大集会に顔をだした朱徳らの幹部も出席しました。周恩来は、この席で、共同コミュニケが一致点に達したことを歓迎、双方が、コミュニケを一致して確認し、その成立を祝って、宮本団長と周恩来が握手をかわしました。

共同コミュニケをいつ発表するかの問題では、そのなかに毛沢東との会見について書かれているから、発表はそのあとにしてほしい、そのあとなら、期日は、日本共産党代表団の都合次第でいつでもよい、というのが、会談の場でのべられた中国側の態度でした。

その夜、私たちへの歓送のレセプションがひらかれましたが、周恩来は、北京各界からの多数の出席者のいるこの席で、日中両党の共同コミュニケが成立したことを自分から参会者に報告して乾杯し、「日中両党共同コミュニケの成立は、アメリカ帝国主義と現代修正主義に大きな打撃をあたえるだろう」と、強調しました。

こうして、北京での活動を終えて、日本共産党代表団は、三月二八日朝、毛沢東が滞在しているという上海に向かいました。同行したのは、康生と趙安博、それに党中央委員候補で国際連絡部副部長の趙毅敏《ちょうきびん》でした。趙毅敏は、それまで私たちとの会談に顔を見せたことのなかった人物です。

午前九時二五分、上海空港に到着、「打ち合わせにゆくから」ということで、康生たちが毛沢東のところに先行、代表団は空港待合室で一時間近くも待たされました。事務的な打ち合わせなら、北京をでる前に電話ですませられたはずで、たんなる儀礼的な会見の段取りとしては、奇異な印象でした。

やがて連絡があって、毛沢東のいる邸宅に向かい、一一時前につきました。以前は資本家の屋敷だったとかで、車で門に入ってからも玄関までかなり時間がかかるといった大邸宅です。

毛沢東がすぐ会見したいとのことでしたが、先方も小人数のようなので、幹部会員、書記局員の五名（宮本、岡、蔵原、米原、砂間）だけが、会見の部屋に入り、私たち（上田、不破、工藤、立木、小島）は、別室で待機しました。

それから三時間あまり待ったでしょうか。会見としては、異常に長い時間です。午後二時すぎに、これから会食ということで、食堂に案内され、そこで、宮本団長たちと合流しました。

やがて毛沢東は、看護婦らしい若い女性につきそわれて現れました。

会食のなかでは、たばこの話やローマ字化の問題、人口問題と産児制限、『毛沢東選集』の続刊の見通し、「そろそろマルクスに会いにいけるかもしれない」という毛沢東のお得意の話など、さまざまなことが話題になりましたが、会見で討議されたであろう中心問題は、もちろんそこでは触れられません。

ただ、毛沢東が、これまでの日中両党関係の歴史について、五〇年問題と、その総括に劉少奇が反対した五七年の話をもちだし、自分たちがまちがっていたといい、「外国の党に干渉しないようにしなければ」という趣旨の発言をしたことは、注目されました。この発言はその場だけのもので、現実には、もっとも乱暴な干渉行為によって、それが裏切られてゆくわけですが、それは、この連載のより先の主題となります。

ともかく、待機していた私たちには、会見がどんな模様だったのか、まったく分からないまま会食は終わりました。

会見に関係することといえば、毛沢東が会食の終わりごろに、「会談をどうするか。私はもういうことはない」といったのにたいし、宮本書記長が、「私の方はまだ残っている。そんなに多くはない」

と答え、翌日続けることが同意されたことだけです。そのあと、庭で全員の記念撮影を終え、宿舎のホテルについたのは、午後四時少し前でした。

ホテルで、宮本団長から、毛沢東との「会見」の模様をきいて、事態のあまりの異常さに驚かされました。

中国の党指導部になにか異常な重大事態が

宮本書記長らが「会見」のために部屋に入ると、まだ毛沢東の姿はなく、先行した趙毅敏や趙安博らだけがいて、趙毅敏が、いきなり、「コミュニケについて、毛主席に若干の意見がある。かなりよくできているが、これでは主題がはっきりしない。痛くもかゆくもないコミュニケだ。これではなんのためにだすのかわからない」といい、口頭で、六項目にわたる毛の「修正案」なるものをのべたというのです。

その「修正案」の内容は、両党間の公式会談ですでに解決ずみの問題——ソ連への名ざしの非難やソ連との共同行動の否定などを復活させ、「反米反ソ統一戦線」路線を日本共産党におしつけようとするものでした。また、両党の内部での党内闘争の課題や性格を規定するなど、北京の会談ではまったくでなかった問題まで書きこまれていました。

それは、日本語に訳して一〇〇〇字近いもので、正確にいえば、「修正」案などとよべるものではなく、毛沢東の路線を要所要所に書きこんで、コミュニケの内容を、両党の一致点の確認から中国路線の支持声明へと全面的に変質させようとの意図を、あからさまにあらわしたものだったのです。

共同コミュニケは、両党の最高指導部が参加した両党会談で正式に合意され、昨夜の歓送宴では、多くの参加者の前でその成立を祝いあったものです。それにたいして、指導部の一人が「自分はそれを認めない」と後になってからいいだし、別個の修正案を外国の代表団に提案してくるなどは、党と党のあいだの関係としても、中国の党のあり方としても、まともな状態では考えられないことです。もし異論があるのだったら、コミュニケの成立前に中国の指導部の内部で意見をいい、中国の党として解決するのが、当然の筋道です。

宮本書記長は、後に書いた回想のなかで、この話をきいたときの感想を、「私はこれには驚いた。中国共産党の主席である毛沢東が、北京での両党会談で正式に確認されたコミュニケに、今になってこのような意見を出すというのは一体どういうことか。毛沢東は、北京での両党会談に責任を持たない立場なのか。中国共産党は一体どうなっているのか。私は、この唐突な、思いもかけないできごとから、きわめて異常な、重大な事態を感じた」(「毛沢東との最後の会談」『週刊朝日』七七年六月二四日号）とのべていますが、中国の党指導部の内部に、何かきわめて異常な重大事態が起こっているというのは、その模様をきいた私たちすべての共通の実感でした。

11　再び上海（中）——日本代表団には「軟弱な」メンバーなし

中国側の極論の震源地はすべて毛沢東

会見の模様にもどりますと、趙が通告してきた毛沢東の提案について、宮本団長はそれがまったく筋違いの提案であることを説明しましたが、その途中に毛沢東が入ってきて、ただちに会談がはじまりました。

毛沢東は、「孤立をおそれてはいけない。戦争をおそれてはいけない」という言葉から発言をはじめ、中国を包囲し孤立させて戦争をしかけようとする計画が、いま米ソのあいだですすんでいると話しました。

「アメリカはベトナム戦争を中国にまでエスカレートしようとしている。しかしわれわれは戦争をおそれない。われわれはいつでもたたかえる準備をしている。……

アメリカが中国へ戦争をエスカレートする場合、爆撃だけでなく、上海、青島《チンタオ》、広州など中国の沿岸を封鎖してくるだろう。アメリカが中国を攻撃したらソ連も攻めこんでくるだろう。現にソ連は外モンゴルに二個師団をおき、原爆まで持ち込んでいる。ソ連はチタ、ハバロフスクから東北地方をねらっており、新疆《しんきよう》省も攻めようとしている。アメリカが南から侵略を拡大し、ソ連が北から攻めこみ、揚子江で中国を二分する計画をしている」。これは、彭真が一カ月前に上海で話した米ソの中国分割説そのままです。

毛沢東はさらに話を続けます。

「戦争で一億や二億犠牲になってもたいしたことはない。戦争の犠牲をおそれてはならない。朝鮮戦争のときもたくさんの犠牲者が出たが、今では立派に復興し前よりもよくなっている」。「ベトナムにたいする爆撃もたいしたことはない。中国でも蒋介石や日本の爆撃とたたかった。朝鮮戦争でもアメリカの爆撃とたたかった。しかし、最後には勝利した。アメリカが爆撃しているのはよいことだ。そのためにベトナム人民が団結している」。「国際民主運動なんてたいしたことはない。よい決議ができても悪い決議ができても、それは紙くずのようなもので、なんの力ももたない」。

これらは、北京の会談で鄧小平や劉少奇が話したことです。毛沢東の話の方が大げさでしたが、会談でのべられた中国側の極論の震源地は、すべて毛沢東にあったことが、これではっきりしました。

共同声明は、「勇気がなく、軟弱で、無力だ」

毛沢東は、戦争の話から急にコミュニケの問題に話をうつし、「コミュニケにたいする私の修正案について意見はどうか」と尋ねました。宮本書記長は、すぐ「あとで研究する」と答えました。「私自身〔宮本書記長のこと〕の考えは疑問の余地なくはっきりしていたが、団員間での意見はまだ交換する機会がなかった」ことを考慮しての答えでした（宮本「毛沢東との最後の会談」前掲）。

毛沢東は、さきほど趙毅敏が伝えにきたコミュニケ批判を、今度は自分の言葉でくりかえしました。「私はあのコミュニケを読んでたいへん不愉快だった。これは主題がはっきりしない。現代修正主義とあるがだれを批判しているのかがわからない。中国共産党も日本共産党もソ連の修正主義を公然と批判しているのだから、はっきり名ざしで書かなければ駄目だ」。そして、興奮の色をあらわに顔にだしながら、「このコミュニケは妥協的だ。私はどうしてもいわなくてはならない。このコミュニケは勇気がなく、軟弱で、無力である」と、さらに声を大きくしました。宮本書記長が「コミュニケは最初日本側で起草した」というと、ますます声を強めて、「北京の連中もこれに同意したのだろう。軟弱だ」と、北京の党指導部への攻撃をはじめました。これが、連載の第1回で紹介した、北京への「軟弱」攻撃発言です（一〇四ページ）。

そして、共同コミュニケの取り扱いについては、「私の意見をおしつけるわけではないが、原文のままだと発表しない方がよい」とのべました。「おしつけない」というのは、毛沢東の「修正案」をうけいれるかどうかは、日本側できめてくれというだけの話です。毛沢東が「原文のまま」では認めないといえば、これが中国側の最終的な態度となることは、もはや疑問の余地がありませんでした。

北京の党指導部が外国の党と会談して何をきめようが、毛沢東がダメだといえば、それまでの話し合いはすべて無意味になる――これが、中国共産党がおちいっている驚くべき実態だったのです。

宮本書記長は、毛沢東がとりあげた一連の問題への見解をふくめ、約二時間にわたって、日本共産党の立場をのべました。そこで、食事の用意ができたということで、この日の会談は打ち切られたのです。

「会談はなかったことにしよう」

宮本書記長は、その夜、代表団の全体会議で討議をもとめました。その討議の様子は、また宮本団長自身の回想を引用させてもらいたい、と思います。

「私たちはその晩、代表団の会議をひらいて正式に毛沢東の修正提案について討議した。きわめて重大な原則的問題であるので、若干の字句の置きかえであいまいに処理することはできない問題であると、皆が発言した。会談の決裂による日中両党関係の将来は多難が予想されるが、私たちが原則的な態度をとらなければ、理論的にも重大な誤りをおかすことになるし、内外に重大な混迷を与えることになるという点で、皆の意見はくわしく論議するまでもなく一致していた。この点、代表団に『軟弱』なメンバーは一人もいなかった」(「毛沢東との最後の会談」前掲)。

翌朝、毛沢東との会談に参加した日本側代表団五人が毛沢東の邸宅につくと、また趙毅敏があらわれ、「コミュニケについて研究されたか」ときくので、宮本書記長は、コミュニケは、中国側の提案に応じてつくったものであり、重要な不一致点がある状況では、双方に不満があっても、一致点で書くのが当然であること、毛の「修正案」はそのそもそもの筋道が違っていること、成立したコミュニケは「現状の困難のなかで団結する勇気をしめした」意義あるものであること、しかし、「あとで異論が出てまとまらないなら、一方が一方におしつけるものではないから、仕方がない」と考えることなどの見解をくわしく話しました。

趙毅敏がすぐ毛沢東のところへ報告にゆき、やがて毛沢東が部屋へ入ってきましたが、もう「修正案」の線で同意させることはあきらめたのか、無表情で、自分から話をしようという態度は、ほとんど見せなかったとのことです。宮本書記長は、日本共産党の立場を明確にのべておくことが、訪問の趣旨にかなうと考え、前の日の話の補足として、ベトナム侵略に反対する反帝国際統一戦線の問題についての立場と見解をあらためて解明しました。

これについて、毛沢東は、「一言だけ」として、日本共産党の態度は「ソ連の党指導部に歓迎されるだろうが、私たちは歓迎できない」、「コミュニケは発表できない。あなたがたが要求しないのに、中国側がだそうといったのがまちがいだった」とのべました。宮本書記長は、「われわれはコミュニケをだすことに固執していない。われわれは、われわれの立場が、アメリカにもソ連指導部にも歓迎されないことを確信している」との見地を、毛沢東のこの言明にたいする回答としました。

こうして、両党の指導部のあいだの、一カ月におよぶ会談の帰結として合意された共同コミュニケは、毛沢東の事後の「一声」で、「なかった」ことにされてしまったのです

「なかった」ことにされたのは、コミュニケだけではありませんでした。日本の代表団と毛沢東が会談したこと自体についても、毛沢東は、中国側の同席者にたいして、「会談はなかったことにしよう。会談について発表せず、会談でいったことも発表せず、上海にきたこともいわない」と、指示しました。

日本側は、この点について約束したわけではありませんでしたが、あえて日本の党の側から公表することはしませんでした。皮肉なことに、宮本書記長と毛との会談の事実を公表したのは、中国の覇権主義的な干渉の手先となった反党分子や、毛一派から情報をえた紅衛兵たちでした。このことについては、後にとりあげる機会があるでしょう。

私たちは、その日の午後、広州をへて帰国するために、上海空港を出発しました。同行したのは、趙安博だけで、康生と趙毅敏は上海に残りました。

12　再び上海（下）――「北京」攻撃への転機の日

ここで、会談の第一日に毛沢東がのべた情勢論や革命論のなかから、とくに私たちの注目を引いたいくつかの点を紹介しておきましょう。

毛沢東も、「反米反ソ統一戦線」論の重要な論拠として、ソ連のベトナム援助が見かけだけのものであることを力説しました。ところが、そのために毛沢東がのべたのは、「北にたいしてだけで南にたいする援助はやっていない」という話でした。これは、北京の会談で劉少奇がもちだして、宮本書記長に訂正され、鄧小平があわてて弁明した、例の話です。毛沢東も、正確な情報はもたないまま、紋切り型のソ連非難を口にしていたのです。

しかも、彼が、三月はじめの劉少奇の誤った議論――会談の席で訂正を余儀なくされた議論をそのままくりかえしたということは、毛沢東が、両党会談の記録をまともに研究していなかったことをしめすものでした。つまり、彼の「修正案」なるものは、両党会談の記録も十分吟味しないまま、もっとはっきりいえば日本共産党との会談の経過とは無関係に、自分の方針をおしつけるだけの意図からつくられたものだったのです。

「武力革命」唯一論も毛沢東が震源

また、毛沢東はこの会談で、前の年（一九六五年）の九月、武装闘争の企てにたいし軍部が武力弾圧をくわえ、共産党が壊滅にいたったインドネシアの例を引きながら、「ひとたび右翼が攻撃をかけてくれば、たとえば民主団体に何十万、何百万を組織していても、いっぺんに雲散霧消してしまう」、「日本の情勢も危険だ。あなたがたも準備しておかないとせん滅的な打撃をうけるおそれがある」、「議会はあっても役にたたない」などと、武装闘争にそなえることを、劉少奇などよりももっと露骨ないい方で主張しました。

この議論は、北京での会談ですでに十分反論され、一定の決着をみた問題でした（第7回一三七〜一三八ページ）。劉少奇が「第三次世界大戦にそなえる」ためとして、「戦争になれば数十万、数百万の大衆運動も意味がない、数千、数万でも武器を手にしてこそ力になる」と、武装闘争絶対化論を主張したとき、宮本書記長は、いつどこでも「武装闘争の準備を当面の重点とする」ような立場の誤りをただちに指摘しました。そのなかで、毛沢東でさえ、以前には、この点で「発達した資本主義国」と中国のような国とでは、根本的な条件の違いがあることを指摘していたことも思い起こさせながら、中国の革命の経験を日本などに機械的にひきうつそうとすることの誤りも解明しました。

そのうえで、日本共産党は、かつて朝鮮戦争の時期に外国の諸党が介入して、分裂状態にあった党の一翼に極左冒険主義の方針をおしつけ、日本の革命運動に大打撃をあたえた経験から、痛切な教訓を学んでいると、つぎのように論じました。

「私たちは、朝鮮戦争当時にあった極左冒険主義のくりかえしなどは絶対にしない。私たちが、そのような誤りをもう一度おかして壊滅的な打撃をうけることを喜ぶのは、アメリカ帝国主義と日本の反動派だけだ。そうなれば、彼らは、いっそう銃後の不安なしに、日本国民を侵略戦争にかりたて、より安心して世界大戦への道をすすむ可能性を打算するかもしれない」。

宮本書記長のこの原則的な回答には、劉少奇も反論できず、最後の発言では、自分は別に、日本に武装闘争をおしつけるつもりはなかったのだ、朝鮮戦争のときの極左冒険主義の誤りは自分も認めると、前の論旨をひきさげての弁明に終始したものでした。

ところが、毛沢東は、この問題でも、劉少奇の先の議論を、ほぼ同じ形で、「議会など役に立たない」といったより極端な表現をまじえて、むし返したのです。

宮本書記長は、すぐその場で「弾圧のおそれがあるからといって、われわれは山の中にこもるような冒険主義の誤りはくりかえさない」と反論、議会の問題についても、日本では、「役に立たない」といった単純な議論は通用しないことを、国会内外の闘争を結びつけて、重要な反動法案を阻止してきた経験もあげながら、指摘しました。

毛沢東はそれに反論しないまま、話題を転じましたが、ことの経過は、中国がソ連との論戦のなかで世界にふりまいてきた「武力革命」唯一論も、その震源地が毛沢東自身であることを、ありありと物語るものでした。

毛沢東と「北京」の違いはどこにあったか

私たちの上海訪問が決裂という結果に終わるとは、おそらく北京にいた中国共産党の多くの幹部が予想しなかったことだったと思います。

日本共産党代表団と会談した北京の指導者たちは、彭真も劉少奇も、少なくとも主観的には、毛沢東のとなえた「反米反ソ統一戦線」論のきわめて忠実な代弁者でした。彼らは、私たちとの会談で、毛沢東が上海でのべたのとまったく同じ言葉で、米ソ共犯論を説明し、「反米反ソ統一戦線」の戦略方針を説きました。

しかし、当時の北京の党指導部にとっては、この路線に賛成しないからといって、日本共産党を打倒すべき敵とみなすなどは、考えのおよばないところだったのでしょう。だから、周恩来や彭真は、日本共産党が、この問題で中国と意見を異にしていることを承知のうえで、それでもこの党と共同コミュニケを結ぶことが中国にとって有益だと考え、「一致点で書く」という方針で準備されたコミュニケに合意し、その成立を祝ったのです。北京にいた指導部は、それが、毛沢東の方針と矛盾するとは少しも考えなかったようです。毛沢東の許容する範囲内のことだと思ったからこそ、指導部は日本共産党にコミュニケを結ぶことを提案したのだし、作成された案文に合意したのでしょう。

ところが、毛沢東の覇権主義と分裂主義は、北京の指導部の考えをはるかに超えていました。彼にとっては、「反米反ソ統一戦線」という毛沢東の方針に多少とも異論をとなえたり、「武力闘争唯一論」の立場にたつことをためらったりする党や勢力、もっと一般的にいえば、毛沢東の方針に無条件に追従することを拒否する自主独立の党や勢力は、世界の共産主義運動や反帝勢力の制覇をねらう覇権主義の計画を妨害する敵でした。

とくに、毛沢東の覇権主義の戦略の最大の看板は、ソ連の「現代修正主義」に反対する勢力の盟主になる、「現代のマルクス・レーニン主義」の砦《とりで》をよそおうことでしたから、科学的社会主義の立場に確固としてたって、ソ連の誤りに正確な批判をくわえながら、中国の分裂主義、覇権主義への同調をも拒否する日本共産党は、彼らの計画の最悪の邪魔者だったのです。

毛沢東が、この四カ月後の「講話」で、日本共産党を、中国を軍事的に包囲している「三つの敵」(ソ連、アメリカ、日本反動派)とならべて、「四つの敵」に数えあげ、日本共産党の打倒を「文革」の国際路線の重点と規定したのは、そのためでした。

「北京」打倒作戦の発動と日中両党会談

毛沢東のこの見地から見れば、日本共産党が「反米反ソ統一戦線」路線に異論をとなえているというのに、その不一致点を棚上げにしたまま、その党と共同コミュニケを結ぼうとするなどは、我慢のならない「軟弱」な態度だったのです。

さらにいえば、北京の指導部が、日本共産党との会談の経過を、毛沢東と日本代表団の会見の直前まで毛沢東に知らせないでいたなどということは、考えられないことです。なにしろ、毛沢東の腹心中の腹心である康生が、上海での彭真との会談から北京での劉少奇、周恩来との二度の会談にいたるまで、日本共産党とのすべての会談に終始参加していたのです。おそらく、毛沢東が、会談の経過についてそのときどき報告を受けていたことは、まちがいないところでしょう。

ここで、私が思いださざるをえないのは、彭真が二月はじめ、学術・文化問題での「報告要綱」をもって、毛沢東に相談に行ったとき、彼が反対意見をのべなかったために、彭真が毛沢東の同意をえたと思いこみ、全国に党中央の決定として通告して、後に、それが最大の罪として糾弾される結果になった経過です（第4回一二〇〜一二一ページも参照）。

これは、攻撃目標をおとしいれるために毛沢東がめぐらせた、一種の〝泳がせ〟政策でした。そのときにも、毛沢東の腹心として彭真と共同の仕事をし、彼をおとしいれる策略に重要な役割をはたしたのが、康生でした。

私は、いま、「文革」発動の歴史と日中両党会談の経過を重ねあわせてふりかえりながら、基本的にはほとんど同じことが、北京の指導部と毛沢東とのあいだにおこったのではないか、と考えています。

毛沢東は、公式にも、また腹心の康生からも、共同コミュニケづくりをふくむ状況について報告をうけながら、反対の意志を表明しない、そして、ことが決定的になったところで、それを北京攻撃の転機にしたてあげてゆく。北京の指導部の方では、すべては毛沢東の了解のもとに進行していると、思いこんでいる。

こうした地下の流れが、日本共産党代表団と毛沢東との会談の席で、一挙に表面に流れだす。これは、推測の域をでませんが、毛沢東による「文化大革命」の発動、党指導部打倒作戦の展開は、最初から最後まで、この種の陰謀と策略でいろどられていました。

13 広州（上）――毛沢東との決裂のその後

「反党反社会主義」征伐の連続砲撃始まる

毛沢東が、より強固な絶対専制の体制をきずこうとして、劉少奇を中心とする北京の党指導部そのものを打倒する作戦を早くからめぐらせ、彭真をその第一の標的としていたことは、すでに見てきたところです（第4回一一八ページ）。日中両党会談をめぐる「北京」攻撃も、毛沢東のこの作戦と不可分の問題でした。

この連載の第1回で紹介した、「孫悟空を動員して天宮を攻撃させろ」という康生への指示（一〇四ページ）が、日本共産党代表団の前での北京「軟弱」発言と同じ日に下されたのは、けっして偶然ではなかったのです。

実は、康生は、私たちと同行して上海に向かう飛行機のなかで、「人民日報」の校正刷りにしきりに手をいれていました。宮本書記長がなんのゲラかときいたら、「人民日報」にだす呉晗批判の論文だ、毛沢東の点検をうけるためにもってきたのだ、との答えだったそうです。おそらくこれは、四月二日の「人民日報」にでた戚本禹《せきほんう》の論文「『海瑞、皇帝を罵《ののし》る』と『海瑞の免官』の反動的本質」だったと思いますが、この論文は、毛沢東の北京攻撃を新しい段階に高めたものでした。

私は、北朝鮮から北京に帰ってきて、留守中の「人民日報」に目を通したとき、呉晗批判をはじめとする「ブルジョア思想」批判が、ひときわ調子を高めているのに注目しました。「反社会主義」という非難の言葉がしきりに飛びだすのです。しかし、よく読んでみると、呉晗批判にしても、基調は、封建時代の官僚である海瑞を美化するブルジョア的歴史観が、人民を誤らせる「反社会主義」の役割をはたすという批判で、言葉は強くても、議論の性格からいえば、まだ歴史上の人物の評価をめぐる学術上の論争に属するものでした。

ところが、私たちが広州に移ってからですが、四月二日の「人民日報」に掲載された戚本禹の論文を見たとき、論調がまったく違ってきたので、「これは」と思いました。呉晗がその歴史劇でえがいたのは、意図的な毛沢東批判そのものだったというのです。

「『海瑞の免官』は、実際には昔の人の形をかりて、人民によって〝官〟を罷免されたひとにぎりの右翼日和見主義分子の無実を大いに叫びたてたもので、その本当の主題は、人民に罷免された右翼日和見主義分子に再起をよびかけるところにあった」。

中見出しとして太字で大きく書かれた文章ですが、これが呉晗の歴史劇の「反動的本質」だというわけです。罷免された右翼日和見主義分子といえば、一九五九年に毛沢東の「大躍進」政策を批判して「反党分子」として追放された彭徳懐をさしていることは、中国ではだれにでもすぐわかることです。つまり、「海瑞」は彭徳懐、彼に罵られて、彼を罷免した「皇帝」は毛沢東であり、「皇帝を罵る」も「海瑞の免官」も、海瑞に名を借りて、毛沢東を批判し、彭徳懐ら「反党分子」に失地回復をよびかける、そういう政治的意図をもった「大毒草」だという非難です。

つづいて、四月五日の「人民日報」の批判論文「『海瑞、皇帝を罵る』と『海瑞の免官』は反党、反社会主義の二本の大毒草」では、毛が彭徳懐を罷免した盧山《ろざん》会議まで具体的にもちだされ、その政治的糾弾はいよいよ露骨なものとなりました。

ともかく戚本禹論文によれば、呉晗とは、まさに毛沢東を中心とする中国の指導体制をくつがえそうとした「反党反社会主義」分子だということです。その呉晗が、政治局員であり北京市長である彭真のもとで副市長をつとめているのですから、この非難が本気のものであるとしたら、ことはただちに北京の指導部、さらには党中央そのものにもおよぶことになります。

上海での会談のさいの毛沢東の態度と思いあわせて、「いよいよただごとでない事態が、中国で起こっている」というのが、戚本禹論文を読んだときの、私の偽らざる感想でした。

実際、ここで表面化した新しい流れは、一カ月後には、鄧拓《とうたく》（北京市党委員会書記）、呉晗、廖抹沙《りようまつさ》（北京市党委統一戦線部長）らが北京市党委員会の雑誌『前線』に連載していた『三家村礼記』、および鄧拓が『北京晩報』に連載していた『燕山《えんざん》夜話』への告発という、北京への第二の攻撃となりました。北京市の党の首脳部が集団で執筆していた文章が、「反党反社会主義の黒い線」だと断罪されたのです。そしてその流れは、五月末から六月はじめにかけて、彭真への直接攻撃と解任・追放という事態にまでふくれあがってゆくのです。

一瞬のうちに消えさった出迎えの「歓迎」陣

代表団は、その日のうちに、広州の白雲《はくうん》空港に着いて、広州の党幹部たちの出迎えをうけました。宿舎にも多くの幹部がきて、日本に帰国する代表団を歓送する宴会の計画をはじめ、滞在中の観劇や視察のプログラムについて、熱心に説明したものです。

ところが、私たちが、それぞれの部屋で着替えなどをして、前の部屋にもどってみると、そこにはだれひとり残っていませんでした。おそらく、同行の趙安博から、毛沢東との会談の模様をきいたのでしょう。毛沢東と決裂した人びととの接触などとんでもないと、まるでクモの子を散らすように、全員が消えうせてしまったのです。

代表団は、三カ国訪問のまとめの仕事を広州ですませてから日本に帰国する予定で、そのことを最初から中国側に話し、了解をえていました。それで、広州から近くの従化《じゅうか》温泉にうつり、そこで一週間ほど過ごしましたが、中国側の態度には、毛と決裂した私たちにたいしてどう対応したらよいか、困っている様子がありありとうかがわれました。

そのなかで、広州の党組織の責任者である陶鋳《とうちゅう》が、毅然《きぜん》とした節度ある態度を行動でしめしたのは、特筆に値することでした。彼は、代表団が従化に出発する日に、私たちの宿舎を訪問して宮本書記長と話し合い、従化温泉にも訪ねてきて送別の宴をひらくなど、最後まで礼儀ある態度をつくしたのです。彼は、四月四日、私たちが広州を出発するときにも、駅まで見送りにきました。

この陶鋳は、劉少奇とともに、毛沢東のおこした「文化大革命」の悲惨な被害者の一人となりました。

14 広州（下）――「文革」と干渉のなかで

「文革」の犠牲者となった幹部たち

私たちが中国訪問のなかで接触した中国の党幹部たちのその後をたどってみると、まず毛沢東の攻撃の標的となったのは彭真で、彼はその年の六月に解任され、「反党・反社会主義の黒い糸」「妖怪変化」の頭目として糾弾されました。そして、「人民日報」や『北京周報』などの中国のマスコミが、「毛沢東思想は世界人民の革命の灯台」といったキャンペーンを大々的に開始し、毛沢東思想による世界の革命運動、人民運動にたいする覇権主義的支配の野望をあからさまに表明したのが、これと時期を一つにしていたことも、注目すべきことでした。

「われわれの偉大な指導者毛主席は、六億五千万中国人民の心の太陽であるとともに、全世界すべての革命的人民の心の太陽でもある。……毛沢東思想は中国革命の百科全書であるばかりでなく、世界革命の百科全書でもある。毛沢東思想は、現代のマルクス・レーニン主義の最高峰であり、もっとも高度でもっとも生きたマルクス・レーニン主義である」(「毛沢東思想は世界人民の革命の灯台」の特集を掲載するにあたっての「『人民日報』編集者のことば」「人民日報」六六年六月一日付)

翌六七年一月には、紅衛兵に後ろ手にしばりあげられ、北京市中をひきまわされる彭真の写真が、日本のマスコミでも大々的に報道されました。

劉少奇は、六六年八月の中央委員会で毛沢東の「砲撃」をうけ、その後自己批判したが認められず、さらに翌年は毛夫人の江青らによって、革命前から国民党反動派に内通していた裏切り者として告発されました。また、『紅旗』に掲載された戚本禹論文「愛国主義かそれとも売国主義か」(六七年三月)や『紅旗』、「人民日報」両編集部の共同署名による「『修養』の核心はプロレタリアート独裁への裏切りにある」(五月。「修養」とは劉少奇の著作『共産党員の修養を論ず』のこと)を転機に、「資本主義の道を歩む最大の実権派」のレッテルを公然とはられ、身柄も逮捕されて、六九年に無残な生涯をとじました。なお、彭真や劉少奇を追い落とす「理論」的先兵として働いた戚本禹も、やがて、「極左派」として排除された(六七年)ことを、ここに付記しておきましょう。

同じように「資本主義の道を歩む実権派」として非難されながら、「文革」のなかで劉少奇と対照的な道を歩んだのは、鄧小平でした。彼は、六六年八月の中央委員会で、劉少奇とともに、毛沢東の

「砲撃」の最大の標的となった一人ですが、毛沢東への自己批判をくりかえし、劉少奇とはちがって、七三年には復活して、「文革」指導部の重要な一翼をになうようになりました。彼がこの第一次復活の時期に、アメリカ帝国主義や日本独占資本への接近を主要な内容とする「三つの世界」論の先頭にたち、日米安保条約や日本軍国主義の役割の積極評価など、中国の対日政策の無原則的な転換に重要な役割を果たしたことは、日本の平和・民主運動にとって、忘れるわけにゆかない記録です。

陶鋳は、六六年八月、党中央に「抜てき」され、党の政治局常務委員と政府の副総理、毛沢東、林《りん》彪《ぴょう》、周恩来につぐナンバー4の地位につきますが、翌年一月には、突然、「中国最大の保皇派」のレッテルをはられて解任・打倒されます。「保皇派」とは、反動的な「実権派」の保護者という意味でしょう。その年の九月には、例の姚文元が「陶鋳の二冊の著書を評す」という論文を「人民日報」に掲載、「フルシチョフ式野心家」「党内にまぎれこんだ反革命の二心派」として公然と糾弾しました。陶鋳は、軟禁中に発病しましたが、医者にもまともにみせられず、瀕死《ひんし》の状態のまま地方にうつされて、六九年一一月、家族も知らないうちに膵臓《すいぞう》がんで命を失いました。彼の死にいたる状況については、娘の陶斯亮《とうしりょう》の手記「わが父陶鋳へ」が、『世界政治資料』七九年一月下旬号に訳載されています。

「文革」と干渉の推進役に転身した幹部たち

これにたいして、毛沢東の攻撃の的となった北京の指導部の一員でありながら、いち早く「文革」の側にたったのは、周恩来でした。私はここで、「文革」の内部で彼が果たした役割を吟味するつもりはありませんが、周恩来が、「日本共産党」を「四つの敵」の一つと規定した毛沢東の覇権主義の先陣を買ってでて、日本共産党を攻撃する無法な発言をくりかえしたことについては、触れないわけにはゆきません。

周恩来が日本共産党にくわえた中傷攻撃は、まったく口から出放題の、でたらめきわまるものでした。日本軍国主義の問題をめぐる周恩来の日本共産党非難もその一つです。日本共産党が自衛隊の増強や海外派兵、憲法改悪のくわだてなど、日本軍国主義の復活・強化にもっとも頑強に反対している政党であることは、周知のところです。ところが、周恩来は、アメリカのレストン記者との会見で、日本軍国主義と日本の政党の関係という問題をとりあげ、「日本の四つの野党のうち、日本共産党だけが、中国と見解を異にしており、この問題について佐藤を支持している」と言ってのけたのです(「周恩来首相との会見記」「ニューヨーク・タイムズ」一九七一年八月一〇日付)。周恩来がくりかえし日本共産党に浴びせかけた非難は、万事がこの調子でした。

なかでも、私たちをあきれさせたのは、彼が、日本共産党と共同コミュニケを結んだ「罪」をかくすために、日本の反党分子の前で、つぎのような偽りの言葉を平気でのべたことでした。

「一九六六年にかれらがきたとき、共同コミュニケを出そうとしたのですが、毛主席がそれを否定し、われわれは毛主席が否定したことを支持しました。しかし、野坂らはデマをとばしています。かれらは、劉少奇や鄧小平、彭真の名前を出せないので、わたしの名前を出しています。ところが当時わたしは、ベトナムのレ・ジュアン同志と話しあっていたので、この件はまったく関知していません」(一九七一年二月、反党分子の木村一三《いちぞう》らとの会見で)。

日中両党会談に出席したメンバーのうち、廖承志、趙安博、張香山らは、毛沢東に盲従してただちに「文革」推進の側にたった組に属します。彼らの役目は、日本共産党への覇権主義的な攻撃を組織することでした。そして、こうした覇権主義的干渉の組織者たちは、「文革」の終結宣言後も、中国の対日工作の中心に座りつづけてきました。

そのことは、中国の現指導部が、「文化大革命」の犯罪性を糾弾しながら、その国際的な側面、とくに「四つの敵」論をふりかざして日本共産党と日本の民主運動に大規模な干渉の暴挙をおこなった覇権主義への反省を欠いていることの実証ともなっています。

(「赤旗」一九九二年一月一二日〜一月二六日)

開始された干渉と反撃（一九九二年二月～三月）

15　党破壊活動の旗印となった「毛沢東思想」

毛沢東ら中国の覇権主義者たちの日本共産党にたいする攻撃は、一九六六年四月、日本共産党の代表団が中国から帰ってまだ間もないうちに開始されました。

「毛沢東思想」に従わない党を転覆せよ

中国側がまず力を集中したのは、あらゆる機会をとらえて、日本共産党が「修正主義」に転落したという非難をひろめ、中国に追従する反党分派を育成・激励して、内部から日本共産党の転覆をはかることでした。彼らは、ある時期までは自分たちが正面にたって日本共産党を攻撃することは避け、反党分子を組織する工作を水面下でおこない、表だってはこれらの反党分子に日本共産党への非難攻撃をやらせるという手段にでました。

これは、おそらくフルシチョフらの干渉の失敗から学んだ彼らの作戦でした。ソ連のフルシチョフらは、志賀一派に反党分派の旗あげをさせると同時に、日本共産党を非難したソ連共産党中央委員会の手紙を一方的に公表しました。そのために、最初から、覇権主義的な干渉に反対する日本共産党の全面的な反撃に直面し、干渉者のみにくい姿をいやおうなしに内外の世論の前にさらけだす結果となりました。中国の覇権主義者らは、それを避けようとして、まず彼らに追従する日本の反党分派をもっぱら前面にたて、自分たちは後ろからこれを操って、自主独立の日本共産党の転覆をはかろうとしたのです。

私たちは、中国側の攻撃にたいする全面的な反撃にでたとき、六六年以来の干渉の全貌をまとめた干渉者たちの言行録を「赤旗」に発表しました（「資料・毛沢東一派のわが党と日本の民主運動にたいする干渉と攻撃の事実」「赤旗」六七年八月二三日付）。

そこには、日中交流のあらゆる機会を、日本共産党への非難と党破壊活動のそそのかしに利用するなど、中国側の傍若無人のふるまいがありありと記録されています。

この言行録はまた、中国の干渉者たちの反党分派の組織工作の手口をも、かなりの程度まであきらかにしています。彼らは、この工作にさいして、国際統一戦線の問題、日本の革命運動の方針など、いろいろな問題で日本共産党の路線と活動に非難をなげつけましたが、彼らが、最大の「思想的」な武器としたのは、「毛沢東思想」のおしつけでした。

——「毛沢東思想」は「現代のマルクス・レーニン主義の最高峰」であり、中国共産党は世界の革命運動の中心である。真の「革命派」は無条件にそれに従うべきである。

——毛沢東思想に従わず中国共産党に同調しない者は「修正主義」に転落した党だ。

——真の「革命派」は、中国共産党の側にたって、毛沢東思想をかかげ、「修正主義」の党・日本共産党を転覆するために決起すべきである。

日本の革命運動、民主運動の自主性を頭から否定した、この呼びかけが、反党活動への決起を扇動する最大の「思想」とも「理論」ともなったのです。

「中国にたいする自主独立はない」

中国側がこうした攻撃をかけはじめるとすぐ、以前に反党活動で党を除名された分派分子が、早速、中国流の主張をかかげての日本共産党攻撃を開始しました。また、ジャーナリズムの上でも、中国の希望する論調をそのまま定式化してみせたような論文が登場しはじめました。新島淳良《にいじまあつよし》という中国問題研究家が『エコノミスト』の六六年五月三一日号に発表した論文は、その代表的な一つでした。

「自主独立、ということがいわれている。アメリカからの自主独立、中ソからの自主独立、……。

私はそういうコトバにだまされてはいけないと思う」。「同一次元で対立がある場合は、片方に反対することは必ずもう片方に加担することだからだ。……中ソの間の自主独立がありえない所以《ゆえん》である」。「日本では、だれもがその真の意図を表現するのに『自主独立』というコトバを使うのは何故か。それはナショナリズムへの媚《こ》びにほかならない」。

これは、直接の名ざしこそしていませんでしたが、あきらかに日本共産党の自主独立の立場にほこ先をむけた文章でした。この論者によれば、ソ連の誤りを批判するものは、かならずその「対立」者である中国に加担すべきであり、中国の立場を支持しないものは、かならずソ連の加担者になる、だから、中国をとるかソ連をとるかが問題であって、そのあいだの「自主独立」などはありえない、というのです。

私は、この文章を批判した論文「自主独立を否認する事大主義」を、すぐ「赤旗」に書きました。このなかで、新島論文は、(1)中国共産党を、「現代修正主義に反対する国際的闘争の指導的中心、反修正主義の立場にたつものが無条件に『加担し』結集すべき中心」だと位置づけると同時に、(2)中国共産党の見解や方針を「現代におけるマルクス・レーニン主義」の代表者扱いするものであり、中国共産党という特定の外国の党とその見解を絶対化してそれへの追従をこととする徹底した事大主義の立場にほかならないことを、指摘しました（「赤旗」六六年六月一〇日付　『現代政治と科学的社会主義』〔一九六八年　新日本出版社〕所収）。

ソ連共産党にたいする自主独立には賛成だが、中国共産党や毛沢東思想からの自主独立などとんでもない――新島論文のこの立場は、中国の干渉者たちの手先となった反党分子に共通する立場を、まぎれもない形で表明してみせたものでした。

いかなる外国の党への盲信をもしりぞけた第九回党大会

どんな外国の党にも追従しない日本共産党の自主独立の立場は、「五〇年問題」を解決して党の統一を回復した第七回党大会以来の一貫したもので、そのことは、毛沢東らとの決裂の二年前にひらかれた第九回党大会（六四年一一月）でも、明確にうたわれたことでした。

たとえば、世界の共産主義運動の論争についても、マスコミなどで、これをもっぱら中国共産党とソ連共産党との論争のように扱う事大主義的な風潮が強いなかで、大会決定は、わが党の立場をつぎのように特徴づけています。

「わが党は、今回の論争にたいして自主独立の立場をつらぬき、いかなる党にも無批判に追随せず、いかなる党をも追随させようとせず、いかなる場合にも、原則的かつ自主的な態度をとるよう努力してきた」。

またこの大会決定は、修正主義に反対すると同時に、「他国の兄弟党の路線を盲信してそれを無批判にとりいれようとする現代教条主義」の危険性についても、日本共産党自身の経験にてらして的確に指摘していました。

中国側の干渉に追随して党破壊活動を開始した反党分子も、二年前にはみなこの大会決定に賛成していました。しかし、彼らが賛成したのは、ソ連共産党からの自主独立だけで、本当の意味での日本の革命運動の自主性を堅持してのことではなく、彼らの頭のなかは、新島論文があからさまに表現したような、毛沢東思想と中国共産党への絶対的な信仰でかためられていたのです。

そのことをもっとも典型的な形であらわしたのが、党中央委員だった西沢隆二《たかじ》の転落でした。

16 毛沢東信仰の典型——西沢隆二の外国崇拝と転落

西沢隆二は、三カ国の訪問についての報告がおこなわれた第四回中央委員会総会（一九六六年四月二八、二九日）で、「自分は報告に部分的に賛成で、部分的に反対だ」と発言するなど、きわめて動揺的な態度をしめしましたが、この動揺の内容も、西沢の自主性のなさを、さらけだしたものでした。西沢が「部分的に反対だ」というのは、日本共産党の反帝国際統一戦線の方針についてのことでしたが、彼はそれまで、一度も、この方針に反対の意見をのべたことはありませんでした。ところが、宮本書記長の報告をきいて、毛沢東がこれに反対だということを知り、「これはたいへんだ、毛沢東が反対したのだから、問題があるのだろう」という気になったのです。この中央委員会での彼の発言によると、国際統一戦線の問題を解明した二月四日論文（「アメリカ帝国主義に反対する国際統一行動と統一戦線を強化するために」）についても、「あまりよく読んでいなかった」が、毛沢東との決裂の報告をきいたのでよく読んでみたら、問題点に気がついたのだというのでした。

ですから、この問題について、特別のまとまった意見をもっていたわけではなく、多くの中央委員から説得的な批判をうけて、その日の最後の発言では、「大変よくわかりました。賛成します」ということになったのです。

総会をあきれさせた西沢発言――「毛沢東思想の旗をおろすな」

この西沢隆二という人物の外国崇拝は、以前から度はずれたものがあり、戦後しばらくは、資本主義国のいちばん大きな党だということから、イタリア共産党を崇拝の対象にしていたようです。西沢は、徳田（球一《きゅういち》）書記長の娘婿としてその〝側近〟になり、戦後の党建設をゆがめた徳田の家父長的な指導でも支柱の役割をはたしました。「五〇年問題」のときには、徳田派の中心幹部として北京に亡命し、そういうなかで、崇拝の対象を、中国共産党と毛沢東にきりかえていったのでしょう。

四月の四中総では、こうして、反対意見はひっこめたのですが、その四カ月後に第一〇回党大会の議案審議のために六中総（八月二七日〜三〇日）がひらかれたときには、西沢の立場は、中国共産党と毛沢東への無条件の信仰をいっそうむきだしにしたものとなっていました。

こんどは、党の方針に反対する文章を用意してきて、それをいきなり総会で読みあげたのです。その文章は、全体として中国側が「文化大革命」のなかでのべたてている主張を受け売りしたものでしたが、「わが党の一部」に毛沢東思想の旗をおろそうとする者がいると、まるで自分が毛沢東か林彪にでもなったかのような調子で、日本共産党の自主独立路線の批判をはじめたのには、私も驚かされました。

「わが党の一部にも鄧拓やその一味がいないという保証はない。……それらの同志たちは、マルクス・レーニン主義の旗はかかげるが、毛沢東思想の旗はおろしたいと考え始めている。しかし、毛沢東思想とは、マルクス・レーニン主義を中国の現実にあてはめて発展させたものであって、現代のマルクス・レーニン主義そのものなのだ。理論的基盤もしめさずに、毛沢東思想を急に非難しはじめたり、毛沢東思想の旗をおろそうと主張しはじめたりすることは、それらの同志たちの心の動揺をしめす以外のなにものでもない。……頼りにならないものを頼りにしてはならない。……頼りになるのは団結した人民の力であり、毛沢東思想で武装した全アジア人民の力であり、全世界人民の団結した力である」。

「毛沢東思想の旗」をおろすにもおろさないにも、日本共産党は、毛沢東思想など外国の旗を自分の党の旗としてかかげたことのない党です。そればかりか、西沢も参加して賛成した党大会の決定で、「他国の兄弟党の路線を盲信してそれを無批判的にとりいれよう」とする傾向にたいして、きびしく警告してきた党です。その党の中央委員会で、突如として、「毛沢東思想の旗をおろすな」と叫びだしたのですから、中央委員会全体が、あまりのことに、呆気《あっけ》にとられました。

もちろん、多くの批判が出、西沢はそれに何一つ反論できませんでした。しかし、その道理のなさが討論のなかでどんなにあきらかになっても、こんどは自分の反対意見を撤回せず、採決でも反対票を投じました。

「西沢隆二の『詩』と真実」をめぐって

そのとき、彼は、「党規律違反はやらない」と言明しましたが、その言明をうらぎってただちに反党分派活動の準備をはじめ、一〇月には公然と党破壊の旗あげをしました。西沢がそのときつくった反党活動の機関誌が『毛沢東思想研究』です。この名前は、西沢だけでなく、中国側の干渉の手先となって党破壊活動に狂奔した連中の心底が、「外国の党の路線」への盲信に底の底まで毒されていたことを、文字通り象徴するものでした。

日本共産党は、第七回中央委員会総会（六六年一〇月一三日）をひらいて、西沢の除名をただちに決定しました。

中国側は、あれこれの手段をつかって、日本の党内への攪乱《かくらん》工作をおこないましたが、第九回党大会で選出された党中央委員で、この工作に射落とされて、干渉の手先に転落したのは、西沢隆二だけでした。

これは、いかなる干渉者たちの策謀も許さない日本共産党の団結、「二つの戦線での闘争」できたえられた団結の原則的な強固さを示すものでした。

これにつづいたのは安斎庫治《くらじ》で、一九六七年一月、西沢に追随する反党活動に踏みだして除名されました。安斎は六六年四月の段階から動揺的な発言をくりかえし、みずから「確信を失ったので指導的部署につかず、一党員として活動したい」といって、第一〇回党大会以後は、中央委員からはずれていました。

ここで一つ、〝秘話〟を紹介しておきましょう。当時の批判論文の一つに、「西沢隆二の『詩』と真実」があります（「赤旗」六六年一二月二六日付　『日本共産党重要論文集　6』所収）。

西沢は理論のたりないところを「詩」でおぎなおうというのか、党の中心幹部を「批判」した「詩」を、『毛沢東思想研究』にしきりに掲載していました。この「詩」のなかには、だれそれの顔は「裏切り者」の顔だ、「廻し者」の顔だなどと無内容な悪罵をつらねただけの、反論どころか紹介にも値しないものもありましたが、たまには、彼が論文と称する文章以上に、彼の立場やごまかしの本質を露呈した「詩」もあります。

一連のそうした「詩」に政治的・〝文学的〟な批判をくわえながら、彼の対外追従と反党活動の核心をあきらかにしたのが、この論文でした。私たちは、当時の政策委員会でこの論文をしあげたとき、内容にふさわしい表題を考えあぐねていました。そこへ「『西沢隆二の「詩」と真実』はどうか」との提案がありました。「詩と真実」とはゲーテの大作の題名、西沢の「詩」には真実性がひとかけらもないというのが、この論文での批判の中心でしたから、これは皮肉のきいた題名だと、ただちにその提案をいただくことにし、こうして、「文学的な」題名のついた批判論文が誕生しました。

その表題の提案者がだれだったかというと、ほかならぬ宮本顕治書記長（当時）だったのです。

17　「紅衛兵」が干渉・攻撃の先兵に

国際的な団結を配慮しての自制

日本共産党は、反党分子の党破壊の策動にたいしては、もちろん、断固としてこれを粉砕するたたかいをすすめ、かれらが党攻撃の論点としてきたさまざまな問題についても、理論的な解明と反撃をひろくかつ徹底的におこないました。中国共産党にたいしては、北京に駐在していた砂間一良代表を通じて、干渉の諸行為にたいする抗議を早くからおこない、中国側がそれらの行為をただちに中止することをもとめましたが、これを公開でおこなうことは避け、「赤旗」などでの反撃も必要最小限のことに自制しました。中国側を直接名ざしで批判することをしなかったのも、そのためです。

「毛沢東思想」の問題でも、外国の党の思想を絶対化して日本の革命運動の指針にしようとする事大主義の誤りはきびしく指摘しましたが、この「思想」そのものの問題点については、言及しませんでした。

これは、私たちが、問題をそこまで究明していなかったからではないし、中国側との正面からの対決をおそれたからでは、もちろんありませんでした。それは、中国側がみずから攻撃の正面にたってきていない状況も考慮し、共産党間の関係についての公認の国際的基準にしたがって問題を解決するために、可能なあらゆる努力をつくしたいという、国際的な団結への配慮からでした。私たちの三カ国訪問自体がアメリカ帝国主義のベトナム侵略に反対する国際統一戦線の問題を主題としていたように、国際情勢は、反帝勢力の国際的団結のために、あらゆる努力をはらうことを切実にもとめていたのです。

中国の国内では、「文化大革命」がしだいにその暴状をつよめ、とくに六六年の秋ごろから、「紅衛兵」を動員しての野蛮な「実権派」退治がひどくなってきました。この「プロレタリア文化大革命」なるものについて、日本共産党はどう考えているのか——こういう質問は多くの方面から投げかけられましたが、私たちは、科学的社会主義の立場で「文化革命」の問題をどう見るかの、一般的な解明にとどめて、中国でおこっている「文化大革命」そのものの分析はとりあげませんでした。これをとりあげれば、どうしても、中国共産党におこっていることとの全面的な究明、「文化大革命」をすすめている現指導部への公開の直接の批判にすすまざるをえなかったからです。

一九六六年一二月、日本の国会では「黒い霧」解散がおこなわれ、六七年一月、総選挙戦がたたかわれました。そのさなか、北京での「紅衛兵」の野蛮な暴力行為がマスコミで刻々と報道されました。これは、自民党などによって、ただちに反共攻撃の絶好の材料として利用されました。選挙戦の終盤には、「紅衛兵」によって後ろ手にしばりあげられ、三角帽子をかぶせられて、北京市内を引きまわされる中国共産党の幹部たち――「実権派」として毛沢東らの非難と告発にさらされてきた幹部たちの無残な姿が、なまなましい現場写真で大々的に報道されました。

はげしい選挙戦をたたかっている全国の党員や後援会員たちからは、党中央にたいして、「赤旗」でこの問題の解明を、という声が切実に寄せられました。しかし、「紅衛兵」たちは、北京で日本共産党攻撃をやっているわけではありません。この段階では、「文化大革命」は、一応、中国の国内問題としてくりひろげられていたわけで、「紅衛兵」による「実権派」退治の批判に踏みこむことは、日本共産党がこれまで守ってきた自制の基準――こちらから対立を拡大することはしないという態度をくずすことになります。

党中央で理論活動に従事していた私たちにとって、全国の要望の切実さを知りながら、それにこたえられないという、選挙戦のなかでのたいへんつらい日々でした。

日中両党会談のいきさつをゆがめた「紅衛兵」の壁新聞

この状況を破ったのが、皮肉なことに、「紅衛兵」自身による日本共産党攻撃の開始でした。一九六七年一月二二日、北京市内に「鄧小平の反動的言行録」と題する「人民大学紅衛兵」の壁新聞がはりだされ、そのなかに、日本共産党への「修正主義」攻撃が書きこまれていたのです。

「一九六六年日本共産党代表が中国にきた。劉少奇、鄧小平がおもにでて会談し、一つの声明草案をつくった。調子はきわめて低いもので一点もソ連修正主義の文字がでていない。毛主席はこれにたいして鋭い批判をだしてみずからきわめて重要な修正をおこなった。その結果、修正主義の日本共産党はこれを受けとることを拒絶した」。

すでにふれたように、毛沢東が、日本共産党を、「文化大革命」の「四つの敵」の一つに数えあげて、これとの闘争を指示したのは、六六年の七月のことでした（第12回一六三ページ）。「紅衛兵」の壁新聞は、いわばこの指示にそったものですが、攻撃するからには、彼らなりの〝理屈〟がいります。「紅衛兵」が当時最大の任務としていたのは、中国国内での「実権派」退治でした。だから、壁新聞でのこの攻撃を演出した者は、この任務と結びつけて日本共産党を攻撃させるために、日中両党会談の内幕なるものを持ちだし、日本共産党は、劉少奇、鄧小平と同じ「修正主義」の仲間だ、だから「文化大革命」の敵だという、〝理屈〟をつくりあげたのです。ここであえて「演出」というのは、中国の指導部が材料を提供し、方向づけをしないかぎり、「紅衛兵」たちが、日本共産党と毛沢東との会談のいきさつなどをもちだせるはずがないからです。

この攻撃は、彼らの思惑とは逆に、干渉者たちの足場を大きく崩す結果となりました。

第一は、彼らが、毛沢東自身が「なかったことにしよう」とのべていた、日本共産党代表団と毛沢東との会談決裂の状況を、もちだしてきたことです。どんなに事実をゆがめてみても、このいきさつをもちだすことは、結局は、毛沢東路線のおしつけを日本共産党が拒否したために、中国側が日本共産党攻撃を開始したのだという、干渉者たちの覇権主義的な意図をさらけだす結果になることでした。

第二に、彼らは、日本共産党と劉少奇らとが同じ仲間だという〝理屈〟にあわせるために、声明の草案をつくったのは劉少奇、鄧小平だったとか、毛沢東が「草案」の段階でこれを拒否したのだとかいう、事実に反する話をでっちあげざるをえなかったことです。

共同コミュニケをつくった中国側の責任者は周恩来であり、その時劉少奇も鄧小平も北京にいなかったことはかくれもない事実でしたが、毛沢東とともに天安門に登って「紅衛兵」の閲兵をしている周恩来が責任者だというのでは、この〝理屈〟が最初からなりたたないことになります。だから、平気でこんなウソ話をでっちあげたのです。干渉者たちがこのウソにしがみつき、最後には、当の周恩来までが「紅衛兵」と同じウソをくりかえしたのは、「文革」指導者たちの政治的道義のなさを天下にさらけだしたものでした。

私たちは、紺野《こんの》純一《じゅんいち》特派員から、この壁新聞の全文が送られてくると、ただちにその攻撃への反論「紅衛兵の不当な非難に答える」を書き、一月二四日の「赤旗」に発表しました（『日本共産党重要論文集　4』所収）。これは、日本共産党として、日中両党会談の経緯、とくに、すでに成立した共同コミュニケを毛沢東が一方的に破棄したいきさつをあきらかにした最初の文書となりました。

私たちは、この論文では、「文化大革命」自体についての立ち入った論評はまだおこないませんでしたが、「紅衛兵」にたいする断固とした反論は、「紅衛兵」とその背後にいる者への日本共産党の毅然とした態度をしめしたものとして、全国で大きな反響をよびました。

日本共産党は、一月二九日投票の総選挙で、得票と議席の前進をかちとり、とくに首都東京で一八年ぶりの議席を獲得しました。

18　干渉拡大の転機となった善隣会館襲撃

一九六七年一月二二日の「人民大学紅衛兵」の壁新聞につづいて、「紅衛兵」による日本共産党攻撃は、その後、しきりに北京の街頭をにぎわすようになりました。「北京航空学院紅旗戦闘隊」、「毛沢東思想を守る紅色国際戦闘隊」、「精華《せいか》大学井崗山《せいこうざん》紅衛兵」、「首都出版革命造反総部」、「中国人民大学紅衛兵」など、いろいろな集団が、日本共産党への悪罵をきそったものです。彼らが同じような攻撃をくりかえせばくりかえすほど、彼らを動かす「演出者」の姿がうきぼりになりました。

さらに、壁新聞での攻撃にとどまらず、「紅衛兵」の暴力行動をそのまま日本にもちこんで日本の民主運動に暴力で襲いかかったのが、二月二八日に開始された日中友好協会本部にたいする襲撃事件――いわゆる善隣《ぜんりん》会館襲撃事件でした。

前面に踊りでた干渉者たち

この事件は、中国の覇権主義者たちが、反党分子を後ろから操ることを主にしてきたそれまでのやり方から、みずから正面にでての日本共産党攻撃に転じる一つの転機となりました。

まず「日本むけ北京放送」と新華社通信が、一部在日華僑《かきょう》学生や中国盲従分子が暴力で日本の民主運動に襲いかかったこの事件について、「日本共産党修正主義分子」による「反中国」の流血事件だと、天地をひっくりかえしたデマ報道をおこないました（三月八日）。次いで三月一一日には、中国共産党の中央機関紙である「人民日報」が、「日本共産党修正主義分子は反革命の面目を大きく暴露した」とかの見出しのもと、同じ種類のデマ宣伝を大々的に書きたてたのです。「日本共産党修正主義分子は、最近東京であいついで暴徒を組織し、駐日華僑青年と日中友好をまもる日本の友人たちを殴打し、おどろくべき流血事件をつくりだした」。

このとき、中国側の中日友好協会が「負傷した日本人」におくったという慰問電報には、「日共修正主義分子が米帝国主義、ソ連修正主義、日本反動派と通じあって、中国に反対している」という新しいデマ攻撃が書かれていました　また「人民日報」の「論評」も、日本共産党が「ソ連共産党修正主義指導集団と日本反動派」に奉仕するために、この事件をひきおこしたなどと、書きたてました。

これらは、六六年七月に毛沢東がとなえた「四つの敵」論の図式にあわせて、でっちあげの罪をかさねたものでしたが、毛沢東の「四つの敵」論が、干渉の合言葉として、表だって出てきたのは、おそらくこのときが最初だと思います。

私たちは、「在日華僑学生らの襲撃事件について、北京放送などのわが党と日中友好運動にたいする攻撃に反論する」（「赤旗」六七年三月一五日付、『日本共産党重要論文集 5』所収）、「『人民日報』その他のわが党にたいする不当な攻撃と干渉を糾弾する」（同三月一九日付、同前所収）で、事実をしめし、道理をつくして、反撃をくわえました。

なぜ「中国共産党の極左日和見主義・大国主義分子」を問題にしたか

日本共産党は、この二つの論文のなかで、六六年来、対外盲従分子を操って日本にたいする不当な干渉と攻撃をしかけてきた中国共産党の当時の指導集団にたいして、はじめて名ざしの批判をくわえました。

すなわち、私たちは、北京放送や「人民日報」を使ってこうした不当な攻撃をくわえてきた勢力を、「中国共産党の極左日和見主義・大国主義分子」と特徴づけて批判したのです。ここで、「中国共産党指導部」といわないで、「中国共産党の極左日和見主義・大国主義分子」としたのは、深い意味のあることでした。

それは、相手に「修正主義分子」といわれたから、売りことばに買いことばでレッテルはりをやったというものではありません。私たちは、ソ連のフルシチョフらの干渉に反撃したときには、彼らの立場が政治的・理論的には現代修正主義の潮流に属することを遠慮なく指摘しながらも、「ソ連共産党指導部」として論争してきました。しかし、中国の場合には、相手側の状況が大きく違っていました。

私たちが中国訪問の経過のなかで実感した中国共産党内の異常な事態は、「文化大革命」の暴挙のなかであらわになり、中国共産党の正規の機関も規律も破壊されるにいたっていました。その破壊のうえに、毛沢東を中心とする一部の勢力が指導的な実権をにぎり、党と国家にたいする専制的な支配をうちたてようとしていたのです。そして、毛沢東を中心とするこの指導集団が、日本共産党と日本の民主運動にたいする干渉を組織しているのですから、彼らがいくら「中国共産党」の名で「中国共産党」の機関紙を使って攻撃をしかけてこようと、これを単純に正規の「中国共産党指導部」とみなすわけにゆかないことは、歴然たる事実でした。

私たちが、当時の中国の指導集団を、「中国共産党の極左日和見主義・大国主義分子」と呼んだのは、こうした実態の正確な認識のうえに、彼らの政治的・理論的な立場の本質を明確にした、きわめて科学的な規定だったのです。

「人民日報」にこたえた三月一九日の論文では、私たちは、六六年四月以来の中国側の干渉の経過と日本共産党がとってきた原則的態度をあらためてあきらかにし、「毛沢東思想」をふりかざしたその覇権主義をきびしく糾弾しました。そして、彼らの日本共産党攻撃の論点――国際統一戦線問題や選挙と議会の問題、「紅衛兵」問題などについても、彼らの路線の誤りを解明しました。これは、こうした主張をかかげて干渉してきた中国共産党のこの特殊な指導集団を、私たちがなぜ「極左日和見主義・大国主義分子」と呼ぶかという問題についての解明ともなっていたのです。

19　覇権主義的干渉の応援団となった社会党

善隣会館襲撃事件が重大な政治的意味をもったもう一つの事情として、日本社会党が、この事件を通じて、党として公然と干渉の応援団にまわったことを指摘しなければなりません。

反党分子と結んで干渉者の側にたつ社会党幹部

六七年というこの年には、一月の総選挙につづいて、三月～四月には、いっせい地方選挙がありました。このとき、東京では日本共産党と社会党とのあいだに革新統一の協定が成立し、都民の大きな支持と期待のもとに、最初の革新都政が実現したのです。

ところが、共闘の相手である社会党は、日本の民主運動の命運がかかる中国の干渉の問題では、最初から干渉者の側にかたむいていました。

中国側が、この干渉にあたって、友好運動や交流運動を干渉の道具に変える作戦をとり、それに反対して日本の運動の自主性をまもろうとする者に「妨害者」というレッテルをはってこれを排除する手口に訴えたことは、この連載でも、くりかえし紹介されてきたことです。そのとき、中国の干渉者の側にたって、「友好」の名による干渉の弁護人の役をはたし、日本共産党を除名された反党分子と共同戦線をはってきたのは、運動のどの分野でも、社会党の幹部たちでした。

たとえば、日中友好協会は、六六年一〇月に、中国追従が友好の原則だから「妨害勢力」を排除せよと主張する人びとが「脱走」するという形で「分裂」しました。その中心にたったのは、社会党の幹部の黒田寿男《ひさお》でした。

翌六七年二月末、善隣会館襲撃事件が起きたとき、黒田らはすぐ襲撃の首謀者たちがひらいた「真相報告会」(三月六日)なるものに出席しました。この会で、「事件の名称を『日共による後楽寮《こうらく》学生にたいする襲撃事件』と正式に呼ぶ」ことが提唱されましたが、その提唱をおこなったのも、黒田でした。また社会党の岡田春夫衆院議員も、中国側の主張をおうむ返しにしてこの事件を日本共産党による襲撃事件だときめつけ、「日中両国人民は団結して日共による陰謀と襲撃を打ち破る」ことを呼びかけたりしました。

私たちは、これら社会党の個々の幹部の言動と社会党の政党としての行動とは厳格に区別し、それぞれの党幹部の日本共産党非難や分裂策動には反論や批判をその都度おこないましたが、そのことを、都知事選問題などでの社会党との共同のさまたげとするような態度はきびしくしりぞけました。

日本共産党のこうした原則的な態度が、首都における革新統一戦線が革新都政の実現という勝利をかちとるうえで、大きな役割をはたしたことは、疑いありません。

社会党が干渉者支持の「通達」を公式に採択

ところが、都知事選挙のさなかに、この襲撃事件をめぐる社会党の「決定」なるものが、ひろく流布されだしました。社会党の中央執行委員会が、「今回の事件は日本共産党と民青同盟によってひきおこされたものだ」とする「決定」をおこなった、というのです。日本共産党は、この「情報」が首都の革新統一に有害な役割をはたすことを重視し、三月二四日、社会党中執に、一方的な調査にもとづいて日本共産党や民青同盟にたいする不当な態度決定をおこなわないように申し入れ、必要な関係資料も手渡し、「ご要望があれば、わが党はいつでも積極的に必要な説明に応じる用意がある」ことも正式に話しました。

しかし、社会党は、日本共産党になんらの接触をすることもなく、都知事選が終わるとすぐ、この問題にたいする社会党中央本部の「通達」を全国に発しました（五月一八日付）。それは、事件を、日本共産党の「中国人学生等にたいする襲撃傷害事件」と規定し、干渉者の側にたって日本共産党に不当な非難をくわえたばかりか、さらに日本共産党が「反中国」の立場に「路線変更」したのがこの事件の原因だとする「路線変更」論までもちだしたものでした。

「日中友好運動は、日本共産党の路線変更により、阻害されてきたが、この事件により『日中友好協会』による日中友好運動の破局的段階にたちいたった」。

この「通達」に署名したのは、社会党の日中国交回復特別委員会の委員長の肩書をもつ黒田寿男でしたから、彼の中国追従の立場をそのまま文書にしたものでした。それが、黒田個人の言明でなく、社会党の公式の「通達」文書となったところに、問題の重要性がありました。

日本共産党は、社会党の一方的な非難にたいする反論を発表するとともに（「日中友好協会本部襲撃事件にたいする日本社会党の『通達』について」「赤旗」六七年五月二四日付、「『事情調査』の名による真実のわい曲」同六月四日付、「社会党『通達』の『日本共産党の路線変更』論を反ばくする」同六月一五日付など、『日本共産党重要論文集 6』所収）、五月二四日には、野坂（参三《さんぞう》）議長（当時）・宮本書記長（同）が社会党の佐々木更三《こうぞう》委員長（当時）・成田知巳《ともみ》書記長（同）と会談をおこない、つづいて六月九日には、宮本書記長が社会党・成田書記長にあって、この問題にかんする野坂議長から社会党委員長にあてた申し入れ書を手渡すなど、問題の道理ある解決への努力をつくしました。しかし、社会党は、そのあとでひらいた中執で、中国側の干渉に加担する態度をいっそう強めた新「文書」を採択し、これにたいする日本共産党の、事実を詳細にしめした質問書「日本社会党に質問する」（「赤旗」同年七月一一日付、同前所収）には、ついに回答しえないまま、中国の覇権主義者への追従の道をひたすらに走りつづけることになったのでした。

日本の革新政党としての自主性を見失った社会党の中国追従路線は、その後、「文化大革命」のさなかに訪中した社会党活動家代表団が、毛沢東の言葉を書いた看板を首からぶらさげ、「毛沢東思想」のサンドイッチマンとして北京をねりあるくといった醜態をうみだすことにもなります。

また、社会党のこうした路線と態度は、中国の「文革」指導部が、訪中した社会党代表の前で、心を許して日本共産党攻撃を語り、少なくとも東京・京都・沖縄など日本の重要な地方で日本共産党と共同闘争を組んでいる社会党にたいして、「四つの敵」論のうけいれを平気で要求するなど、日本の革新運動を根本からそこなう事態をも招いてゆくのでした。

たとえば、三年後の七〇年八月、佐々木更三訪中代表団との会談の席で、周恩来は、つぎのように語ったとのことです。

「日中友好のためには二つの主要な敵と闘わなければなりませんが、国内の破壊分子とも闘わなければなりません。具体的には日修、ソ修であります」。

またつぎの言葉は、同月、日本社会党訪中代表団（黒田派）との会見でやはり周が語った言葉です。

「毛主席は『全世界の人民は団結してアメリカ帝国主義侵略者とそのすべての手先を打ち破ろう』と教えています。日本独占、ソ修、日修をアメリカ帝国主義の手先とみなして、人民を代表する日本の各党派は連合して闘えるのではないでしょうか」。

これらは、後日のことですが、自主性を欠いた対外追従路線が、覇権主義者の思惑のままに、日本の政党をどのような恥ずべき地点にまでおとしいれてゆくかを、もっとも典型的な姿でしめしたものといえるでしょう。

20 「鉄砲から政権」路線のおしつけとの闘争

「鉄砲から政権が生まれる」という武装闘争路線のおしつけも、「毛沢東思想」をかかげた中国の干渉者たちが、日本の革命運動、民主運動への介入にあたって、早くから中心問題の一つとしたことでした。

議会と選挙を重視する日本共産党綱領への攻撃

一九六六年八月、日本から訪中した社会党代表団にたいし廖承志は、「中国が日本人民に武装蜂起をすすめている」事実を認めたうえで、「何が悪い」とひらきなおった形で、つぎのようにのべました。

「日本の一部の人たちは、中国が日本人民に武装蜂起をおしつけるのでけしからんといっている。日本人民に武装蜂起をすすめるのは、米中戦争で中国を応援してもらうためではない。日本人民にとって武装蜂起の戦術が唯一の正しい戦術であると私たちは確信しているからだ」。

この廖承志は日本共産党との会談にも出席した中国共産党の中央委員で、彼がそこであげた論拠らしいものといえば、〝一九三二年にドイツから帰るとき、「なぜ武装蜂起をしないのか」とドイツ共産党の幹部に注意したら、「ドイツ共産党は、六〇万の党員をもち、選挙になれば六〇〇万票をくだらない支持をえる資本主義第一党だ」と答えた、しかし、ナチスによって一週間でたたきつぶされた〟という話だけだったそうです。

まことに幼稚な議論ですが、これを中国の教育事情を視察にきた代表団にたいして、歓迎レセプションの席でやったというのですから、まさに相手かまわず、「武装闘争をすすめる」状況でした。

この根底には、「鉄砲から政権が生まれる」という、毛沢東が中国革命のなかでとなえた武装闘争論を、世界の革命運動の普遍的な法則にしたてあげて、世界各国におしつけようという、覇権主義的な構想がありました。そして、このおしつけは、日本共産党にたいする干渉・攻撃の拡大とともに、ますます激しく、乱暴なものとなりました。

六七年一月の総選挙が終わったとき、新華社電（二月二日）や北京放送（二月四日）は、「日本衆議院総選挙　醜態を演じて終わる」として、日本共産党が選挙闘争、議会闘争を重視していることを攻撃の目標にして悪罵をならべたてました。

「今回の選挙において、注目に値するものは、ソ連現代修正主義の新旧追随者が、ブルジョアジーの議会選挙制度を極力美化した点である。これらの議会亡者どもは、いたるところで、声をからして『今日の選挙は日本の運命を決定するものだ』と演説をぶちまくった。……彼ら悪党は恥知らずにも、とっくの昔に破産しているフルシチョフの修正主義の代物をもちだし、『国会における安定多数を獲得することによって、国会をして支配階級に奉仕するための道具を、人民に奉仕する道具にかえることができる』などと吹きまくった」。

これは、日本共産党の綱領の路線を、文字通り正面の敵としての攻撃でした。山口県の「長周《ちょうしゅう》新聞」一派や西沢、安斎などの反党分子が、この暴論に調子をあわせて、「鉄砲から政権」論を叫びたてたことはいうまでもありません。

ニセ「左翼」暴力集団に「武装闘争」をけしかける

私たちは、党綱領の路線にたいするこの攻撃にたいして、世界の共産主義運動の歴史的な総括をふまえ、革命運動における議会と選挙の役割を全面的にあきらかにした論文「極左日和見主義者の中傷と挑発――党綱領にたいする対外盲従分子のデマを粉砕する」(「赤旗」六七年四月二九日付、『日本共産党重要論文集 5』所収)をもって答えました。

これは、たんに新華社電などの「論評」やそれに追随する反党分子のあれこれの議論への反論にとどまらず、彼らが金科玉条にしていた中国側の武力革命唯一論――その代表的な論文が「人民日報」、『紅旗』編集部の「プロレタリア革命とフルシチョフ修正主義」(六四年)でしたが――にたいする全面的な回答ともなるもので、国際的にも重要な意義をもつものでした。

私たちは、この論文で、中国の毛沢東たちの極左日和見主義の誤りを理論的にあきらかにするとともに、それが、実践的には、日本の民主運動の破壊と撹乱を任務とするニセ「左翼」暴力集団（いわゆるトロツキスト）との野合にゆきつく路線であり、すでに日本の国内では、対外盲従分子とこれら暴力集団との「反共同盟」がかくれもない公然の事実となっていることを、きびしく警告しました。

中国の覇権主義者たちのその後の動きは、まさにこの警告通りの道をすすみました。六七年一〇月、ニセ「左翼」暴力集団が東京で〝市街戦〟の火をつけようとして羽田事件を引きおこしたとき、「人民日報」は「これらの革命的青年は日本人民の誇りであり、日本民族の希望は彼らにかかっている」と最大限の賛辞を送り（「反米の怒濤逆巻く日本列島」「人民日報」六七年一〇月一三日付）、翌六八年の一二月には、新華社通信が、市街地で焼き打ちをくりかえした新宿事件（一〇月）をはじめ、全国各地での暴力集団の蛮行を「革命」行動などとして数えあげたうえで、これらの「闘争」を天までもちあげ、「鉄砲から政権」論が日本人民のあいだに根をおろしたという、「日本人民の闘争」の総括を展開することまでしました。

「日本人民は、米日反動派との英雄的な闘争のなかで戦闘的行動を実際にとることによって、人民の闘争を横道にひきこもうとした日共宮本修正主義集団の犯罪行為を批判した。……日本人民は合法主義のワクをうち破って、こん棒、石つぶて、カマで勇敢に敵と戦いを交えたのである。日本人民は宮本修正主義集団の吹聴している『議会の道』を粉砕しなければならず、マルクス・レーニン主義の暴力革命の道を必ず堅持しなければならないことを、闘争を通じて一層理解した。『鉄砲から政権が生まれる』という真理は、いま日本の労働者、農民、革命的大衆の間に日ごとに深く根をおろしている」(「怒濤のような日本人民の反米愛国闘争」新華社通信六八年一二月二一日付)。

残虐なテロ事件で世論を驚かせた「連合赤軍」などの暴力集団とその蛮行(七二年二月)も、こうして中国側から絶賛を浴び、毛沢東の「鉄砲から政権」論を指針として信奉した潮流のなかから、生み落とされたものでした。毛沢東らの干渉が、日本の民主運動、革命運動にたいする攻撃にとどまらず、日本人民全体にかかわる問題だとして、その干渉主義を告発した私たちの批判は、こうした形でも、その真実性が裏づけられたのです。

ここで一言しておきたいのは、日本国内での武装闘争をけしかける中国側からのこうしたあからさまな干渉にたいして、日本の政界から、日本共産党以外には告発の声があがらなかった、ということです。これは、覇権主義に弱い日本の諸政党――もちろん、日本共産党を除く――の共通の弱点を、端的に露呈したものでした。

21　覇権主義の干渉者にたいし断固とした全面反撃へ

「人民日報」の「全面戦争」宣言

一九六七年八月三日から四日にかけて北京空港でくりひろげられた、日本共産党の砂間一良代表と「赤旗」の紺野特派員にたいする集団的テロは、中国の干渉主義者たちの日本共産党攻撃が、目的のためには手段をえらばない新しい段階に入ったことのあらわれでした。この凶悪なテロ事件の二日後には、「人民日報」は、「宮本集団の裏切り」と題する論文を掲載しました。

この論文は、砂間・紺野両同志の日本への帰国を「新たな反中国事件」だとして、北京空港での集団的暴行の責任をこともあろうに日本共産党におしつけ、毛沢東の「四つの敵」論をただお経のようにくりかえしながら、悪罵につぐ悪罵をならべたててみせます。「日共修正主義指導グループがこの反中国事件をひきおこしたのはなにも偶然のことではない。かれらは長いあいだ、アメリカ帝国主義、ソ連修正主義、各国反動派の反中国大合唱のあわれなラッパ手をつとめてきたのだ」。「甘んじてアメリカ帝国主義、ソ連修正主義、佐藤政府の手先になり、日本人民の革命事業をまったく裏切ったかれらは、つまり、現代の労働運動の新しい裏切りものの行列のなかにころがりこんでしまったのである」。

「人民日報」のこの論文が、そこからの結論としたことは、反党分子の党破壊活動を「日本民族の希望」のかかる大事業などともちあげて鼓舞激励し、おおっぴらに彼らと連帯して、日本への干渉をいっそう大規模に拡大することでした。

「現在、真にマルクス・レーニン主義、毛沢東思想を信ずる日本の革命勢力はすでに宮本集団に大々的にむほん〔造反〕をおこしはじめた。かれらの力は急速に発展し、強大になりつつある。これらの勢力に日本民族の大きな希望がかけられている」。「造反有理」（むほんには道理がある）というのは、「文革」の中国で「紅衛兵」が破壊活動のスローガンとした毛沢東の言葉ですが、「人民日報」は、この言葉をもちだして、彼らに忠誠を誓う党破壊分子（日本共産党への「造反」分子）を口をきわめてほめたたえたのです。

こうして、毛沢東を中心とする干渉主義者たちは、その覇権主義の野望をはたすために、日本共産党と日本の民主運動にたいして、いわば「全面戦争」の宣言を発するにいたりました。

彼らが、この「戦争」宣言にあたって、「宮本集団」などといって、日本共産党をあたかも特定の個人を中心とする集団ででもあるかのように描きだそうとしたのは、その干渉・攻撃の反動的な本質をおおいかくすための、見えすいた卑劣な策略でした。

この種の策略は、目新しいものではありません。これまでにも、党綱領に反対した春日（庄次郎）

一派、フルシチョフに追随した志賀一派や、毛沢東らに追従した「長周新聞」一派や西沢隆二らなど、党を裏切ったあらゆる反党分子が、その党破壊活動のみにくい実態をかくすために、自分たちは「日本共産党」に反対しているのではなく特定の潮流に反対しているだけだとみせかけようとして、「宮本路線」とか「宮本派」といった言葉をしきりに乱発してきたものでした。

ところが、こんどは、中国の毛沢東一派――自分の党の民主集中制の規律も、中央・地方の正規の党組織も、根こそぎ破壊して、これを毛沢東を中心とする個人専制の体制でおきかえてしまった中国の覇権主義者たちが、これら反党分子のものまねをし、覇権主義的干渉を正当化する策略として、「宮本集団」をうんぬんしはじめたのです。「赤旗」主張が「笑止千万」と評したように、まったくこっけいきわまる話でした。

毛沢東一派の内外路線への全面批判――〝一〇月一〇日論文〟

日本共産党は、これにたいして、ただちに全面的な反撃をおこないました。八月二一日の「赤旗」主張「撹乱者への断固とした回答――毛沢東一派の極左日和見主義集団とかれらに盲従する反党裏切り分子の党破壊運動を粉砕しよう――」(『日本共産党重要論文集　7』所収)は、文字通り日本共産党の「断固とした」態度をしめし、問題の全貌を解明したその第一弾でした。

つづいて、八月二三日の「赤旗」には、毛沢東一派の日本共産党と日本の民主運動にたいする干渉と攻撃の全経過を、詳細な事実であきらかにした資料が発表されました(『毛沢東一派のわが党と日本の民主運動にたいする干渉と攻撃の事実』)。これは、六六年四月からの一年四カ月間を、①六六年四月~六月、②六六年七月~八月、③六六年九月~一二月、④六七年一月以後の四つの時期にわけて、中国の干渉が時とともに拡大し無法化してきた模様を、無数の事実であきらかにしたもので、「赤旗」で三ページにわたる詳細な資料でした。

多くの人は、この資料ではじめて中国の覇権主義者の干渉作戦の犯罪的な全貌を知りました。そして、日本共産党が、こうした干渉・攻撃にたいして、「歯には歯を、目には目を」式の単純な対応をせず、節度ある立場で問題の解決につくしたねばりづよい努力への感嘆の声も、多くの方面からあげられました。

日本共産党は、この年の一〇月一〇日の「赤旗」に、論文「今日の毛沢東路線と国際共産主義運動」(『日本共産党と日中問題』新日本文庫所収)を発表しました。当時の「赤旗」はいまの一六ページだてとちがって、八ページだてでした。一〇月一〇日の「赤旗」のページをいまあらためて繰ってみますと、一面の内外の主要記事、二面から七面までは全ページがこの論文でぎっしりうずめられ、最後の八面がテレビ・ラジオ欄という編集です。この論文は、他のすべての記事を一面に圧縮してしまったほどの「長大さ」にもかかわらず、日本への干渉をふくめ当時中国でおこっていた事態の本質を全面的かつ科学的に解明した、待望の文書として、多くの読者から大歓迎で読まれたものでした。

この論文は〝一〇・一〇論文〟と略称されて、大きな反響を呼びました。ここでは、その論旨を紹介することは省略します。

ただ、(一)反マルクス・レーニン主義集団としての毛沢東一派、(二)いわゆる「プロレタリア文化大革命」の実態と本質、(三)今日の毛沢東路線の反マルクス・レーニン主義的性格、(四)国際共産主義運動の悪質な撹乱者、(五)毛沢東一派の撹乱活動を粉砕するために、という論文の組み立てを見ただけでも、これが毛沢東を中心とする中国・覇権主義者たちの政策と行動にたいし、国際・国内の両面にわたって、科学的社会主義の立場からの本格的な分析をおこなったものであることが、わかるでしょう(当時はまだ、私たちは、「マルクス・レーニン主義」という呼称を「科学的社会主義」と同じ意味で使っていましたから、この論文で「マルクス・レーニン主義」といっているのは、科学的社会主義と読みかえていただいて結構です)。

22　歴史はどんな審判をくだしたか

〝一〇月一〇日論文〟の発表以来、すでに二五年が経過しました。日本共産党がここで展開した批判が正しかったかどうか――この問題については、すでに歴史のきびしい審判がくだっています。ここでは、すべての論点に触れるわけにゆかないので、「文化大革命」の問題だけをとりあげてみましょう。

毛沢東一派の専制支配こそ「文化大革命」の主内容

私たちは、〝一〇月一〇日論文〟で、毛沢東一派の専制支配の確立こそが「文化大革命」の主要な内容であることを、明確に指摘し、その四つの側面を「文革」の過程の具体的な分析によってあきらかにしました。

(1)毛沢東一派が、中国革命の指導者としての毛沢東にたいする中国人民の従来の信頼と愛情を悪用し、毛沢東にたいする個人崇拝と神格化を極端にまでおしすすめてきたこと。

(2)毛沢東一派が、「文化大革命」の主要な対象は「資本主義の道を歩む党内の実権派」だと宣言し、軍や「紅衛兵」を動員して、彼らが敵視する中央、地方の多くの党機関・党幹部を打倒し、粉砕する「闘争」をおしすすめてきたこと（この点で、論文は、毛沢東一派が、「実権派」として攻撃している人々の反革命性を証明する事実を、何一つもちだせないでいることを、批判しています）。

(3)毛沢東一派が、「文化大革命」の過程で、党規律を乱暴に否認し、中国共産党の党組織の解体と私物化を大規模に実行してきたこと。

(4)毛沢東一派が、党組織の解体ばかりか、国家の機構や法秩序まで乱暴に破壊していること。

こういう過程をへてうみだされたのが、毛沢東一派による、暴力的な専制支配です。

「こうして、『プロレタリア文化大革命』の名のもとに、毛沢東一派への忠誠以外、いかなる規律をもみとめない事実上の無法状態がつくりだされたわけであるが、それが、どのような野蛮な暴力やテロを横行させているかは、砂間、紺野両同志にたいする北京空港での集団暴行事件によって、もっとも具体的に暴露された。正規の手続きによって帰国しようとする外国の共産党中央委員会代表にたいしてさえ、数千人の『紅衛兵』を動員して、暴行、テロ、拷問のかぎりをつくして恥じない毛沢東一派が、国内で、どのような組織的テロと暴行をおこなっているかは、想像にあまりあるものがある」(〝一〇月一〇日論文〟の一節)。

当時は、中国の毛沢東らのいい分をそのまま無批判にうけいれて、「文化大革命」を、社会主義の〝自己改革〟の偉大な試みだなどとして礼賛する風潮が、日本のマスコミなどでも横行していました。政党でも、社会党だけでなく、公明党などの共産主義ぎらいのはずの党までが、代表団を北京に送っては「文化大革命」をほめたたえるという状況が、その後、長くつづいたものです。

〝一〇月一〇日論文〟は、毛沢東一派自身の「文革」美化論や日本の追従派がとなえていた礼賛論についても、くわしく検討し、これらの美化論・礼賛論がなんら道理ある根拠をもたないきわめて無責任なものであることを、論証しました。

中国共産党の「文革」論の到達点

毛沢東が一九七六年に死亡すると、十数年にわたって中国全土で荒れくるった「文化大革命」は、終息にむかいました。その過程でもさまざまな権力紛争が伝えられましたが、七七年には華国鋒《かこくほう》体制のもとで「文革」の終結が宣言され、華国鋒にとってかわった鄧小平体制のもと、八一年の第六回中央委総会（第一一期）で「建国以来の党の若干の歴史問題についての決議」が採択されました。これが、現在でも、「文化大革命」の評価にたいする中国共産党の到達点とされています。

この到達点を、日本共産党の〝一〇月一〇日論文〟の論点とくらべてみましょう。

決議は、「文化大革命」が何であったかについて、つぎのような結論的な評価をあたえています。「歴史がすでにあきらかにしているように、『文化大革命』は、指導者がまちがってひき起こし、それが反革命集団に利用されて、党と国家と各民族人民に大きな災難をもたらした内乱である」。

決議は、この〝災難〟と〝内乱〟が進行した過程についても、検討しています。

毛沢東の個人崇拝と神格化については、こうです。「毛沢東同志の左よりの誤った個人的指導が実質的に党中央の集団指導にとってかわり、毛沢東同志にたいする個人崇拝が熱狂的に鼓吹された」。この毛沢東崇拝が「文革」という内乱をおしすすめる最大の推進力となったのです。

「文革」の主要な闘争目標となった「資本主義の道を進む実権派」なるものについて、決議の結論はどうか。「『文化大革命』で打倒された『走資派』は、党と国家の各級組織における指導的幹部、つまり社会主義事業の中核的な力であった。党内には、……『ブルジョアジーの司令部』というものは、まったく存在しなかった」。

こうして、「各部門、各地方の党と政府の指導機構はほとんどが奪権されるか、改組され」、すべての権力が「中央文革小組《こぐみ》」——毛沢東夫人の江青や林彪、康生など、毛沢東の側近でかためられた集団の手に集中していったというのです。これこそまさに、〝一〇月一〇日論文〟が強調した「毛沢東の専制支配の確立」にほかなりません。

「文化大革命」中の「組織的テロと暴行」によって、中国の人民がうけた「災難」については、決議はあまり多くを語ってはいません。ただ「『文化大革命』で迫害され、命をうしなった劉少奇、彭徳懐、賀竜《がりゅう》、陶鋳ら党と国家の指導者をはじめ、その他党内党外の同志」にたいする哀悼の意をのべているだけです。しかし、「文革」評価の到達点をしめすもう一つの文書——江青など「四人組」と林彪などの「反革命」集団にたいする裁判の記録には、実際の被害のごく一部だとはいえ、「文革」指導部が、「文革」の名のもとに、党・政府の各分野の無数の幹部とともに、各地で数十万の人びとの命を奪った罪を告発しています。

これらの文書が、毛沢東は「誤り」をおかしただけで、江青らが「反革命」だと、毛沢東とその他の「文革」指導部の間に根拠のない一線を引いているのは、彼らの限界をしめすものです。しかし、「文化大革命」が中国の国内でひきおこした事態の犯罪的な性格・内容の評価にかんするかぎり、中国共産党の現指導部（当時）が引きだした結論が、それより一四年も前に〝一〇月一〇日論文〟でしめした日本共産党の評価の正確さを、全面的に裏書きするものとなっていることは、いまの要約的な紹介を見ただけでも明確でしょう。

歴史は、疑問の余地のない形で、その厳格な審判をくだしているのです。

ところが、その「文化大革命」の国際的な犯罪についてはまったく不問に付して、ほおかむりですまそうとする――ここに、中国の現指導部の最大の問題点があります。私は、毛沢東一派の内外政策を全面的に批判した一〇月一〇日論文「今日の毛沢東路線と国際共産主義運動」の今日的な意義をあらためてふりかえったところで、筆をおくことにしたいと思います。

（「赤旗」一九九二年二月二三日～三月一日）

干渉の諸局面をふりかえって（一九九二年一〇月）

「ソ連党とたたかって三〇年」につづくリレー連載「中国覇権主義とのたたかい」は、「赤旗」紙上で、一九九二年一月一二日から四月三日まで、七九回続きました。私は、最初にまず、一九六六年の日中両党会談――毛沢東との決裂に終わった会談の全経過について一四回書き、一カ月あまりたってから、こんどは、毛沢東一派およびその追従者たちとの理論的、政治的な闘争について八回書きました。

どちらも、このたたかいの起点となった両党会談および最初の局面のたたかいなど、六〇年代の状況が主題でしたから、それから以後、中国の覇権主義が、日本との関係で、どのような局面をへて、今日にいたっているかを、おおまかにふりかえって、「補章」としたい、と思います。

米中接近路線への転換

日本共産党への攻撃にのりだしてきた時の、中国の覇権主義者たちの装いは、世界でもっとも戦闘的な〝超革命派〟という装いでした。日本共産党非難の最大のうたい文句も、アメリカ帝国主義の追従者だということであり、「武装闘争」をやらず議会と選挙に熱中している等々でした。例の「四つの敵」論にしても、アメリカ帝国主義を筆頭に、その同盟者や協力者だとして、ソ連修正主義や佐藤内閣とならべて、日本共産党を数え上げるという仕掛けになっていたのです。

私たちは、それにたいして、毛沢東らの路線の根底にあるのは、実は、アメリカ帝国主義との闘争を回避する日和見主義だということを、早くから指摘していました。日本共産党のこの指摘が正確だったことを、中国の対外政策の急転換として、世界を驚かせる一種劇的な形で示したのが、一九七二年のニクソン訪中でした。

「文化大革命」を推進してきた中国の指導部のなかでは、すでに七〇年から七一年にかけて、陳伯《ちんはく》達《たつ》などのグループや林彪グループなどが排除されていましたが（いわゆる林彪のクーデター事件は七一年九月）、毛沢東らは、一九七二年のニクソン訪中を転機に、これまでの「反米反ソ統一戦線」路線を公式に投げ捨てて、アメリカと組んでの「ソ連主敵」論に舵を切り換えたのです。

北京を訪れたニクソンなど〝アメリカ帝国主義〟の首脳たちに、中国の指導部がどういう態度をとったかは、のちに、ニクソンやキッシンジャーが『回顧録』に、リアルに描き出しています。

たとえば、キッシンジャーは、その『回顧録』で、北京の街には「アメリカ帝国主義反対」のポスターが張ってあったが、ニクソンが毛沢東との会談でそのことを話題にしたら、毛沢東と周恩来が高笑いしたと、書いています。

「中国のあらゆる街頭のポスターになぐり書きされた、十年も昔のスローガンを真面目に受けとる人がいるかもしれないという話に、毛は高笑いし、周も笑った」（『キッシンジャー秘録』第三巻）。

要するに、アメリカ帝国主義批判のスローガンなどは、一〇年も前の残りものでこれを真面目にうけとる人がいたら馬鹿者だという態度だったというのです。これが、アメリカのベトナム侵略戦争のさなか、そして日本共産党代表団が毛沢東と決裂した会談の六年後に、毛沢東らがむきだしにした本音の表情でした。

対米政策のこうした転換とともに、中国指導部は、対日政策も一八〇度切り換えました。日米安保条約を非難し日本の軍国主義復活を警戒していた従来の方針から、安保条約歓迎、日本の軍事力増強歓迎という、アメリカや自民党好みの方針への、急転換をやってのけたのです。そうなれば、「鉄砲から政権が生まれる」論を看板に、日本で〝内戦〟をあおりたてた武装闘争唯一論も、もはや問題にはならなくなります。実際、自民党政府や財界・独占資本にいかにして接近し、これとの連携をはかるかが、中国の対日政策の中心の柱とされるようになりました。

こうした転換を合理化する新しい旗印になったのが、「三つの世界」論です。「アメリカとソ連が第一世界、アジア・アフリカ・ラテンアメリカその他の発展途上国が第三世界、この両者の間にある発達した諸国が第二世界」という理論で、毛沢東の指示によるといいますが、これを公式の場で最初に提唱したのが、鄧小平の国連演説であったことは、記憶しておいてよいでしょう。「文化大革命」とともに追放されていた鄧小平は、自己批判が認められて第一次の復活をとげ、七四年四月の国連特別総会に中国代表として出席、その演説のなかで、「三つの世界」論を展開したのです。

「三つの世界」論というのは、理論だては一応、第三世界と同盟して第一世界に対抗するといった形になっていましたが、それにはさらに、新しい帝国主義（ソ連）は、古い帝国主義（アメリカ）より危険でより攻撃的だ、この主な危険とたたかうには、古い帝国主義と手を結ぶことも許されるという「追加」の理論だてがありました。こうして、結局は、ニクソン訪中で道をひらいたアメリカとの同盟路線を合理化するところに、「三つの世界」論の最大の役割があったのです。

毛沢東らのこの方針転換は、客観的には、彼らが日本共産党への干渉・攻撃の口実としてきたすべてを失わせるものでした。自分で投げ捨ててしまったのです。しかし、毛沢東らは、口実は消えさっても、日本共産党への攻撃はやめない、干渉の手先とした反党盲従分子はいつまでも育成しつづける、という態度をとりつづけました。

反党盲従分子の方では、ご主人である中国側の急転換についてゆけず、盲従の相手とする新たなご主人を、対米接近政策に反対して中国から離れたアルバニアに求める部分が生まれるなど、新たな離合集散が起こりました。しかし、中国側は、毛沢東らのどんな急転換にもめげず、中国盲従の態度を「堅持」する新旧の反党グループ（「日本労働者党」や「日本労働党」その他）を自分たちの手兵として、日本共産党攻撃と日本の運動への干渉を、従来どおりやり続けました。

毛沢東らは、このことによって、自分たちの行動の根底にあるのが、他国の国民を自分のいいなりの翼下におきたい、自主独立の共産党や革命運動は敵視するという、むきだしの大国主義、覇権主義だけだということを、いっそうあからさまにしたのです。

国際問題を欠落させた「文化大革命」の総括

一九七六年九月、毛沢東が死ぬと、中国は、新しい事態、新しい情勢を迎えました。毛沢東夫人の江青をふくむ「四人組」の逮捕、毛沢東が指名した後継者としての華国鋒の登場と失脚など、一連の変動をへて、一九七八年には、鄧小平（一九七六年四月にまた失脚したが、七七年七月に自己批判が認められて再復活していた）が、中国指導部の頂点にたつようになりました。

中国の国内情勢は、「文化大革命」の開始から十数年をへて、その矛盾と混乱は深刻の度をくわえており、その総決算は、避けられない課題となっていました。毛沢東死後も、ある時期までは、「文化大革命」の正当化がひきつづき党の公式の方針とされましたが、一九八〇年のはじめごろから、「文化大革命」の総括をめぐる議論がはじまったようです。いわゆる「林彪・江青反革命集団」の裁判も、その間におこなわれました（八〇年一一月開廷、八一年一月判決）。

私たちは、総括をめぐる議論の過程で、「文化大革命」の国際面の反省に目をむける傾向が、多少は表面にあらわれたことに、注目しました。中国共産党の理論誌『紅旗』が、一九八〇年のある号に、中国の革命路線を他国におしつけた誤りを反省した無署名論文を掲載したことなどは、その一例でした。この論文は、もっぱら林彪や江青、康生らだけに責任を負わせるという形ではありましたが、「文化大革命」中に、干渉主義の誤りがおかされたことを認め、その反省を表明したものでした。「『文化大革命』の時期に、林彪、江青および康生は結託して党のっとりの陰謀活動を大々的にすすめ、わが党とその他の兄弟党との関係を破壊した。彼らは『世界革命の中心』であるとみずから任じ、『自分を基準に線をひき』、『文化大革命』および彼らの推進した極左路線に賛同するかどうかを、その他の党がマルクス・レーニン主義か修正主義かを区別する目じるしにした。さらに彼らは、『井崗山《せいこうざん》（毛沢東の革命根拠地の一つ）の道は天下に通じる』などとのべ、農村から都市を包囲する道をすべての国にあてはまる『普遍的法則』だといって、各国の党が実際から出発して、その国の状況に合った革命の道を選択することを否定した」。

「各国の革命問題は各国の党と人民自身によってのみ決定されるのであり、他党、他国に号令をかけ、よその内部問題に干渉するやり方は、いかなるものであれすべてマルクス主義にそむくものであり、プロレタリア国際主義と相容れないものである」（「各国の革命問題はその国の党と人民によって決定されるべきである」『紅旗』八〇年第二一号、『世界政治』八〇年一二月下旬号）。

この総括討議の最終的な結論は、一九八一年六月の中国共産党第一一期第六回中央委員会総会で採択された公式の総括「建国以来の党の若干の歴史問題についての決議」として公表されました。この「決議」は、「文化大革命は、指導者が間違ってひき起こし、それが反革命集団に利用されて、党と国家と各国人民に大きな災難をもたらした内乱であった」として、「文化大革命」の国内的側面については、かなりたちいった総括をおこない、それが犯罪的な誤りであったことを明らかにしました。ところが、「決議」には、「文化大革命」の国際的な側面――「毛沢東思想」をふりかざしての他国への干渉については、なんらの反省もふくまれていなかったのです。

干渉の主要な旗印とされた「毛沢東思想」を、党の堅持すべき基本思想としてあらためて位置づけたこと自体、「文化大革命」の総括の不徹底さというだけではなく、国際的な無反省にもつながるものでした。また、毛沢東の業績を数えたなかに、「三つの世界」論をいれるなど、ある面では、「文化大革命」時代の国際政策を継承することさえ、「決議」は強調していました。

国内問題としては総括もすれば反省もするが、国際問題についてはほおかむりですます――こういう態度が、「決議」には、露骨にあらわれていました。覇権主義にたいする無反省という形で、毛沢東らの覇権主義は温存され、事実上継承されたのです。その数年後に、ソ連のゴルバチョフが、ペレストロイカという形でこれまでの政策や体制への反省を問題にしたときにも、スターリン以来の覇権主義の問題は、まったく視野の外におかれましたが、これらは、ソ連や中国における覇権主義の根深さをあらためて物語るものでした。

日本共産党は、中国指導部のこうした態度について、率直な批判をおこないました。八一年八月に、論文「問われている干渉主義の総括――中国共産党の六中総『決議』をめぐって」(「赤旗」八一年八月二二日付、『日本共産党国際問題重要論文集 12』所収)を発表し、中国の現指導部(当時)が「文化大革命」の国内的な側面の批判的総括にとりくんでいることに注目しつつも、その国際的側面――他国の革命運動、民主運動にたいする覇権主義的な干渉にたいして無反省でいるところに、最大の問題があることを、道理をつくして論じたのです。

「最大の問題は、今回の総括が『文化大革命』の国際的側面、この時期にはじまった対外政策上の誤りについて、ほとんど口をつぐんだままで終始していることである」。

「『文化大革命』の対外政策の最大の決定的な誤りとして指摘しなければならないのは、他国の党と革命運動にたいする干渉主義の誤りである。それは、わが党自身が、この十五年間、直接その対象とされてきた問題である」。

「とくに、こうした干渉主義が、『毛沢東思想は、現代のマルクス・レーニン主義の最高峰であり、……世界中どこにでもあてはまる普遍的真理である。……世界中のすべての被抑圧人民と被抑圧民族は、革命の真理を求めようとする限り、ごく自然のこととして毛沢東思想をさがしあて毛沢東思想をかれらの解放をかちとる指針とすることになる』（「人民日報」一九六六年六月一日付）という、毛沢東神格化の国際版によって根拠づけられてきたこと、それが、『毛沢東思想』を崇拝するかどうかを基準として国際共産主義運動の全体を分裂させる分裂主義として、世界的規模で展開されたことは、みおとすわけにゆかない歴史の事実である。

この問題の原則的かつ具体的な解明は、『文化大革命』の総括の不可欠の内容をなすべきことであり、みずからの干渉主義によって、外国の党と革命運動に害毒を流した党として、絶対にさけてとおるわけにゆかない国際的義務に属する問題である。中国共産党の六中総『決議』は、『文化大革命』が、『一連の重要な理論問題と政策問題』において、『是非の混同』の誤りをおかしたことを自己批判しているが、干渉主義の問題は、まさに『文化大革命』中の国際面での『是非の混同』の最大のものである。

ところが、『決議』は、他国の党と革命運動にたいする干渉主義の誤りやその害毒については一言もふれていない。ここに、われわれが、『決議』における総括を、『文化大革命』の誤りを最終的に解決したものと評価できない、最大の理由がある」。

「わが党は、この十数年来、『文化大革命』の対外政策のもとで、中国共産党の側からの不道理きわまる攻撃と干渉の対象とされ、この誤りと断固たたかってきた党として、国際的な側面での『文化大革命』の総括は、国際共産主義運動と世界の平和民主運動にたいする責任の問題として、けっしてさけるわけにゆかない問題であることを、ここに厳粛に指摘するものである」(「問われている干渉主義の総括」)。

中国の指導部の無反省は、ただ「決議」の文面だけのことには止まりませんでした。日本の中国盲従グループをはじめ、「文化大革命」中に育成した各国の反党分派集団との「友党」的関係を、彼らは少しも変えようとしなかったのです。

かえって、翌八二年九月におこなわれた中国の第一二回党大会では、各国の反党分派集団との連帯が、あからさまに誇示されました。そのなかには、日本の「日本労働党」や「日本労働者党」なども含まれていたのです。このことについて、私たちは、論文「変化の意味とその限界――とくに『文革』時からの干渉問題について」(「赤旗」八二年九月二五日付、『日本共産党国際問題重要論文集 13』所収）で、すぐことの重大性を指摘し、警告しました。

反党集団に〝市民権〟を与える「併党」方式

八二年の党大会後、中国共産党は、それまで断絶していたヨーロッパなどの共産党との間で、関係を回復しはじめましたが、そのやり方は、「過去のことは水に流そう」といって、過去の干渉の反省はしない、その国の反党分派集団との関係はそのまま続けるというもので、覇権主義への無反省をそのままあらわしたものでした。

たとえば、フランス共産党の場合です。八二年一〇月にマルシェ書記長が中国を訪問して、両党関係を回復しました。そのとき、胡耀邦《こようほう》総書記は、会談の席で、両党関係の回復を「両党が過去のことを忘れ、前向きの姿勢で再び手をつないだ」ものと特徴づけ、フランス側も、それには別に異をとなえなかったようです。そのあとでマルシェ書記長と会見した鄧小平も、「過去にこだわらず、前向きの姿勢をとるべきであり、会談に満足している」と語ったとのことです。

中国側が、「過去を忘れる」とか「過去にこだわらない」とかをしきりに強調する意味が、どこにあったかは、何カ月もしないうちに、明らかになりました。同じ年の一二月に、中国指導部は、フランスの盲従集団「フランスＭＬ主義共産党」を、さらに翌年七月には「フランス革命共産党」の代表を北京によんで、フランス共産党と関係を回復しても、「あなたがたとの関係」はこれまでどおり続けると説明して、安心させました。こうして、中国の現指導部は、関係回復を名目に、その国の共産党とも反党集団とも「併党」論的な関係を結び、干渉主義の産物である反党集団に「市民権」を与え、それとの自分たちの関係を、その国の共産党も事実上了解した公認のものとしようとしたのです。

結局、「過去を忘れよう」という中国側の主張は、相手側に「これらの盲従集団が、干渉の産物だという『過去』の歴史を忘れ、中国がこれらの集団と関係をもつことにこだわらないで、やってゆこうではないか」と要求するだけのことで、中国側は、干渉主義の「過去」をあくまで正当化し、「併党」論的な関係を公認のものとすることによって、その遺産を温存しつづける——こういう内容の、勝手な言い分にすぎなかったのです。

日本共産党にたいしても、一九八五年になって、中国側から、表立たない方法で、両党関係の回復についての打診が、いろいろとやられてくるようになりました。それにたいして、私たちが答えたのは、要約すれば、ヨーロッパの党と中国がやっているような、なしくずし的なやり方はしない、「(1)過去の干渉の誤りをきっぱりと清算すること、(2)反党分子・集団との関係を断つことが、関係回復の原則だ」ということでした。

このことは、「赤旗」に発表した論文「日中両党関係修復の障害は何か」(「赤旗」八五年四月一七日付、『日本共産党国際問題重要論文集 15』所収)のなかで、より詳細に明らかにしましたし、五月にひらかれた第一〇回中央委員会総会での宮本顕治議長の冒頭発言のなかでも、問題をくわしく解明し、ヨーロッパの党との歴史的な関係のちがいも明らかにして、日本共産党との関係では、「併党」論的な解決は許されるものでないことを、はっきりと示しました。

「日本の党とヨーロッパの党の中国関係のちがいに一言ふれますと、ヨーロッパの党の場合には多くの場合中ソ論争にさいして、ソ連側にくみして中国批判をやった。そこから中国とそれらの党のその後の関係がおこったわけであります。わが党の場合には、中ソ論争にさいし、中国の党にもソ連の党にも自主的に対処してきた。そういう点で日本の党とヨーロッパの党とのちがいは明確であります。ヨーロッパの党がなしくずし的に中国の党と関係を回復したのだから、日本共産党もそのようにしたらいいではないかというのは、本質をみない議論であります」。

日中両党会談——一方的に継続を拒否

こうした経過をへて、八五年八月に、中国共産党中央委員会の公式の書簡がとどけられました。それは、「日本共産党の『赤旗』の公式の記事、宮本議長の一連の発言に留意し、四原則（独立自主、完全平等、相互尊重、内部問題相互不干渉）にもとづいて、国際活動担当者クラスの交渉をしたい」という趣旨のものでした。日本共産党は、それに応じる回答を送り、九月に、一九年ぶりの両党会談をひらく運びとなったのです。

会談は、日本側は、立木洋・国際委員会責任者（当時）が、中国側は銭李仁《せんりじん》・対外連絡部長が、それぞれ団長となって、おこなわれました。

こういう経過での会談ですから、私たちは、中国側が、日本共産党の見解を十分検討したうえで、少なくともそれにかみあう論議をするだけの用意をしてくることを、当然のこととして、予想していました。

ところが、開始された会談では、この予想はまったく裏切られました。

中国側が、会談のなかで、反省点としてしめしたのは、「砂間一良、紺野純一両同志が文革のなかで遭遇したこと」（六七年の北京空港での集団テロ事件のことです）が「中国でおきた」点について、党中央としてお詫びするということだけで、日本共産党と日本の革命運動にたいする干渉については、反省どころか、「干渉」という言葉さえ、いっさい認めませんでした。

また反党集団・分子との関係については、「歴史的条件のもとで形成されてきた」関係だから、断つわけにはゆかない、そんなことをやれば、「文革」の裏返しの誤りをおかすことになるという、まったくの詭弁によって、現状を継続するという意思表示でした。

前代未聞のあれだけの干渉をやっておいて、それが「干渉」だということも認めない、干渉の手先集団との関係もそのまま、というのですから、中国側が、今後の問題として、いくら「内部問題不干渉」をふくむ「四原則」などを云々してみても、これは、まったく意味がないことになります。

日本側が、それへの反論をふくめ、つっこんだ議論を展開すると、中国側の代表は、「私には、さきの発言以上のことを述べる権限が与えられていない」というだけ。自分から会談を申し入れておきながら、中国側が、真剣に問題の解決を考えているのかどうかを、疑わざるをえないような状況でした。結局、日本共産党代表団は、両党会談を、「会談にのぼった諸問題を十分討議しうる代表団」によって続行することを提案、その日程については、日本共産党の第一七回大会が一一月に予定されているので、一〇月下旬に東京でおこなうことを希望すると話しました。中国側は、この提案を党中央に報告して、至急回答することを約束しました。

ところが、それ以後の中国側の対応は、この会談のとき以上に、無責任さと不誠実さで終始したものでした。

――約束した回答が来ないため、督促の手紙を送っても回答はなく、「すでに一〇月一二日に回答の手紙を書いたが、とどけるのが遅れた」との言い訳の伝言が、中国大使館を通じて一〇月末にあっただけ。党大会（一一月一九日~二四日）が終わって一カ月近くたった一二月一九日にようやくとどけられたが、そこには、会談の日程についての提案は何もなく、つぎの会談の前に「若干の協議」が必要だと述べてあるだけでした。しかも、手紙の日付は、何と「一〇月一二日」となっていたのです。

――日本共産党は、すぐ手紙を送り（一二月二三日）、「若干の協議」の提案に応じると、答えましたが、中国側からは、まったく返事はありません。

――そこで、日本共産党中央委員会として、八六年二月一八日、中国共産党中央委員会に書簡を送りました。それは、両党関係の問題についての日本共産党の考え方を述べ、それにもとづく二つの質問を内容としたものでした。質問の趣旨は、つぎのような簡潔なものです。

(1)「文革」時に「不正常なやり方」があったことを認めたが、その「不正常なやり方」のなかに、日本共産党にたいする干渉という事態はふくまれるのかどうか。

(2)反党集団・分子との関係を断つのかどうか、断たないとしたら、それと中国側のいう「マルクス主義の原則」などとの関係はどうなるのか。

この手紙にたいしては、四月一二日、返書（四月一〇日付）がとどけられましたが、従来からの一般論をくりかえすだけで、質問の核心にもこたえず、会談や協議の問題にもふれないものでした。日本共産党は、五月一二日、さきの返書にこたえて手紙を送り、日本側の考えをさらにかさねて述べるとともに、中国側の真意を具体的に確かめるため、「少数の代表者」による協議を提案しましたが、一カ月半たっても回答はありません。そこで、六月二八日に、再度、手紙でこの提案をくりかえしました。

中国側が手紙を送ってきたのは、それから約三カ月後の九月二二日でした（九月一〇日付）。その内容は、驚いたことには、日本共産党が、「歴史的に形成されたあれこれの党派、組織、一部の人びと〔干渉の産物である反党盲従集団・分子の〝中国〟的表現――不破〕との交流を断絶するよう要求しつづけている」状況のもとでは、いま、会合をおこなっても、積極的な成果はえられない、といって、会談の継続を拒否してきたものでした。

こうして、中国側は、日本共産党の立場に「留意」しているといって、自分から提案してきた両党会談について、その継続問題での回答を一カ年もひきのばしにひきのばしたうえで、ついに一方的に拒否してきたのです。しかも、彼らが会談拒否の理由としたのは、自分たちは、反党集団・分子との関係を断つつもりはないという、干渉主義をむきだしにしたものでした。

根底にあるもの――覇権主義と実利主義

日本共産党は、八六年一〇月二四日、中国共産党に手紙を送り、彼らの九月一〇日付の手紙に述べられていた見解や主張に必要な反論をおこなうとともに、「あなたがたが、あなたがた自身が申し込んできた両党会談をつづける意思がないことを表明し、日本共産党に敵対する反党集団、反党分子との関係を継続させることを明言している以上、会談の継続ということを前提にした、交渉の内容や経過の公表などにたいする双方の抑制的配慮が、今後不要になるのは当然です」と述べ、「私たちは、必要なことをしかるべき形で公表します。そして、道理と真実を断固として追求する独自の努力をつづけるでしょう」と、通告しました。それまでは、中国側のひきのばし策にあっても、そうした経過やそれにかかわる問題点は、公表を自制してきたのです。

このように、中国側に通告したうえで、日本共産党は、一一月一四日、「日中両党関係の協議の経過について」という文書を発表（『日本共産党国際問題重要論文集　16』所収）、この一年余りのいきさつの全体をはじめて、明らかにし、会談の中止という事態にいたった事情と責任が中国側にあることを指摘しました。

そのうえで、この文書は、中国側のこうした態度の根底になにがあるかについても、たちいった批判をおこないました。

文書はまず、中国側の議論の根本に、目先の利益を求めて大局を忘れた「実利主義的対応」があることを、とりあげました。

中国盲従の反党集団・分子が「中国との友好」を口にするからといって、「友人は多ければ多いほどよい」として、これらの集団・分子との関係に固執する態度は、「自己の目先の利益をもとめて大局を見ない『実利主義的対応』、あるいは、科学的社会主義の根本的な原則『万国のプロレタリア団結せよ』の精神を忘れた『事実上の無原則』としかいいようのないものなのである」。

文書は、最後に、問題の中心点が、覇権主義、干渉主義の遺産を清算しえない中国の現指導部（当時）の思想と態度にあることを強調して、つぎのように述べました。

「昨年三月いらいの事態の経過に即して、最後に結論的にいえば、『文革』時に中国共産党指導部が日本共産党にたいして犯した重大な誤りについて、現在の中国共産党指導部は依然として共産主義者らしい総括をおこなっておらず、覇権主義的干渉の背景にあった大国主義思想を克服するにいたっていないというのが、われわれの率直な感想である」。

「中国共産党が、共産党として、『マルクス主義』や『史的唯物論』に立脚すると主張するのであれば、かつてわが党にたいしてくわえた大国主義的、覇権主義的干渉とその結果について、一日も早く誤りを認め、それを公然と具体的実践でしめすべきであると、わが党は考えている。誤りに固執することは、その党の真の名誉をいつまでも損なうだけでなく、共産主義運動の大義に反し、世界の進歩を害するものとなるのである」。

覇権主義の問題とともに、私たちがここで批判した実利主義は、その後の中国指導部の行動や政策にも、さまざまな分野であらわれています。今日の資本主義を、独占資本主義の段階を脱して「社会資本主義」の段階に発展したものだとする、現代資本主義美化論が中国に登場したのは、旧ソ連における資本主義待望論の高まりよりも、一歩早い時期でした。八九年六月の天安門事件にも、目先の利益のために社会主義の大義を投げ捨てるという傾向はあらわれました。二全協の報告で、私は、両党会談が、中国側の無法な態度で打ち切られた経過を述べたうえで、つぎのように指摘しました。「国際関係でこのように民主的なルールをまもらない勢力、そしてまた過去において日本などに内戦を輸出することに熱心だったのに、それにも無反省な勢力が、国内で民主主義の擁護者とはなりえないことを実証したのが、例の天安門事件だったということも銘記すべきであります」。

社会主義を称する国が、対外関係の分野で覇権主義、実利主義を横行させたままで、国内建設だけ健全な軌道をすすみうるものでないことは、旧ソ連の運命をふくむ二〇世紀のより広い歴史のなかで、すでに実証ずみのことであります。

（一九九二年刊　不破『たたかいの記録　ソ連・中国・北朝鮮——三つの覇権主義』初出）

北朝鮮　野蛮な覇権主義への反撃

干渉と攻撃の前史――一九六八年（一九九二年四月）

「赤旗」は、リレー連載の第三部として、「北朝鮮　覇権主義への反撃」を一九九二年四月一四日から五月七日まで連載しました。この「干渉と攻撃の前史」は、不破が担当した冒頭部分をまとめたものです。

1　六八年の北朝鮮訪問の主題は何だったか

関係を断絶させた北朝鮮からの干渉と攻撃

日本共産党は、北朝鮮の朝鮮労働党とは、現在、いかなる関係ももっていません。これは、朝鮮労働党からの覇権主義的な干渉と攻撃によるもので、今日の断絶状態にいたるまでには、「キム・イルソン（金日成）主義」への追従集団「自主の会」「キム・イルソン主義研究会」などを育成・組織しての一九七〇年代以来の干渉、八三年のラングーン・テロ事件をめぐる朝鮮総連（在日本朝鮮人総連合会）からの攻撃、八四年の北朝鮮海軍の日本漁船銃撃事件にさいしての朝鮮労働党機関紙「労働新聞」からの攻撃、そしてこれらにたいする日本共産党の側からの反撃、さらに最近では、八七年の北朝鮮の工作員による大韓航空機爆破事件とそれをめぐる論争など、一連の経過がありました。

一九八五年一一月の日本共産党第一七回大会の決議は、この干渉と攻撃の根底にある北朝鮮の覇権主義について、つぎのようにのべています。

「覇権主義は、社会主義の大国だけにあらわれる逸脱ではない。『軍事境界線』と日本漁船銃撃事件などの問題で、科学的社会主義の道理も国際法も無視した立場をとり、自分たちのその立場に同調しないということで、わが党に不当な攻撃をくわえてきた朝鮮労働党の態度は、覇権主義の一つの野蛮な典型である。また、わが党は、自国指導者の名を冠する『主義』や『思想』を世界的な指導思想として礼賛し、あれこれの追従組織を育成して、それをわが国におしつける覇権主義的行為にたいしても、これを断固として拒否する」。

私は、一九七〇、八〇年代に朝鮮労働党からの直接の干渉と攻撃が始まる前の、いわばその〝前史〟ともいうべき諸事件について語りたいと思います。それは、北朝鮮からの覇権主義的干渉がなぜ起こったのかの解明のためにも、この〝前史〟をふりかえることが必要だと考えるからです。

「南の革命的大事変を主動的に迎えよう」

まずお話ししたいのは、一九六八年の八月〜九月の、宮本顕治書記長（当時）を団長とする日本共産党代表団の北朝鮮訪問の問題です。

これは、アジア三カ国訪問の一環としておこなわれた六六年三月の朝鮮訪問以来、二年数カ月ぶりのもので、内野竹千代《たけちよ》幹部会員候補と私（中央委員）、松本善明《ぜんめい》衆院議員、立木洋国際部員（いずれも当時）が、代表団にくわわりました。北朝鮮との直接の往来を認めない日本政府の妨害政策のために、日本共産党代表団の北朝鮮訪問は、それまでは、ソ連あるいは中国を経由してしか行けない状態がつづいていました。六八年八月の訪問は、そうした制約をやぶって、ポーランド船で、日本から朝鮮へ直接行くことを日本政府に認めさせたもので、その点でも注目された訪問でしたが、もちろん、訪問の最大の問題は、会談で討論すべき主題にありました。

当時（一九六八年の夏）は、アメリカのインドシナ侵略とそれに反対するベトナム人民の闘争がいよいよ重大な段階をむかえているうえ、中国では「文化大革命」が荒れくるっているさなかでした。ソ連も、その年の一月〜二月の東京での会談で、日本共産党との関係改善の態度を表明はしたものの、その覇権主義を根本からあらためようとはせず、とくに東欧では、チェコスロバキア情勢をめぐって、風雲急を告げていました。そういう情勢のもとでの、二年数カ月ぶりの訪問ですから、それが、国際問題についての意見交換を、重要な主題の一つとしていたことは、いうまでもありません。

とくに、北朝鮮は、ソ連が志賀一派を手先として日本共産党への干渉をおこなってきたときには、この干渉に公然と反対する立場を鮮明にした数少ない党の一つであり、六六年の三カ国訪問のさいにも、ベトナム支援の反帝国際統一戦線を推進する点で、共通の立場を確認しあった党でした。また、六七年に、北京で「紅衛兵」の暴行をうけた砂間一良、紺野純一両氏を迎えいれて、援助を惜しまない態度をしめしたのも、朝鮮労働党でした。これらの態度は、ソ連の覇権主義にも中国の覇権主義にも反対する自主的な立場を公然と表明したもので、世界の共産主義運動の当時の状況のなかでは、私たちの立場との貴重な一致点をなしていました。そういう面でも、北朝鮮指導部との会談は、一つの重要な意味をもっていました。

しかし、私たちが、この訪問の主題としたのは、こうした国際問題だけではありませんでした。

実は、その前年六七年の一二月ごろから、北朝鮮に、たんなる国内問題ではなく、アジアと日本の平和の見地からも大きな懸念をひきおこす状況が表面化していました。代表団は、その問題について、実際の状況や北朝鮮の党指導部の真意を確かめ、日本共産党の見解を伝えることを、ある意味では、もっとも重要な任務としていたのです。

その問題というのは、六七年一二月に金日成が発表した「十大政綱」を転機に、朝鮮革命の名による、北朝鮮からの南への武力介入の懸念が強まっていたことでした。

この「十大政綱」というのは、金日成が、一二月一二日、共和国最高人民会議で、政府が全力を集中する当面の中心任務を一〇の課題にまとめたものですが、その第二の項目に、「南朝鮮の革命的大事変を主動的に迎える」ということが、つぎのような内容で、前面におしだされていたのです。

「共和国政府は、人為的な国土の分断と民族の分裂による現在の朝鮮人民の不幸を一日も早くなくし、南朝鮮人民を解放して祖国の統一を実現するために、南朝鮮人民の正義の反米救国闘争を支援し、革命的大事変を主動的に迎えることができるよう北半部の人民をつねに精神的、物質的にしっかりとそなえさせるでありましょう」。

「南の革命的大事変」を「主動的に」迎えようとのこの呼びかけは、読み方によっては、南で革命がおきて、民主的な政権ができたときに、北がそれを支援し、力をあわせて朝鮮の統一を実現するという一般的な意味にとれなくもありません。しかし、それはまた、南になんらかの政治的な激動がおこったら、それを契機に、「革命」を援助するという名目で、武力をもって介入する〝宣言〟とも読める、強い響きをもっていることは否めません。私たちは、この〝宣言〟以後、事態がどのように展開するかを、深い危惧の念をもって注目していました。しかし、六八年早々から朝鮮半島におこった事態は、私たちの危惧を、最悪の形でうらづけるものとなっていったのです。

2 「南進」問題の真剣な検討を求めて

相次ぐ南朝鮮での〝武装遊撃隊〟の報道

南朝鮮で「武装遊撃隊」などの〝武装闘争〟が始まったということは、一九六七年の夏ごろから、しきりに北朝鮮で報道されるようになっていました。「革命的大事変」を「主動的に」迎えようという金日成のよびかけ（六七年一二月の「十大政綱」）が、南に「革命的大事変」が勃発《ぼっぱつ》する日が近いという判断をしめすと同時に、そのときには、「大事変」を南だけの成り行きにまかせることはせず、北が「主動的」に介入するぞという意志表示だとしたら、それを転機として、南朝鮮の〝武装闘争〟問題が、アジアの平和全体にかかわる、いっそう危険な展開を見せるだろうことは、当然、予想されたことでした。

この呼びかけが発せられる五カ月前、六七年七月にひらかれた朝鮮労働党の中央委員会総会の結語では、金日成は、「戦争を恐れるな」として、南の解放を南朝鮮の人民だけにまかせるのではなく、北朝鮮自身も、アメリカ帝国主義を南朝鮮から追い出すための解放戦争を覚悟すべきだと、主張していました。「主動的に迎える」という言葉が、「解放戦争」の名による「南進」政策を意味するとしたら、ことは、きわめて重大でした。

「もし、明日にでも南朝鮮で革命が起こり、南朝鮮の兄弟が援助を求めてきた場合、われわれが、この会場のような建物が破壊されることを恐れて、援助の手をさしのべずに座視していられるでしょうか。われわれはけっしてそうするわけにはいきません。……われわれは朝鮮革命に責任をもつ共産主義者として、南朝鮮からアメリカ帝国主義者を追い出して祖国を統一するためには、いずれは必ず、かれらと解放戦争をしなければならないという覚悟をもたなければなりません」（第一六回中央委員会総会での結語、一九六七年七月三日）。

実際、南での〝武装闘争〟は、「十大政綱」の発表以後、いよいよはげしくなりました。たとえば、六八年一月二一日夜から二二日未明にかけて、ソウル市内に「武装小部隊」が現れ、朴正熙の大統領官邸のある青瓦台《せいがだい》を襲撃、五〇〇メートルまで接近して、警察部隊に殲滅《せんめつ》されました。朝鮮労働党の「労働新聞」は、この事件を、一月二三日付の一面トップで大々的に報道しました。

青瓦台襲撃が合図になったかのように、このときから、連日のように南朝鮮各地での「武装遊撃隊」の活動が、報道されるようになりました。主なものだけを拾っても、つぎのとおりです。

一月二二日　京畿道平沢郡、慶尚南道宜寧郡、ソウル市近郊、京畿道議政府市。

一月二三日　ソウル市西大門区、永登浦区、城東区、京畿道高陽郡、同楊州郡、同金浦郡、同抜州郡、同連川郡。

一月二四日　ソウル市南方地域、京畿道議政府市、同高陽郡、同披州郡、同楊州郡、忠清北道陰城郡。
一月二五日　京畿道披州郡、同楊州郡、忠清北道陰城郡。
一月二六日　京畿道高陽郡、同披州郡。
一月二七日　京畿道楊州郡。
一月二八日　京畿道高陽郡、同披州郡。

こういう状況は、多少の波はあっても、その後、ずっとつづきました。この〝武装部隊〟が、南での闘争の必然の所産ではなく、きわめて人為的な色彩のつよいものであったことは、当時の状況からも、容易に推察されることでした。後日のことですが、青瓦台を襲撃した部隊が、北から送りこまれた特殊部隊であったことは、ただ一人生き残って逮捕された隊員が裁判で証言した内容からもあきらかになったことです。

当時の世界情勢と「南進」の危険性

その間に、アメリカのスパイ艦プエブロが、北朝鮮の沿岸で活動中、発見されて拿捕《だほ》されるという事件もおこり（六八年一月二三日）、朝鮮半島をめぐる緊張は、いっそう鋭いものとなりました。その少し前に、日本の国会で暴露された日米共同作戦の秘密計画「三矢作戦」などから見ても、アメリカが、朝鮮半島での軍事対決にそなえて、新たな計画をめぐらしていることは、明瞭でした。しかも、日本にとっては、「日韓基本条約」を締結し、自民党政府と南朝鮮との関係があらたな段階に入ろうとしていた矢先のことでした。

こういう情勢のもとで、金日成の度重なる言明にしめされているように、北朝鮮が「主動的」に南への武力介入をくわだて、朝鮮半島での戦争が北の「主動」性のもとで開始されるとしたら、それが、アジアと世界の情勢のきわめて危険な局面をひらくものとなることは、間違いありませんでした。

たとえ、南朝鮮がアメリカの占領下にあり、そのアメリカの支配から朝鮮全体を解放する「解放戦争」だということを旗印にしたからといって、北朝鮮がもし「主動的」に南進を開始し、第二次朝鮮戦争に火をつけるようなことが起きたとしたら、それが、日本や世界の正義の世論の支持や共感をうけるものとはなりえないことは、明白でした。アメリカの帝国主義者は、当時、ベトナム侵略が予定した成功をおさめえず、その窮地を脱するためにも侵略のあらたな拡大の機会をねらっていました。もし「南進」などの冒険主義的な行動がとられたとしたら、これは、帝国主義者をよろこばせるだけの結果となるでしょう。

日本共産党の指導部は、こういう見地から、朝鮮半島におこっている事態を注意深く分析し、追究してきました。そのときに、朝鮮労働党から、両党会談のための招待があったのです。日本共産党中央は、この機会に、一連の国際問題についての意見交換をおこなうと同時に、南朝鮮問題にたいする北朝鮮の党指導部の真意をただし、「南進」のくわだてがそこにもし少しでもあるとしたら、その危険性と有害性についての日本共産党の見解を率直に伝え、真剣な検討をもとめようと考えたのでした。

たまたま、北朝鮮、日本、中国、ベトナム、シンガポールなど、東アジアの各国のあいだを、積み荷を運んで航行しているポーランドの貨物船がありました。その船の便を使えば、ソ連や中国を経由するなどの回り道をとることなく、日本の港から北朝鮮の港へ、直接渡ることができます。そういう方法で北朝鮮へ行くことを外務省に認めさせるまでには、かなりの折衝が必要でしたが、ようやくその話もまとまり、代表団は、八月一九日、日本を出発することになりました。

3　玄界灘をこえて北朝鮮へ

上陸した清津でソ連軍チェコ侵攻の報

北朝鮮への船旅は、私だけでなく、代表団の全員がはじめて体験することでした。神戸港でポーランド船ハノイ号に乗船したのは、一九六八年八月一九日の午後八時すぎでしたが、船が港をでたのは、午前二時半ごろ、暦のうえではもう二〇日に入っていました。

朝、早起きをして甲板《かんぱん》にでると、宮本顕治書記長（当時）が双眼鏡で熱心に海岸を見ています。書記長の生まれは、山口県の瀬戸内海沿岸ですから、海から故郷の山や浜を見ようとのことだったのですが、どうも地形の様子が違って、地図で瀬戸内のどの地域とてらしあわせても、合うところがありません。船長に問いあわせた結果、船は、瀬戸内海を通っているのではなく、神戸から南下して、和歌山と四国の間、紀伊水道をぬけ、太平洋にでようとしているのだということが、ようやくわかりました。「瀬戸内海を通るには、水先案内人（パイロット）を雇わなければならない。本船はそれをしないので、四国をまわって、今夜関門海峡を通過する予定だ」というのです。

実は、代表団のなかに英語の通訳がいなかったために、航路の真相をここまできだすのにも、だいぶ骨をおったものです。船が予想外の航路をとっているのにはびっくりしましたが、おかげで、四国の周囲を一日がかりで半周するという、悠然たる経験――おそらくこれからも、こんな船旅をすることはまったくないでしょう――をすることができました。

私の父の出身地は、高知県の足摺《あしずり》岬の海岸です。私は、いまだにそこを訪問する機会をえられないでいるのですが、この日の午後、船の上から双眼鏡でその海岸を見たのが、父親の生まれた土地にもっとも接近したときということになりました。

それからさらに進んで夕暮れも近くなったころ、船は、四国と九州の間の豊後《ぶんご》水道を北へ抜けました。東には愛媛の佐田《さた》岬、西には大分の国東《くにさき》半島が姿を見せる、そのあいだをすすむ船の甲板から海と陸の重なる光景を見渡すと、自分が日本という列島の住人であることをあらためて実感する、独特の感慨が、胸に残ったものです。

しかし、四国まわりのこの航路は、北朝鮮までの航海の日程としては、私たちのおよその予想よりも、半日ほどは余計にかかるわけです。関門海峡を通過したのは、二〇日の深夜おそく、もう二一日に入ろうかという時刻でした。私たちを送った人たちは、おそらく、一行はとっくに日本を離れて、玄界灘《げんかいなだ》あたりを北上中と思っていたことでしょう。しかし、港をでて一昼夜たった時点で、船はようやく日本を離れることになったわけでした。

北朝鮮の日本海岸の港清津《せいしん》についたのは、船中で三夜をすごした八月二二日の朝、午前九時をまわったころでした。海上ではラジオの海外ニュースもいっさいきこえず、外界の情報からはまったく遮断された三日間だったのです。

清津で、北朝鮮の党の幹部とともに出迎えにきていた「赤旗」の高杉特派員から、ソ連など五カ国軍隊が、昨二一日にチェコスロバキアに侵攻、党・政府の首脳部を逮捕したとのニュースを知らされました。私たちが海上にいて世界の情報から切り離されていたわずかの間に、こんな大事件が起きていたのかと、驚きました。

私たちは、日本共産党自身の経験からも、ソ連の指導部の覇権主義のひどさはよく知っていたし、チェコスロバキアへの干渉の気配がすでにいろいろな形であらわれていたことも見ていました。しかし、その国が選ぼうとしている方向が自分の気にいらないからといって、社会主義を名乗る国の軍隊が、他国に攻めこんでその国の政府や党の指導部を逮捕し、自分たちの方針を武力でおしつける――こういう暴挙を平然と強行するとは、ソ連の覇権主義の傍若無人ぶりをあらためて見せつけたもので、はげしい怒りがわきおこりました。

消えた二人の党最高幹部の姿に奇異の感

清津から平壌《ピョンヤン》までは、汽車です。二二日の午後清津を出発して、車中で一夜をすごし、二三日朝、平壌着。駅頭には、金日成をはじめ、朝鮮労働党の多くの幹部が出迎えにでていました。すぐ車で大《テ》同江《ドンガン》招待所にむかい、そこで早速話し合いがはじまりました。

このとき、意外な印象をうけたのは、ここで顔をあわせた朝鮮側の党幹部の顔ぶれが、二年前の訪問のときとは、まったく変わっていたことです。金日成以外は、全部いれかわっていたといってよいでしょう。なかでも、朴金喆《ぼくきんてつ》、李孝淳《りこうじゅん》という二人の党副委員長が姿を見せなかったのは、とりわけ奇異な感じをあたえました。

この二人は、戦前・戦時に中国の東北地方で抗日パルチザン闘争に参加していた経歴をもつ幹部で、一九六六年の訪問のときには、二人とも、金日成に一番近い幹部としてあらゆる会談に出席し、私たちの宿舎にもよく訪ねてきて、食事しながらの非公式の話し合いをつづけるなどしたものでした。ところが、今回の訪問のさいには、金日成とともに会談の席に終始あらわれたのは、政治委員会委員で外相の朴成哲と政治委員会候補委員の許鳳学で、朴金喆と李孝淳の二人は、訪問の最後まで一度も顔を見ませんでした。

この二人は、それぞれ一九六一年の党大会で、一一人の政治委員の一人、また三人の副委員長の一人に選ばれた党の最高幹部でしたから、かれらが、解任の事実も、その理由も公表されることなしに、いつの間にか党指導部から姿を消しているとしたら、それは、北朝鮮の党の内部に何か異様な状況が起こっていることを、推察させることでした。

あとでわかったことですが、朴金喆と李孝淳の二人は、前の年六七年の五月にひらかれた朝鮮労働党の第一五回中央委員会総会で、「ブルジョア分子、修正主義分子」として断罪され、追放されていたのです。北朝鮮の公認の「党史」によると、この会議は、党の「唯一思想体系」をうちたてることを、最大の主題としてひらかれた総会だったとのことです。

「唯一思想体系」とは、多くの人には耳なれない言葉ですが、金日成の言動を唯一絶対のものとしてそれに服従する体制を確立するという意味の言葉です。あえて「唯一」と称するゆえんは、それがマルクス、エンゲルスやレーニンの理論、言説であろうと、金日成の言動以外のものにはいっさい耳を傾けないという、「金日成思想」の文字通りの絶対化の強調にあるのでしょう。つまり、金日成への個人崇拝体制の確立にいたる一つの重大な画期となったのが、六七年五月の中央委員会総会でした。

朴、李など、このとき、断罪の対象となった幹部たちは、「党の唯一思想体系をうちたてることを妨害した」ことを最大の罪とされて糾弾されています。この人びとが実際に「金日成思想」に反対したかどうかは、ことの経過が公表されていない以上、勝手に判断するわけにはゆきませんが、ともかくこれらの人びとが、金日成の個人崇拝体制を確立する途上での犠牲者の一部をなしたことは、疑問の余地のないところでしょう。

こういう北朝鮮の「党史」の文脈のなかで見ると、私たちが訪朝した一九六八年八月というのは、北朝鮮の党が、「唯一思想体系」の確立の名のもとに、全面的な個人崇拝体制に公然とかじをきりはじめた最初の時期にあたっていました。また、私たちがこの訪問で解明しようとした、六七年一二月の「革命的大事変」への異例のよびかけも、北朝鮮の党の指導のこうした転換のもとで発せられたものだったのです。しかし、当時は、問題の中央委員会総会については、朴、李らの「修正主義分子」の追放の事実や「唯一思想体系」の確立という決定はもちろん、それがひらかれたことさえも公表されてはいませんでした。

4　チェコ問題——武力干渉にたいしてどういう態度をとるか

一九六八年八月二三日午前、大同江招待所での話し合いのあと、午後は中央委員会を訪問して、昼食をとりながらの話し合いを続けました。翌二四日は、午前中に代表団全員での会談をやったあと、午後からは、少人数で公式ばらない会談をという金日成の希望をいれて、日本側は宮本、内野、不破の三人、朝鮮側は金日成、朴成哲、許鳳学の三人で話し合い、二五日の午前にも会談を続けました。

会談では一応「干渉反対」を口にするが……

二三日の最初の話し合いで、まず話題となったのは、チェコスロバキア問題でした。私たちは、ラジオでの簡単な報道以外、くわしい情報はもっていませんでしたが、その情報だけによっても、事態の本質は明瞭でした。

この問題で、情報が十分でないと断ったうえで、まず話しはじめたのは金日成でした。彼は「ソ連の大国主義者が内部干渉すること、これは許せない」とのべながら、「チェコスロバキアが反動の側にいってしまうこと、これも放置できない」と強調し、アメリカや西ドイツがチェコの情勢にいかに介入しているかなど、ソ連が軍事干渉の口実としたのと同じ角度のチェコ情勢論をしきりに語るのです。

これにたいして、宮本書記長は、自分たちが東京を出発する前に、チェコスロバキア情勢についてどのような判断をもっていたかについて説明し、チェコスロバキアの党に路線上いろいろな問題があるとしても、自分たちは、チェコの指導部が反革命の手先になっているといった判断はしておらず、ソ連がいうように、チェコの党指導部全体がアメリカや西ドイツにおどられされているといった見方には根拠がないこと、五カ国の軍隊が国境に集結して、武力干渉の危険が強まったこの七月に、チェコ問題はチェコ自身で解決すべきだ、外部から干渉してはならない、という趣旨の電報を、チェコの党にうち、ソ連にも通告したことを話しました。

そのうえで、宮本書記長が、ソ連の軍事侵攻の不当性について、「ソ連やその同調者が、彼らの主観で、チェコスロバキアは社会主義でなくなったと勝手に判断し、それを根拠に、外国の軍隊を入れるというようなことを認めたら、これからも、彼らが反革命と認定してあれこれの国に軍隊を入れることを認めることになる。これは、きわめて重大なことであり、きびしい態度で臨むべきだ」というと、金日成は、すぐ「もっともです」と答えました。

つづいて、宮本書記長が、「ソ連は日本に干渉してきたときにも、ラジオ、通信などで、われわれを『反マルクス・レーニン主義』とののしり、あらゆることでわれわれをおしつぶそうとした。チェコと同じことができるとしたら、ののしるだけでなく、武力をもってわれわれをくつがえそうとしただろう。このようなことは絶対に認められない」と、日本の経験にもてらしてかさねてのべ、さらに北朝鮮側が問題にしている反動化の危険についても、そういう危険から「社会主義の共同の利益をまもることは重要なことだが、それは正しい方法でおこなわれる必要がある」として、武力干渉を正当化するわけにはゆかないことを指摘すると、金日成はふたたび「われわれもそう思う」と相づちをうちました。

これにつづく再度の発言でも、金日成は、「ソ連が自分に従わないといって出兵することには、賛成できない」との見解を、もう一度表明しました。しかし、そのあとで、ふたたびチェコスロバキアの事態の重大性についての懸念をくりかえすのです。発言のなかで、彼は、これまでチェコスロバキア問題でソ連とどんなやりとりをしてきたかについても話しましたが、金日成のソ連批判自体も、その力点は、武力干渉への批判ではなく、ソ連が修正主義を輸出したから、チェコが反動化するにいたったという、「修正主義」批判にもっぱら集中してゆく内容のものでした。

公式発言は干渉者への事実上の援護射撃

実際、その日の朝、党機関紙「労働新聞」に発表された論説「チェコスロバキアの事態の歴史的教訓」は、チェコスロバキアの情勢がいかに反革命的な危険な情勢におちいっていたかを強調しただけのもので、ソ連など五カ国軍隊の軍事侵攻にたいする批判は、まったく欠落していたのが特徴でした。

金日成は、会談の席で、論説発表の趣旨を説明、この論説は、国際的な態度表明のためのものではなく、朝鮮の党員と人民を修正主義反対の見地で教育するためのものであること、ソ連などの軍事介入については、これを支持するとも支持しないとも、いっさい態度を表明していないこと、だから、これをソ連支持と見るのは、まったくの誤解で、ソ連を満足させるような内容のものではないことなど、しきりに弁明しました。

しかし、いくら弁明しても、チェコスロバキア事件のような、他国への武力干渉が強行されたときに、科学的社会主義の大義にかかわるこの中心問題について、大国主義批判の見地をいっさいしめさず、チェコスロバキアの事態の反革命的な危険性だけをもっぱら強調するということが、ソ連にたいする一種の援護射撃の役割を果たすものとなることは、明瞭でした。ソ連は、まさに、チェコスロバキアの情勢の重大性、「反革命との闘争」を口実に武力干渉の挙にでたのですから。

この論説にしめされた北朝鮮の党の公式の態度表明は、会談で金日成がのべた「武力干渉は許せない」という立場やソ連の大国主義への批判が、真剣なものとはうけとりえないことを、感じさせるものでした。

この日の話し合いが終わって、金日成と別れるとき、宮本書記長は、問題を明確にするために、「いったい志賀がソ連に軍隊を要請して、ソ連の落下傘部隊が東京・代々木に降りて、われわれを全部捕らえてモスクワに連れてゆく、そして志賀を後がまにすえるというようなことが許されるのか」とのべました。金日成の態度は、やはりあいまいなもので、宮本書記長は、それでは「歴史を見よう」と発言して、その意見交換のしめくくりとしました。

宮本書記長がここでのべた歴史の審判は、すでに下りました。それが、チェコスロバキア問題での日本共産党の判定の正しさを、もはや議論の余地のない形で証明したことは、いまあらためて論じるまでもないでしょう。

5　金日成との会談で「南進」の危険性を指摘

宮本書記長の核心にせまった問題提起

一九六八年八月二四日午後からの会談では、まず金日成の方から、日本軍国主義の危険性の問題を中心に、日本の情勢についての一連の質問がありました。宮本書記長は、アメリカ帝国主義の各個撃破政策の今日的な特徴をあきらかにしながら、日本軍国主義の復活・強化の現段階の特徴を解明し、七〇年に安保条約の固定期限がきれることの意味と、日本共産党が、それを前にして、「条約にもとづく廃棄通告」という方法を提起した政治的な意義などについてくわしく説明しました。

宮本書記長は、最後に、こうした日本の情勢と深くかかわる問題として、朝鮮半島における戦争の危険という問題を提起しました。金日成自身が、日本軍国主義の危険にかかわる質問のなかで、「アメリカが朝鮮に局部的な形で戦争をおこす場合、日本軍国主義を利用するのではないか」、「そのとき、日本の自衛隊が派兵される可能性があるか」と、朝鮮での戦争の問題をとりあげていたのです。

宮本書記長は、日本共産党と日本の民主勢力が、この危険を非常に憂慮して見ていることを語りながら、「戦争の始まり方」が、日本の民主勢力の闘争に非常に大きく影響することを、きわめて率直にのべました。すなわち、「戦争が、アメリカ帝国主義の侵略が歴然とするような形ではじまるか、それとも、いわゆる『南進』という形ではじまるか」が、決定的な意味をもつ、という問題です。これは、柔らかい言葉でのべられましたが、前者の場合には、アメリカの新たな侵略に反対することは、日本の民主勢力の当然の重要な課題となるだろう、しかし、後者の場合、北が主動的におこす「南進」という形で戦争が現実になった場合には、その戦争は、北朝鮮の側でも、日本と世界の民主勢力が連帯性を発揮できるような大義を失うものとなる――問題の核心にこのような形でせまった、するどい問題提起でした。

「われわれは戦争を主動的にはじめるつもりはない」

金日成は、これにたいして、「ソ連も、中国も心配している」といって、昨年（一九六七年）来の事態の推移が、国際的にも同じような懸念をひきおこしていることを認めることから、回答の説明をはじめました。その説明は、昨年来の南での武装闘争を大宣伝し、「革命的大事変近し」、そのときには北も「主動的な対応を」といってきた公式な宣言や演説の調子とはずいぶん違ったもので、大要をまとめてみると、つぎのようなことになります。

(1)「ソ連、中国も心配しているが、われわれは、主動的に戦争をはじめるつもりはない。国際的に見ても、ソ連が修正主義、中国も『文化大革命』で混乱しているという状況では、戦争を主動的にはじめる条件はない。南朝鮮の革命運動も、まだそういう時期ではない」。

(2)「われわれは、南朝鮮の情勢は、いま、武装闘争を中心とする段階とも見ていないし、遊撃隊と大衆活動を並行させる段階とも見ていない。南朝鮮には、遊撃隊活動を展開する条件はない」。

(3)「いま新聞などで、われわれが、武装遊撃隊といって報道しているのは、多くは、地下活動をやって発覚した人びとが、逃げるときに撃ち合いをやるなどだ。敵が報道するので、われわれは、これを武装遊撃隊といって報道している。また偵察行動もやっている。これは双方がやっている」。

(4)(南朝鮮の)朴一派が、「南進近し」といってさわぎたてているのは、「第一に、これを口実に人民にたいするファッショ的弾圧体制をかためるためであり、第二に、アメリカから金や兵器を余計にもらおうとするためだ」。

この説明は、矛盾にみちたものでしたが、ともかく、北朝鮮の最高責任者である金日成が、自分たちは武力「南進」のプログラムをもっていない、「われわれは主動的に戦争をはじめるつもりはない」ことを、はっきりと言明したことは、重要でした。南の「革命的大事変」うんぬんの発言以来、私たちが抱いてきた危惧の問題は、一応の回答をえたことになります。

同時に、金日成のこの説明は、そのなかにふくまれている矛盾点とともに、あらたな疑問をうみだすものでした。

「武装闘争」の宣伝と行動は何を目的としていたのか

南朝鮮の情勢は武装遊撃隊などが問題になる段階ではない、北は主動的に戦争をやるつもりはない、という金日成の説明が本当のことであるならば、いったいそれまでの南朝鮮での「武装闘争」とは何だったのでしょうか。

金日成は、「武装遊撃隊」とは、多くは、地下活動が発覚して逃げるものが、そう名乗っただけのことだと解説しました。しかし、南の「武装闘争」の最大の成果とされた六八年一月の青瓦台襲撃は、そんなものではなく、北から送りこまれた特殊部隊の軍事行動でした。また、「武装遊撃隊」なるものの活動はその後もつづきましたが、その少なからぬ部分が、北からの上陸部隊だったことも、いまではあきらかになっています。

だいたい、北朝鮮の党指導部が、会談で金日成が説明したような判断を一貫してもっていたのなら、なぜ六七年初め以来、南での「武装闘争」の高まりなどの大々的な宣伝をはじめ、六七年一二月の最高人民会議で、南に「革命的大事変」近し、それが起きたときには、北は「主動的に」対処するなど、人為的に緊張をかきたてるような宣言をあえておこなったのでしょうか。しかも、この宣言は、北朝鮮の政府の政策をかなり長期にわたって律するはずの、「十大政綱」の柱の一つとして、もちだされたのです。

もし、当時は、本気で「南進」の準備をするつもりで、こうした「宣言」もおこない、北からの特殊部隊の送りこみなども企てたりしたというのだとしたら、それは、南朝鮮の人民の意志とは独立に、北の武力によって南の「解放」をやりとげようという立場であって、朝鮮がそもそも統一した民族だからといっても、正当化しうる行動ではありません。そして、そうであったならば、その後、何らかの事情で、金日成が会談で私たちに説明したような判断と方針に転換したのだとしても、情勢の如何《いかん》によって、「南進」路線が復活する危険は、今後に潜在していることになります。

それとも、「武装闘争」の宣伝や行動をおこない、「南進」をにおわせる「宣言」をしていた当時から、これは表向きのことであって、本気でこの方針をすすめるつもりはなかったのか。そうだとすると、こうした宣伝や行動、宣言は、何か別個の政治目的を追求しての作戦だったということになります。そうだとしたら、それは、世界の前で公言できないかくれた目的のために、テロや「武装闘争」をもてあそぶことであって、それ自体、科学的社会主義の立場とは無縁な、きわめて危険なものです。

金日成の言明によって、当面は公然と「南進」政策をとらないとの立場は確認できたものの、北朝鮮の行動や立場は、私たちに、今後のさまざまな危惧とも結びついた、大きな疑問を残すものでした。

6　代表団にたいする秘密警察的な対応

ラングーン爆破事件も「偵察行動」の一部

あとからわかったことでもう一つ重大なことは、金日成が「南朝鮮での武装遊撃隊」の実態を説明したとき、最後につけくわえた「また偵察行動もやっている。これは双方がやっている」という発言が、たいへんなくせ者だったという問題です。

「偵察行動」というと、普通は、三八度線のような、両軍が対峙しているところで、相手の状況を偵察する行動を頭に浮かべますが、北朝鮮がいう「偵察行動」とは、そんな生やさしいものではないのです。私がそのことに気がついたのは、それから一五年後の一九八三年、ビルマ（現ミャンマー）のラングーン（同ヤンゴン）で、南朝鮮の全斗煥《ぜんとかん》大統領の暗殺をねらった爆弾テロ事件が起きたときのことでした。

この爆弾テロ事件は、北朝鮮からビルマに送りこまれたテロ部隊によっておこなわれたものでした。爆破工作にあたった三人のうち、一人は逃走中に射殺されましたが、二人は逮捕され、その一人の自白が公表されたのです。私が注目したのは、彼が自分の所属についてのべた部分で、その内容は、翌年九月、ビルマ政府が国連に提出した報告書にも、つぎのように収録されています。

「タクピン村で生きたまま捕らえられた朝鮮人容疑者は入院加療中、みずからすすんで自白を申し出た。……朝鮮人容疑者は自分の名前がカン・ミンチョルであり、年令は二十八歳、北朝鮮軍の陸軍大尉であると名のった。……カン・ミンチョルは、自分が北朝鮮の開城《ケソン》の偵察中隊からきたと語った。彼はジン・モ陸軍少佐〔逮捕〕を長とし、自分自身とシン・ギチョル大尉〔射殺〕からなるチームが九月九日、北朝鮮軍のカン・チャンソ陸軍少将の指図により北朝鮮の甕津《オンジン》を船で出航したことを明らかにした」(「ビルマ連邦社会主義共和国の報告書――調査委員会の調査結果とビルマ政府のとった措置」八四年九月二七日、『世界政治』八四年一一月下旬号所収)。

ここでは、一五年後のラングーン事件そのものについてくわしくのべるつもりはありません。問題は、この爆破テロ事件の工作者が、「偵察中隊」に属していたということです。つまり、北朝鮮で「偵察行動」というときには、南朝鮮での「武装遊撃隊」活動から、海外での爆破テロ活動にいたる特殊活動が、すべてそのなかにふくまれるらしい、ということです。

北朝鮮が、南朝鮮の革命運動としては、武装闘争などがまったく問題にならないことを承知のうえで、北からの特殊部隊による「武装闘争」やテロ事件の組織を方針としているとしたら、こうした方針と活動の危険性と有害性、いやもっとはっきりいえば、その犯罪的な性格はいっそううきぼりになってきます。ラングーン事件は、そのことを歴然とした事実をもって、世界にしめしたものでした。

宿舎にしかけられた盗聴器を発見

八月二六日、平壌の南の郊外にある温泉に場所を移して、会談をつづけたいという北朝鮮側の提案で、朝、車で温泉《オンチョン》にむかいました。「温泉」というのは、地名ですが、実際に温泉のでる土地で、そこに招待所があるのです。二年前の訪問のときにも、ここで会談をやったものでした。

温泉では、代表団のメンバーは、それぞれ一戸建ての宿舎に分かれて滞在します。私たちは、温泉につくとすぐ、割り当てられたそれぞれの宿舎に荷物をおき、そのあと、庭の藤棚の下で、金日成らと気楽な懇談をやりました。この藤棚は、それからもしばしば、懇談的な話し合いの場として利用されたものです。

温泉での会談は、二六日午後と二七日の午前の二回にわたっておこなわれ、平壌での会談に続いて、国際問題での意見交換を中心にすすめられました。その過程で、一つの事件がおこりました。

二七日の朝、例の藤棚の下で、正式の会談前の懇談をやっていたときです。その情景の写真をとろうということで、立木さんが宮本書記長の宿舎にカメラをとりに行きました。宿舎に行ってみると、書記長の部屋へ行く手前の室のドアがしまっていました。この部屋は、応接間風の一室で、代表団が打ち合わせなどの会議用に使っていたものでした。立木さんが、部屋へ入ろうとドアをおすと、ドアが開かない。かぎがかかっているわけではなく、内側から力ずくで押さえているものがいるのです。

こちらも力を入れて押し返すと、ようやくドアが開いて、軍服を着た三人の朝鮮人が部屋の隅で何かやっているのが見えました。言葉は通じず、彼らは何も説明しないであわてて出て行きましたが、まったく異常な出来事でした。

そのときは、そのまま、藤棚での写真をとり、私たち三人は会談へ、立木さんたちは、予定していた農場の視察に出発しました。農場から帰った立木さんが、昼食後の休み時間に、問題の部屋のなかをくまなく調査してみると、暖房装置の裏側に取り付けられていた盗聴器が発見されました。朝方の不審な三人は、立木さんが入ってくるとは、夢にも思わないで、盗聴関係の作業――おそらく、テープの取り換え作業か何かをやっていたのでしょう。

立木さんの当時のメモには、そのときの模様が、こう書かれています。

「三時〇五分　機材あり。

不破に話し　現地にあたる。

すぐ知らせる。不破同志と　書記長へ」

このメモにあるように、私は立木さんから連絡をうけるとすぐその部屋にでかけて行き、まぎれもない盗聴器が取り付けられているのを、現場で確認しました。そして、宮本書記長が休んでいた部屋に行き、その旨すぐ話したのですが、「心底見えた」というのが、私たちの共通の気持ちでした。

表面では、「同志的な」態度で、「率直に」話しあっているようによそおっても、それは、あくまで表面だけのこと、実際には、相手が会談で話す態度や立場を信頼できないで、盗聴という卑劣な秘密警察的な手段にうったえて、相手の内情や真意を探りだそうとする――これが、北朝鮮の党が日本共産党にたいしてとっている態度の実態だということです。しかも、すでに絶対的なものとなりつつある金日成の地位を考えれば、金日成が会談している相手の代表団にたいして、金日成以外のだれかが、金日成の承認なしに、こうした工作をくわだてるということは、考えられないことでした。

その後も、机の引きだしにしまってあった手紙が紛失し、そのことを問題にすると、いつの間にか、宿舎の机の上にもどされていたなどのこともありました。これも、留守中にトランクが開けられた形跡がしばしば残っていたことともに、代表団にたいする北朝鮮側の秘密警察的な対応を露呈したものでした。

金日成が、「南進」問題にせよチェコ問題にもせよ、会談で話すことと表向きの態度表明とを無原則的に使い分けて平気でいること、私が、こういう態度に強い違和感をおぼえたことについては、すでにのべてきました。盗聴という卑劣な手段に直面したときの、「心底見えた」という感慨には、これらの違和感にもつながるものがありました。どちらも、北朝鮮の党と金日成がこの時点でたっている実態を、それなりにしめしたものだったのです。

会談は、その日で終わりとなり、あとは八月三〇日、平壌をたつ夜、金日成と最後の会食をしました。列車は駅頭で金日成らに見送られて午後一〇時に出発、翌日の午後三時すぎに清津に到着、ここで一日を過ごして、九月一日、午後五時、ふたたびポーランド船ハノイ号にのりこんで、船長と再会をよろこびあいました。こうして、六八年の北朝鮮訪問は、「友好的な雰囲気」のうちに終わったのですが、私たちにとっては、表面での「同志的」態度の根底に「非友好的」な本音を実感しての帰路となったのです。

7 開始された金日成個人崇拝の体制化

各地で誇示される「金日成の現地指導」

一九六八年の北朝鮮訪問中に、強い印象をうけたことの一つは、金日成への個人崇拝の体制化がはじまったということでした。今日の絶対的な神格化や〝世襲王朝〟化と比較すれば、まだごく萌芽《ほうが》的な段階でしたが、それでも、二年前、六六年の訪問のときとは、様子ががらっと変わっていたので、その異常さを痛感したのです。

たとえば、学校を訪問しても、工場を訪問しても、そこの状況を説明する当局者が、かならず、自分たちは金日成首相から親しく七回にわたる直接の指導をうけたとか、現地での指導がここでは九回にもおよんでいるとか、「現地指導」の回数を誇らしげに強調します。ところによっては、麗々しい銘板を壁にはめこんで、その回数を大きく誇示している場合もありました。

どこでも、こうした「現地指導」の話で埋められ、すべての成果が金日成の「現地指導」の結果として説明されますから、私たちのあいだでは、「これなら、党や政府の指導機関は必要ないな」などと、冗談まじりに話し合っていたものでした。

訪問中に、こうした「現地指導」の実態にふれる機会がありました。

温泉での会談を終えた日の夕刻近いころ、金日成に案内されて、海岸にでかけたのです。黄海《こうかい》も、とくにそのあたりは干満時の水位の差の大きいところで、引き潮のときには、海岸線が一キロ以上も後退し、広大な干潟が露出します。北朝鮮では、そこを干拓して新たな農地をつくりだすために、大規模な防潮堤を築く計画をたてており、軍隊がその工事に動員されている最中でした。

展望台にあたるところで、金日成が干拓計画の説明をするのですが、工事にあたっている軍の幹部も同席していました。私たちへの説明の合間に、金日成がその幹部にも声をかけます。

「どうだ、休みのときには、魚を釣ったりするか」

「はい、釣っています」

「たくさん取れたら、地元の人にもわけてやるといいね」

「はい、そうしています」

世間話風のこんな調子の会話ですが、気がついてみると、後ろに一人の兵士がいて、唇をしっかり結んだ緊張した面持ちで、金日成の言葉を一言ももらすまいと、鉛筆で懸命に書き取っているのです。なるほど、これが金日成の何度目かの「現地指導」ということになるのかと、うなずけました。

そのあと、近くの共同農場に足をはこびました。そこで、稲の生育の状況も見ながら、収量の日本との比較が話題になったりしたのですが、そこでも、金日成の発言を黙々と記録している一人の農場員がいました。これも、「現地指導」をうけたという、この農場の重大な出来事になるのでしょう。

どこでも、党や政府の指導系統があるはずで、本来なら、現地の事情の具体的な分析にたって、状況にあった指導がおこなわれるはずです。それを、たまたま金日成が訪問したときの個々の言説だけが、「首相が親しくおこなった現地指導」として、すべての上に立つ絶対的な方針扱いされる、これでは今後がたいへんだな、というのが、その現地に行きあわせての感想でした。

工場の技術的方式まで「金日成の決定」と明記

平壌滞在の最後の日、八月三〇日に、北朝鮮側からの依頼で、宮本書記長が、人民経済大学で講演しました。主題は「日本共産党の自主独立路線」で、約二時間にわたる講演でした。

そのとき、講演に先だって、大学の教室を案内されました。私たちの目を引いたのは、重工業とか、鉱業とか、経済部門ごとの展示室があり、その部門の産業活動の内容が、技術的な側面をふくめて、すべて図版でわかりやすく説明されていることでした。これは、日本での学習・教育活動の上でも参考にできるやり方だと思いました。

同時に、驚いたのは、そうした経済活動の要所要所が、多くの点で、「金日成首相の指示による」

とか、「金日成が決定した方式」などと指定されていることでした。そのことを、金文字で強調している図版もありました。まさに文字通りの金科玉条です。

しかも、ここで「金日成方式」とされているのは、経済活動にとりくむ基本姿勢などの大局的な問題ではないのです。重工業の展示を例にとれば、工場に搬入された原料の配分・輸送・処理の段取りなど、細かい技術問題までが、金日成の指導による方式として位置づけられているのです。

この図版を目にしたとき、私がすぐ感じたのは、「こうなると、この方式をあらためられるのは、金日成以外になくなる。個人崇拝がここまでくると、技術面でも進歩の阻害要因になるな」ということでした。実際、工場の生産工程というものは、日進月歩であって、それをある段階で固定するようなことをやったら、世界の進歩から取り残されるのは、目に見えています。技術的な工程の細部まで「金日成方式」で固めて、だれも侵すことのできない金科玉条扱いしたら、その結果は退歩以外のなにものでもなくなるでしょう。

個人崇拝から覇権主義の野望へ

六八年八月といえば、金日成の「唯一思想体系」の確立を決定した中央委員会総会（六七年五月）からまだ一年三カ月、はじめにものべたように、個人崇拝の体制化としては、きわめて萌芽的な段階のことでした。

中国では、「文化大革命」の前夜でも、劇場にゆけば、毛沢東への賛歌があふれていましたが、当時の平壌では、すべてが金日成賛歌でぬりつぶされるといった状況は、まだ見られませんでした。金日成の銅像なども、私たちは目にしませんでした。金日成一家にたいする崇拝も、それほど表面だってはいなかったようで、「後継者」の名は一度も耳にしませんでした。

これに関連した記憶といえば、二九日、温泉から平壌に帰る途中、車に同乗していた北朝鮮の党の国際部員が、「この近くに金日成の母親の出身の村があるのだが」としきりに解説するのです。私が興味をしめして「寄ってみようか」といいだすことを期待している風情がありありでした。私が相手にしなかったので、話はそれきりになりました。金日成一族への崇拝を、訪問する外国人にまで傍若無人におしつける現在の状況にくらべれば、当時の個人崇拝はまだずいぶん「遠慮がち」のものだったのです。

しかし、訪問中の見聞を通じて、私たちが危惧を感じた個人崇拝は、その後、急速に奇怪な肥大化をとげ、北朝鮮の政治と社会を、絶対主義的な王政の統治下を思わせるような体制にかえてしまいました。

それは、対外的には、金日成を「世界革命」の「唯一の首領」と位置づける覇権主義的な野望となってあらわれました。朝鮮労働党の機関紙「労働新聞」に、金日成を「世界革命の首領」と呼ぶ礼賛の言葉が、登場するようになったのは、私たちの北朝鮮訪問からまだ四年もたたない七二年四月のことでした。

「金日成首相様はまちがいなく、……世界革命の最高首領でいらっしゃいます」。「世界人民は金日成首相様を、われわれの時代の最も偉大なマルクス・レーニン主義者として、世界革命を完全な勝利にとお導きになる唯一最高の領導者として戴いています。各国が一人の首領を戴いているように、世界革命もまた、ただ一人の首領を戴くことができます。金日成首相様は、世界革命の最も偉大にして、最も賢明にして、最も天才的なただ一人しかいない首領でいらっしゃいます」（「労働新聞」七二年四月一〇日付）。

これは、同年四月上旬に平壌で開催された「全国社会科学者大会」での一パキスタン人の発言として報道されたものですが、「世界革命の唯一の首領」だという崇拝の言葉が、「労働新聞」に堂々と掲載されたこと自体が、重要なことでした。そのほかにも、国際的な指導者としての礼賛の言葉は、あれこれの外国人の言葉を借りて、「現代のマルクス・レーニン主義」、「建設と革命の百科全書」、「二〇世紀の共産党宣言の創始者」、「現代人類のすべての進歩思想の最高峰」などと、「労働新聞」紙上にはてしなくならべたてられるようになりました。

こうして、「文化大革命」下の中国が、毛沢東への個人崇拝をテコに、毛沢東思想の世界制覇をめざす覇権主義の道を突きすすんだように、北朝鮮の金日成崇拝も、「金日成こそ世界革命の唯一人の首領」を合言葉に、金日成の「唯一思想体系」の世界へのおしつけという覇権主義の野望をあらわにしてゆきました。これが、八〇年代に、日本と北朝鮮の両党関係の断絶をひきおこす決定的な条件となるにいたったのです。

（「赤旗」一九九二年四月一四日～四月二〇日）

干渉の拡大から断絶へ（一九九二年一〇月）

七〇年代の干渉と攻撃

「今後は日本共産党との関係を清算する」

一九九二年五月、「赤旗」特派員が南朝鮮で取材したとき、元北朝鮮外交官の高英煥氏に会いました。彼は、一九七七年に外務省（外交部）に入り、本省やジュネーブ、アフリカなどで一四年間にわたって北朝鮮の外交活動にくわわり、九一年に南朝鮮に亡命したという人物です。インタビューにこたえた多方面の話題のなかで、私の注意を引いたのは、記者から日本共産党についての説明をきいたあと、高氏がまず語ったつぎの話でした。

高英煥　北朝鮮では日本共産党について、労働貴族の代弁機関、反動的な腐敗団体となったと決めつけており、国民大衆の間でもそういう宣伝がおこなわれています。かつては両党関係はスムーズだったが、いまは日本共産党はそうなってしまったといわれていたのです。

一九七二、七三年ころに、外交官、外務官僚を対象につくられていた文書で、金日成の指示として、〝日本共産党は、マルクス・レーニン主義の道からはずれ、時代の流れに反する、国際的に受け入れられない組織になった。今後は、日本共産党との関係を清算して、日本社会党との提携に転換しなければならない〟と書いてあったことを記憶しています。

その当時、北の官僚の間で混乱が生じました。それまで、日本共産党こそが人民、労働者を代表する組織で、社会党は中小企業の利益を代弁する党だと考えていたので、共産党との関係を清算して社会党に乗り換えるというのは、小ブルジョア的路線をゆくことになるのではないか、と疑問が出されたのです。

現実には、その後、社会党との連携をつくりあげました。

――七二年か七三年ころの外交官むけの文書というのは、どういう文書ですか。

高　外交問題にかんする教示書というもので、こんなに厚い本（と約五、六センチほどを指で示す）なんです。外務省の役人になったらみんな、その文書を学習させられるのです。年度ごとに、また部門ごとに出るもので、外務省に入ったら一カ月から二カ月間かけて、学習しなければなりません。金日成からの直接の指示文書なのです。

——あなたが外務省に入ったのは……。

高　七九年です。

——それで昔の文書もご自身で読まれたのですか。

高　ええ、外務省に入ってから、その年のものとともに以前のものも、四六年、四七年の臨時人民委員会当時からの記録も含めて、全部読んでいて見つけたのです。日本共産党にたいする見方を変えると書いてあったのは、あるいは七一年のものかもしれません。いずれにせよそのころです。その当時の文書で、「許外交部長にたいする金日成からの教示」という項目のなかに書いてあったのです。

一九七〇年代のはじめに、金日成から「日本共産党との関係の清算」が指示されたという高英煥氏のこの証言は、私にもうなずけるところがあります。

リレー連載「北朝鮮　覇権主義への反撃」は、「赤旗」で一九九二年四月一四日から五月七日まで二三回続きました。私はその冒頭の七回分を担当して、一九六八年の日本共産党代表団の北朝鮮訪問をめぐる状況と会談の内容について、紹介しました。北朝鮮側は、日本共産党代表団にたいして、陰では秘密警察的な対応をしたものの、その時点では、表面では、攻撃的あるいは敵対的な態度をとりませんでした。

ところが七〇年代に入ると、日本の革新・民主運動に南北朝鮮の統一問題などで、北朝鮮がそのときどきにとっている外交路線への無条件支持をおしつける態度が目だってきました。そしてその際、日本側で、北朝鮮の「圧力」の代弁者として行動したのは、ソ連、中国の場合と同じように、ここでもまた社会党だったのです。

これは、高英煥氏がいう、七〇年代に起こった「日本共産党との関係の清算」、「日本社会党との提携への転換」を、具体的事実でありありと示したものでした。

日本共産党と日本の自覚的な民主勢力は、北朝鮮側のいろいろな策動や圧力にたいして、日本の革新・民主運動の自主性をまもって、堂々と対処しました。

七〇年代に、北朝鮮が覇権主義的な干渉の方向に大きくふみだしたもう一つの問題は、「金日成思想」を日本にもちこみ、この「思想」を指導理論として「日本革命」をすすめるという集団を組織・育成しはじめたことでした。これらの集団は、一応、日本人自身の運動という建前をとってはいましたが、実際には、それが、北朝鮮に育成された出先機関であることは、明白でした。

一九七九年に、伊豆にある日本共産党の学習会館で、全国の地区委員長の学習会議がひらかれ、私は、「日本共産党の国際路線」についての講義をしました。そこで、ソ連や中国の問題に続いて、北朝鮮からの干渉問題についても、話をしました。

このときの講義は、あとで『前衛』に掲載しましたが（不破『現代前衛党論』一九八〇年　所収）、北朝鮮とはまだ公開で論争するという局面にはなかったので、発表のときには名ざしは避け、「対外追従主義のその他の形態」という形での問題点の解明にとどめました。

ここでは北朝鮮の覇権主義が、七〇年代にどのようなところまで展開したのか、日本共産党がこれにどう対処したのか、を示すものとして、ここに、当時の講義の関係部分を、一定の整理をしながら、再録することにします。もちろん、いまでは、名ざしの批判を避ける必要はありませんから、その点は、講義の原型により近い形で復元しました。

金日成崇拝の日本へのもちこみ
――一九七九年の講義から――

一つの重大な問題は、外国の特定の指導者にたいする個人崇拝の日本持ち込みの動きが、北朝鮮との関係でも、七〇年代に強く現れてきたことです。これが、覇権主義的干渉と結びついて、もっとも極端な形をとったのは、「文化大革命」とともに日本にもちこまれた毛沢東崇拝と「毛沢東思想」の絶対化でした。中国の干渉主義者と日本におけるその手兵たちは、「毛沢東思想」を「現代のマルクス・レーニン主義の最高峰」、「世界革命の百科全書」、「世界中どこにでもあてはまる普遍的真理」と宣言し、毛沢東を「全世界すべての革命的人民の心の太陽」と礼賛して、日本をふくむ世界の共産主義運動が「毛沢東思想」を世界革命の指導理論として受けいれ、毛沢東を世界革命の指導者とすることを要求しました。

日本共産党は、これが、「全世界の人民と革命運動が毛沢東一派に思想的に従属することを主張する、きわめてごう慢な大国的排外主義〔覇権主義――不破〕の要求である」ことをきびしく指摘する

（「今日の毛沢東路線と国際共産主義運動」）と同時に、「毛沢東思想」の過去と現在を歴史的に分析して、その絶対化論の根拠のなさを、内容的にも徹底的に明らかにしました。

いまでは、毛沢東の神格化や「毛沢東思想」絶対化の誤りは、まだ多くの不徹底さをまぬがれないにもせよ、中国の現指導部自体も承認せざるをえなくなっています。

ところが、注目する必要があるのは、同じような性質の個人崇拝――外国の指導者の神格化、その「思想」の絶対化の傾向が、こんどは、北朝鮮の金日成への崇拝として、日本の一部に、この数年来、かなりの系統性をもって、もちこまれてきていることです。

日本共産党は、数年前にも、国際友好・連帯運動の一部に芽ばえたこういう傾向について、その誤りを指摘したことがあります。一九七二年三月一一日の「赤旗」に発表した論文「国際友好・連帯運動の正しい発展のために」（『日本共産党重要論文集　8』所収）がそれです。

この論文は、当時、北朝鮮の金日成が六〇歳の誕生日を迎えるというので、日本の各界の団体・個人からの贈り物運動をはじめとする、金日成崇拝のキャンペーンが大々的に組織され、朝鮮総連などが組織者になって、少なからぬ人びとが半ば強要的にそれに巻き込まれるという状況がひろがるなかで、発表されたものでした。

この論文では、一九六〇年代の日ソ、日中友好運動などのさまざまな経験を総括しながら、国際友好運動において、「相手国政府の外交政策や方針の支持運動や、相手国の指導者の崇拝運動になったり、指導者の誕生日などにかんする行事への協賛や礼賛などを日本の友好運動にもちこんだりすること」は、厳格につつしまなければならないこと、国際的な友好と連帯と、相手国の路線の無条件支持や指導者への神格化への追随とは、まったく別のことであることを、率直に明らかにしました。

「諸外国の経験や社会主義建設の状況を正確に知ることは、日本人民の運動と闘争の実情や経験を諸外国の人民に正しく知ってもらうための宣伝活動とともに、相互理解と友好をふかめるうえで意義のあることです。しかし、そのことは、相手国のあらゆる路線や行動を無条件に支持することとはまったく別のことです。また、相手の国の指導者のことばや、その指導者の神格化などに追随することとも、まったく別のことです。そのことは、スターリンの神格化や毛沢東の神格化の誤りをみれば、いうまでもないことです。

真の友好・連帯は、特定の国における経験や指導者の理論・思想を日本の友好・連帯の運動に押しつけたり、あるいは、こちらが自主的態度を失ってそれに迎合したりすることとは根本的にちがうということ、自主性を堅持して友好・連帯を発展させることが相手の社会主義国側にとっても大局的な利益になるということを、かさねて強調しておきたいと思います」。

金日成を「首領」と呼ぶ対外盲従グループ
――一九七九年の講義から（続き）――

外国の指導者にたいする神格化と絶対化の傾向は、国際友好・連帯運動のなかでは、大局的には克服されているといってよいでしょうが、金日成崇拝は、研究者などをふくむごく一部の事大主義のグループのあいだで、その後ますます極端な形をとるようになってきました。とくに最近では、「自主の会」と称して、「金日成思想」を日本革命の指導理論とし、金日成を「首領」と呼ぶ、実践的なグループが組織されるにいたっていることに、注意をはらう必要があります。日本の国内に、このような対外追従主義の活動をもちこむこと、とくに「日本革命」の名において、それをすることは、どこか外国の国の問題ではなく、日本の革命運動の自主性への攻撃であり、日本の革命運動に責任をおう日本共産党として、けっして見すごすことのできない問題です。

これらの人びとのあいだでは、金日成の「神格化」と「金日成思想」あるいは「キム・イルソン主義」の絶対化は、毛沢東崇拝の最盛期をこえる、異様な形相をさえおびつつあります。

彼らの機関誌を見ると、金日成崇拝とその「理論化」の最先頭に立っていることで国際的にも著名になっている日本のある研究者は、「金日成思想」を、朝鮮人民だけでなく、「現代における全世界の進歩的な人民、革命的人民の指導思想・指導理論・指導方法」だと呼び、また自分は、最初「金日成思想」を「われわれの時代のマルクス・レーニン主義」と規定したことがあったが、それでは不十分だった、一九世紀後半のマルクス主義、二〇世紀初頭のレーニン主義、そして現代の「金日成思想」という形で、「人類の革命思想の発展の最高段階」にあるものとしてとらえるべきだとまで、その礼賛をエスカレートさせています。

そして最近では、「金日成思想」がいかにマルクス主義の不十分さ、制限性をこえているかということの〝解明〟にいよいよ力がそそがれ、マルクス主義は自然と歴史の問題は解明したが、人間の問題は全面的に解明できなかったとか、史的唯物論は、現代の世界と人民の要求にこたえられないとか、さらに極端なものになると、真の哲学の歴史は、金日成とともに始まるもので、マルクス哲学は「真の哲学」――「金日成思想」のための「前史を形成したにすぎない」とか、哲学や世界観の問題をふくめて、きわめて粗雑なマルクス主義批判が、機関誌のうえで書きならべられているのが、特徴的です［★］。

★「金日成思想」崇拝論の源泉は？　こうした誇大妄想的な「金日成思想」論の根源になっていたのが、金正日（朝鮮労働党書記・当時）〝談話〟として発表された一連の論文（「金日成主義の独創性を正しく認識するために」（チュチェ哲学の理解で提起される若干の問題について」など）であったことは、のちに明らかになりました。そこでは、マルクスやレーニンの理論が、革命理論としても、哲学理論、社会理論としても、乗り越えられた過去の理論となったとし、「金日成主義」あるいは「チュチェ（主体）思想」こそが現代の完成した変革の理論であることが、くりかえし強調されています。なお、これらの〝談話〟は、一九八三、八四年に発表されましたが、そのさい、金正日が前者は一九七六年、後者は一九七四年におこなった談話であると注記されていましたから、対外盲従グループのあいだでは、公表以前に流通していただろうことが、推察されます。［新版補注］

さらに、彼らは、「金日成思想」を現代の世界革命の指導理論だとして、日本でも、「金日成思想」あるいは「キム・イルソン主義」を日本革命の指導理論にすることを主張しています。彼らは、「金日成思想」を日本人民が身につけたときはじめて日本の革命が成功するとして、すべての日本人民がこれを自己の思想とするまでたたかうことが、自分たちの任務だとし、金日成を「首領」とあおぎ、金日成に最大の「献身性」をささげることを宣言するばかりか、日本の人民大衆も、金日成を「自己の領袖として見いだしたとき」、はじめて歴史の自主的な主体として登場できるなどと、叫んだりしています。

そして、こういう対外盲従的な立場から、彼らが、暴力革命唯一論をとなえ、日本共産党の「人民的議会主義」の立場を「修正主義の完成と綱領化」だと中傷し、日本に前衛党は存在しないなどと論じたてたりしていることも、注目すべきことです。

このグループは、日本の国民のあいだにはなんら実質的な根をもたず、ほとんど知られてもいない小グループで、他の多くの事大主義、盲従主義の小グループと同じように、主として崇拝の対象となっている相手国――北朝鮮との関係のなかでだけ存在している集団です。しかし、この小グループの主張と行動を支配している基調は、日本の国民を他国（北朝鮮）やその指導者（金日成）への思想的従属下におこうという、本質的にはきわめて有害で危険なものであり、それが、国際友好・連帯運動とも関係をもち、組織的、計画的に日本の民主勢力のあいだに工作をひろげようとしていることについては、必要な警戒をはらっておく必要があります。

〔付記〕この講義の数カ月後のことですが、朝鮮総連の機関紙「朝鮮新報」（八〇年四月一八日付）

の報道によると、「自主の会」は、一九八〇年四月、新たに「日本キムイルソン主義研究委員会」を結成しました。その結成宣言によれば、「研究委員会」の結成は、日本人民が、首領金日成の思想を「活動の指針」とするための重要な基礎となるものとされ、新しい「委員会」は、首領・金日成の思想の研究とあわせて、その普及と体得、これを実践に具現する活動への支援、とりわけ首領に忠実な「新しい型の人間」の育成を任務とすることが、強調されています〔この講義を『現代前衛党論』に収録したときの注記から〕。

八〇年代――野蛮な攻撃の開始

ラングーンの爆弾テロ事件を契機に

八〇年代に入ると、北朝鮮およびその意をうけた在日朝鮮人団体・朝鮮総連から、日本共産党にたいする公然の攻撃が開始されるようになりました。

その第一の契機となったのは、一九八三年一〇月八日、ビルマ（現在のミャンマー）の首都ラングーン（現ヤンゴン）でおきた爆破事件でした。当時、南朝鮮の全斗煥大統領が訪問中で、大統領が訪ねる予定だった殉難者廟が時限爆弾で爆破され、南朝鮮とビルマの双方の、あわせて二一人の高官が死亡し、多数が負傷しました。

この爆弾テロ事件について、北朝鮮側は、最初は「全斗煥一派に爆弾の洗礼」などと、それみたことかといった調子の報道をしていましたが、南朝鮮側が「事件は北の仕業」とのコメントを発表すると、やがて論調をかえ、南朝鮮側の「自作自演」説をとなえるようになりました。

しかし、ビルマ政府は、犯行にくわわった二人の朝鮮人を逮捕し、その一人の自白などから、事件を「北朝鮮の特殊工作員の犯行」と断定、一一月四日、そのことを発表するとともに、即日、北朝鮮との断交の処置をとりました。一一月二二日からは、逮捕された二人の裁判が始まりましたが、それとともに発表された「自白調書」は、爆破事件に関係した北朝鮮の司令官や外交官の名前まであげた、きわめて具体的なものでした。

日本共産党は、この事件が報道されるとただちに、「国内の変革へのテロはもとより、外国へのテロリズムの輸出も、科学的社会主義とは無縁のもの」とする原則的態度を表明しましたが、この事件そのものについては、当初はまず、真実の解明をまつという態度をとりました。

ところが、朝鮮総連は、その機関紙「朝鮮時報」（一一月二八日付）で、日本共産党のこの態度にたいし、「反動派の謀略に同調する」行為だという非難をくわえてきたのです。北朝鮮が発表した一方的見解に追従しないものは、反動派の謀略に踊る手先だというのが、その唯一の論理でした。この論理にしたがえば、事件がおこった最初から、北朝鮮の弁護にまわり、ビルマ政府への非難までおこなった社会党以外には、日本には「非反動的」な政党はない、ということになります。

この攻撃が、在日朝鮮人団体の名を借りてはいるものの、北朝鮮の指導部の意を体しての日本共産党攻撃であったことは、明瞭でした。

日本共産党は、「赤旗」一二月八日付に、論文「『朝鮮時報』の日本共産党非難に反論する」（『日本共産党国際問題重要論文集 14』所収）を発表して、この攻撃にこたえました。私たちは、そのなかでとくに、北朝鮮側が、ビルマ側があげている具体的指摘になんらの具体的な反論をすることなく、「自作自演」といった自分たちの勝手な見解を根拠もなしにもちだし、これに追従しないからといって、日本共産党を「反動」よばわりするのは、「自己の一方的主張を絶対化して」他党におしつけようとする「覇権主義のごう慢不そんな態度」であることを、きびしく指摘したのです。

ラングーン事件の裁判は約八年間つづき、九一年二月の最高裁判所の判決で、この爆破事件が北朝鮮の「偵察中隊」から派遣された三人の北朝鮮軍人による犯行であったことが確定しました。

日本漁船への銃撃事件でさらに攻撃を拡大

日本共産党への攻撃を拡大するつぎの転機になったのは、翌八四年七月、日本海の公海上でおこった日本漁船銃撃事件でした。石川県のイカ釣漁船が、北朝鮮の警備艇の銃撃をうけ、船長は死亡、漁船は拿捕《だほ》されたのです。「北朝鮮の軍事境界線を越えた」というのが、銃撃の口実でしたが、この「軍事境界線」とは、北朝鮮が公海上に勝手に引いただけのもので、国際的に認められる性質のものではなかったのです。

事件後、漁業関係者から見解を求められて、国際部長の立木洋さんは、この銃撃行為は「いかなる理由によっても合理化することのできない、国際法上も、人道上も不法行為である」との談話を発表しました（「赤旗」八月四日付）。

これにたいして、北朝鮮側は、朝鮮労働党機関紙「労働新聞」（八月六日付）に、日本共産党非難の「論評」を発表し、「内政干渉」だという攻撃をくわえてきたのです。こんどは、朝鮮労働党が直接、前面に姿をあらわしての攻撃でした。

日本共産党は、ただちに「赤旗」で反論しました（「人道も国際法も無視する立場の自己暴露――『労働新聞』の日本共産党攻撃にたいして」「赤旗」八月一六日付）。「労働新聞」の再攻撃（九月六日付の「論評」）にたいしても、徹底した反撃をおこない、北朝鮮側の主張を全面的に打ち砕きました（「『労働新聞』の乱暴な覇権主義の論法」「赤旗」九月二七日付、『日本共産党国際問題重要論文集　15』所収）。

私たちは、この論文のなかで、「内政干渉」という北朝鮮の中傷にたいしても反論し、日本共産党と日本の民主運動に公然と敵対している「キムイルソン主義」信奉者の団体に、全面的な支持を与えている北朝鮮側の行動こそ、日本の革命運動、民主運動にたいする重大な干渉の行為であることを、きびしく指摘しました。

これにたいして、北朝鮮は、沈黙におちいってしまいました。おそらく、反論不能を自覚せざるをえなくなったのでしょう。

北朝鮮側からのこうした連続する不当な攻撃によって、日本共産党と北朝鮮側との関係は、全面的に断絶することになりました。

みずから特殊工作員を外国に送って、非人道的な爆弾テロ事件をひきおこしながら、その問題で、自分たちに同調しないということで、日本共産党にたいする公然の攻撃を開始する、さらに非武装の漁船にたいして国際法を無視した銃撃をおこない、それを転機に、日本共産党へのより直接的な攻撃にのりだす、前近代的な個人崇拝を最大の旗印にして、日本に干渉の手兵集団を育成する——干渉と攻撃の拡大のこういう経過自体が、北朝鮮の覇権主義の前近代的な野蛮さの立証となっています。こうした攻撃が、国内での金日成中心の専制体制の強化や、封建王朝を思わせる世襲体制の確立などの異常な事態とならんで進行したことも、注目すべきことでしょう。

八八年一月の、多くの犠牲者をだした大韓航空機爆破事件も、科学的社会主義とは無縁な、野蛮な内外政策の延長線上で実行されたものにほかなりません。

北朝鮮問題についての第一七回党大会の決定

一九八五年一一月に開かれた日本共産党の第一七回党大会は、ソ連や中国などの覇権主義にたいする闘争を総括して、覇権主義の克服の任務を、世界の平和と進歩にとって不可欠の国際主義的任務として、日本共産党綱領のなかに明確に位置づけるとともに、大会決議のなかで、覇権主義は大国だけの問題ではないこと、北朝鮮の覇権主義とのたたかいも重要な課題となっていることを、つぎのように指摘しました。

「覇権主義は、社会主義の大国だけにあらわれる逸脱ではない。『軍事境界線』と日本漁船銃撃事件などの問題で、科学的社会主義の道理も国際法も無視した立場をとり、自分たちのその立場に同調しないということで、わが党に不当な攻撃をくわえてきた朝鮮労働党の態度は、覇権主義の一つの野蛮な典型である。また、わが党は、自国指導者の名を冠する『主義』や『思想』を世界的な指導思想として礼賛し、あれこれの追従組織を育成して、それをわが国におしつける覇権主義的行為にたいしても、これを断固として拒否する。

世界の共産主義運動の根本問題として、こうした干渉主義をきびしくしりぞけるとともに、わが党と日本の革命運動に干渉をくわえてきたいかなる党との関係でも、反党分派問題をふくめ過去の干渉主義的行為の清算を、関係正常化の基本的前提とすることは、わが党の不動の方針である」

（日本共産党第一七回大会決議）

ここに定式化された見解と方針が、今日においても変わらない、北朝鮮の覇権主義にたいする日本共産党の原則的な態度であることを、最後に指摘したいと思います。

（一九九二年刊　不破『たたかいの記録　ソ連・中国・北朝鮮——三つの覇権主義』初出）

一九九八年の日中両党関係正常化——報告と記録

両党関係正常化の合意について

記者会見、一九九八年六月

一九九八年五月の下旬に、中国共産党中央委員会から、関係正常化についての両党会談を北京で開きたい、という提案がありました。日程を調整して、六月八日～一〇日に会談を開催することにし、八日から、日本側は、西口光《ひかる》国際部長(当時)が団長、中国側は戴秉国《たいへいこく》中連部長が団長で会談が始まり、三日間にわたる協議の結果、一〇日に、両党関係の正常化についての合意が成立しました。

合意の内容は、次の通りです。

日本共産党と中国共産党との関係正常化についての合意

一、日本共産党の西口光書記局員・国際部長と中国共産党の戴秉国中央委員・中央対外連絡

部長は一九九八年六月八日から十日まで、北京で両党関係正常化のための会談をおこなった。日本共産党の山口富男幹部会委員・書記局員、平井潤一国際部嘱託ら、および中国共産党の李《り》成仁《せいじん》中央対外連絡部副部長らが会談に出席した。

二、会談において双方は、両党関係の歴史を回顧し、日中友好の大局から出発し、過去を終わらせ未来を切り開く精神にしたがい、歴史の事実にもとづく誠実な態度をもって、両党関係正常化の問題について真剣に意見を交換し、共通の認識に達した。

三、中国側は、六〇年代の国際環境と中国の「文化大革命」などの影響を受け、両党関係において、党間関係の四原則、とくに内部問題相互不干渉の原則にあいいれないやり方をとったことについて真剣な総括と是正をおこなった。日本側は中国側の誠意ある態度を肯定的に評価した。

四、双方は今回の会談により、両党間に存在した歴史問題が基本的に解決されたことを確認し、日本共産党と中国共産党との関係の正常化を実現することに合意した。双方は、日本側が主張する自主独立、対等平等、内部問題相互不干渉の三原則および中国側が主張する独立自主、完全平等、相互尊重、内部問題相互不干渉の四原則の基礎のうえに、両党間の友好交流を展開する。双方は、両党関係の発展が、日中両国国民の相互理解と友好の増進および日中両国の善隣友好協力関係の長期の、安定した、健全な発展の促進に積極的に貢献すると考える。

五、双方は、日本共産党中央委員会の不破哲三幹部会委員長が双方の都合のよい時期に訪中することについて協議し、合意した。

この合意は、日本側と中国側が同時発表しようという話になり、日本側では、六月一一日の東京時間午後四時半（北京時間午後三時半）、私が記者会見で発表しました。その時の、記者会見の内容は、次の通りです。

重大な歴史的意義をもつ今回の合意

北京でおこなわれた日本共産党と中国共産党の両党会談の結論について、お話しします。合意の内容はお配りしたとおりです。

この合意の冒頭に書いてあるように、会談は日本側の西口国際部長、中国側は中央対外連絡の戴秉国部長との間でおこなわれました。会談そのものは八日、九日、一〇日の三日間つづきました。きょうは、現地時間三時一五分、日本時間四時一五分から胡錦濤《こきんとう》政治局常務委員（国家副主席）との会見が始まって、今はその最中です。中国側が同時発表したいということで、若干時間を調整して、いまの発表になりました。

三二年の歴史をふりかえって感慨無量

今回の会談で、三二年来の歴史問題――「文化大革命」当時をめぐる問題を解決し、断絶という状態に終止符をうち、両党関係を正常化することができました。合意の文面は簡潔なものですが、それだけの重大な内容が含まれており、大きな歴史的意義をもつものとなりました。

私は、三二年前に北京や上海で当時の中国の指導部との首脳会談に参加し、また、それ以後干渉や攻撃を受けた経過の全体にかかわってきた者として、こういう結論をえて、両党関係が正常化したことに、特別な感慨があります。

干渉の背景になったのは「文化大革命」ですが、「文化大革命」が七〇年代に終結し、中国の国内問題としては一応解決されたあとも、問題が解決されず、ほぼ二〇年にわたって不正常な状態がつづいてきました。私たちは、干渉をめぐる歴史問題にけじめをつける、歴史問題を解決することが関係正常化の前提になるということを、一貫して主張してきました。今回の会談でこういう結論になったことは、私たちのこの立場が、歴史的にも政治的にも道理があったということを裏付けたものだと思います。

中国側の政治的な誠実さと政治的決断を高く評価する

振り返ってみますと、中国側では、この間に、毛沢東《もうたくとう》（主席）、劉少奇《りゅうしょうき》（副主席）、鄧小平《とうしょうへい》（総書記）、彭真《ほうしん》（政治局員・書記局員）、周恩来《しゅうおんらい》（首相）、朱徳《しゅとく》（常務委員長）、康生《こうせい》（政治局員候補・書記局員）、廖承志《りょうしょうし》（中央委員）、劉寧一《りゅうねいいち》（中央委員）など北京と上海の会談に参加した中央の幹部や、会談には参加しなかったが広州で私たちと交流した陶鋳《とうちゅう》など、当時の主だった関係者すべてが、それぞれの経緯のなかで、故人になりました。

ですから現在の党指導部や対外関係の部門の人たちのなかでは、過去の干渉問題に直接責任があるという人はいないし、逆に「文革」の当時には中央から追われて地方にいたとか、抑圧される側に立っていたとかという人も多いわけです。

そういうなかで、中国側が今回の会談に当たってしめした政治的な誠実さと政治的な決断を、私は高く評価したいと思います。

干渉の指導原理となった「四つの敵」論にもふみこむ

会談の中身ですが、合意の第二項にあるように、会談では双方が歴史問題で真剣な検討をおこないました。

「会談において双方は、両党関係の歴史を回顧し、日中友好の大局から出発し、過去を終わらせ未来を切り開く精神にしたがい、歴史の事実にもとづく誠実な態度をもって、両党関係正常化の問題について真剣に意見を交換し、共通の認識に達した」

私たちの認識はすでにくりかえし発表していますから、ここでの「共通の認識に達した」ということは、非常に深い意味をもっています。

実際に会談のなかでも、関係断絶の原因が中国側の誤った態度にあったこと、それが干渉の性格をもったものであったこと、そういう認識で双方が一致しました。

とくに中国側は、その誤りのなかでも、〝われをもって一線を画し〟というのは、中国の言葉で、自分たちが勝手に敵味方の境界線を引いて、勝手に両国人民の敵にしたということです――ここに、誤りの中心的な問題があったということを、くりかえして言明しました。

これは、歴史の総括としても、非常に重要なことでした。

当時の中国からの干渉では、「四つの敵」というのが最大の旗印でした。アメリカ帝国主義とソ連の修正主義、日本共産党、日本の反動派――この四つが「中日両国人民の共通の敵」だという立場で、干渉と攻撃のすべてを合理化したわけです。文化交流でも「四つの敵」、貿易の上でも「四つの敵」、日中の友好でも「四つの敵」、これを認めないと交流しないということを全分野でやったのです。

この「四つの敵」論は、毛沢東が六六年の七月にいい出したことです。それが、「文革」の対日版ともいうべき日本への干渉の指導原理になったのです。

今回、中国側もそうした歴史をよく調べて、その一番の核心のところをとりだし、誤りの中心的な内容として、この問題をくりかえしとりあげました。

認識だけでなく「真剣な総括と是正」を表明――反党グループ問題の解決でも合意

そういう認識が第三項にはこういうかたちで表現されています。

「中国側は、六〇年代の国際環境と中国の『文化大革命』などの影響を受け、両党関係において、党間関係の四原則、とくに内部問題相互不干渉の原則にあいいれないやり方をとったことについて真剣な総括と是正をおこなった。日本側は中国側の誠意ある態度を肯定的に評価した」

この文章にもう少し解説をくわえますと、ここで「相互不干渉の原則にあいいれないやり方」といっているのは、干渉だったということです。

そして、そういう誤りをおかしたという「認識」と同時に、中国側が「真剣な総括と是正をおこなった」と明記していることが重要な点です。

われわれは、前からのべているように、この三十余年の間の世代交代や指導部の変化などを知っていますから、われわれは謝罪を求めるのではない、過去の干渉についての認識の一致がないと、これからの両党関係が安定しない、そういう点で認識を求めているのだという態度を表明してきました。今回の会談で中国側は、認識だけにとどめないで、「真剣な総括と是正」というより立ち入った態度を表明したわけです。干渉当時につくられた反日本共産党の組織、いわゆる反党グループと関係をもたないという問題でも、中国側はそれに同意し、そのことが「真剣な総括と是正」の中に含まれているということを、確認しました。

歴史問題をここまでふみこんだ総括は前例がない

これまで、中国側がヨーロッパの党などとの間で「文革」当時の断絶状態を清算して関係回復した例は、数多くあります。ただ、ここまで踏み込んで中国側が歴史的な反省——「総括と是正」を明らかにしたという前例は、一つもないのです。たとえば、あるヨーロッパの党の指導者が、中国を訪問して関係改善したときの合言葉も、「お互いに過去を忘れよう」でした。過去に触れないで、過去を忘れて前に進もうといったんです。

しかし、私たちとの関係では、断絶にいたった歴史も違いますが、歴史の問題をお互いに真剣にふりかえり、そこから何が間違いだったか明らかにし、その総括に立って未来を開く、そういう態度を中国側もとったために認識の一致とあわせて今後の問題で一致ができました。

昨年（一九九七年）から今回の会談にいたる双方のいろんな発言や接触があり、私自身もその過程で中国の対外連絡部の幹部と話し合った経過があります。今回の結論は双方のそういう努力が実ったものといえますが、とくに中国側が、今回の会談で、そこまで踏み込んだ政治的決断をおこなったことは、高く評価できることです。私が冒頭に中国側の政治的誠実さと決断を評価するといったのは、ここに中心があります。

そういう評価に立って、私たちは、この会談をもって両党間の歴史的な問題は基本的に解決されたことを確認し、両党関係を正常化することに合意しました。

中国の政権党と日本の革新野党との関係

次に、今後の関係の問題です。両党の関係は、イデオロギー的な共通性とか、路線的な共通性にたっての関係ではありません。中国の政権党と日本の革新野党との関係だとみてもらえば、いちばん適切だと思います。

両者の間には、路線の問題、考え方の問題でいえば、意見や立場の違いは、当然いろいろあります。たとえば天安門事件の評価など、これを批判するわれわれの態度は明確ですが、中国の党は、今日でも、表現はいろいろ変わってきていますが、それを正当化する態度をとっています。

そういうなかで、両党間が正常な関係を確立する。この場合、この関係の基礎に何を置くかということに、なかなか大事な一つの独自の問題があります。党と党の関係について、それぞれの党の方針があるからです。

中国が、過去の誤りを反省するのに、「四原則」とあいいれないやり方という表現をしていることは、さきほど紹介しましたが、中国の党は、今、日本のいろんな政党とも、外国の政党とも、「四原則」を基礎にして、党間の関係を結ぶということを方針としています。

われわれは、日本共産党として、「自主独立、対等平等、内部問題相互不干渉」の方針を、政党間の関係の原則として一貫して主張しています。

この問題の大事なところは、どちらか一方の定式を採用することをしない、日本側は「三原則」を主張し、中国側は「四原則」を主張し、それぞれの原則を基礎にして両党関係を結ぶということを、いわば対等平等の形でうたいました。これは新しいことだし、大事なことです。

というのは、表現がかなり似ているようでも、どちらか一方の定式を確認したりすると、それらの原則の「解釈」を一方がもって、解釈が変化すれば客観性がなくなるということにもなる。そういう点で、双方がそれぞれの関係の原則を、対等平等にうたうことにしました。

「相互不干渉」を――歴史の教訓をふまえた大原則

そこには、重要な共通点があります。一番の共通点は、自主独立と対等平等という原則と、内部問題相互不干渉という原則、とりわけ干渉の誤りを犯さない、くりかえさないということ、これが歴史の教訓を踏まえた大原則です。

中国側も、会談のなかで、「四原則のなかで、独立自主が基礎で、内部問題相互不干渉が核心だ」という表明をしました。三十数年来の歴史の教訓から、内部問題相互不干渉ということをはっきり踏まえて関係を結んだというのが、大事な点です。

われわれは両党関係を今後発展させますが、そのなかには、いろいろな形態での、またいろんな分野での交流もあります。また双方が一致する問題での協力もあります。これはこれからの展開の問題です。

なお、その場合、国際的に重大な意味をもつ事件・問題が起きて、それに中国の党がかかわっているという場合がありえます。相互不干渉の原則で関係を結ぶんだから、われわれはものをいわないのかというと、そうではありません。マスコミのみなさんに意見をきかれて、答えないというわけにはゆきませんから、こういう性格の問題については、独自の立場から意見をのべることは当然あるということを、会談のなかでも相手側にきちんと話してあります。中国側もそのことをきちんと了解しています。

両党関係確立の意味は、党だけの問題にとどまらない

この合意のなかで、両党関係の正常化の意義を、党だけの問題にとどめない形でのべていること

も、お互いの確認として大事な意味があると思います。この「両党関係の発展が、日中両国国民の相互理解と友好の増進および日中両国の善隣友好協力関係の長期の、安定した、健全な発展の促進に積極的に貢献すると考える」と書いてある点です。

私たちとしては、両党関係の正常化、関係の確立を、党だけの問題にとどめることなく、日本と中国の国民の間のしっかりした友好関係を安定した方向ですすめるための一つの力にしてゆくつもりです。

また、私たちは、昨年(一九九七年)の第二一回党大会で、アジアと世界の平和をめざす外交活動、とくにアジア外交を重視するという方針を決定しました。核兵器の廃絶という問題をはじめ、大会決定にそった外交活動を展開するうえでも、中国共産党との関係正常化を大きな意味を持つものにしたいと考えています。

不破委員長の訪中と両党首脳会談の時期について

最後に、両党の首脳会談の問題ですけれど、九月の江沢民《こうたくみん》主席の訪日の前に、私が訪中して、北京で両党首脳会談をやるということは、双方で合意しています。

日程については、「双方の都合がよい時期」と書いてありますが、中国側が提起したのは、七月の後半から八月の前半にかけての範囲内で調整したいという提案でした。日本側からは、参院選後の国会の問題もあるので、七月後半がベターだという提起をしています。

中国側は、江沢民総書記が党の総書記と同時に国の主席を兼ねていて、かなり先々まで日程が決まっている状況だから、これから協議して提案し、いろんな決裁をへるという詰めにはちょっと時間がかかる、といっていました。われわれも、日程の問題が単純ではないことはわかっていますから、七月後半で調整できない場合には、八月前半もありうると考えています。この問題は、今後、弾力的に折衝してゆくつもりです。

両党首脳会談で何を話すかという問題ですけれど、だいたいそういう会談の場合には、「双方の関心のある諸問題」ということになるのが常道です。しかし、今度の首脳会談は三二年ぶりということだけではなしに、現在のそれぞれの党指導部としては、初めての会談になるわけですから、両党関係と両国の関係、その現在と前途の問題、アジアと世界の問題など、広い問題について立ち入って話し合いをしたいと、考えています。

以上が、関係正常化の合意の内容です。

（「しんぶん赤旗」一九九八年六月一二日付）

日中両党関係の正常化と首脳会談についての報告

日本共産党創立七六周年の記念講演から、一九九八年七月

三二年の歴史をふりかえって

さて、私がお話しいたしますのは、日中両党の関係の正常化、そして、今回の訪中と首脳会談、それがどういう意味をもったかについてで、いきさつをふくめてお話ししたいと思います。

私といたしましては、今回の訪中は、三二年ぶりでした。七月一九日の出発の日に、成田の空港であいさつしたときに、「三二年ぶりの訪中になるが、三二年間には両党関係に嵐《あらし》もあれば波乱もあった。また、それぞれの側でも変化、波と風があったが、全体としては前向きに総括できる」と、申し

ました。それはまた、訪中を終えての代表団全体の実感だったということを、まず最初に申しあげたいのであります。

最初の一〇年間――毛沢東時代の干渉・攻撃とたたかった〝嵐〟の時期

この三二年間の歴史をふりかえりますと、最初の一〇年間は、文字どおりの〝嵐〟でした。一九六六年、私たちが訪問しての北京での両党会談が、最後には上海での毛沢東との会談で、決裂に終わりました。

しかし、会談で意見が分かれる、決裂するということは、党関係ではありうることなんです。問題はそれ以後にありました。この決裂を根拠として、日本共産党にたいして中国側からのはげしい攻撃がおこなわれました。年配の方はおぼえておいででしょうが、「四つの敵」という言葉があります。「日中両国人民の敵」として、四つの相手があげられ、その一つに日本共産党が数えられて、集中的な非難、攻撃をあびました。しかも、その間、わが党以外の三つの「敵」――ソ連、アメリカ、日本政府とはやがて全部和解しましたが、日本共産党だけは、最後まで敵として攻撃をうけました。

その攻撃も、わが党のなかに、毛沢東支持の分派をつくって、内部から、日本共産党打倒の策動をめぐらす。あるいは、日本の各界に手をまわして、政界に日本共産党反対の包囲網をくわだてる。これまで、全国のみなさんが努力してつくりあげてきた、貿易や文化などなどの面での日中友好のすべてのつながり、パイプを、日本の運動にたいする攻撃の武器に変える。当時、わが党の存立をかけたたたかいといいましたが、こういうことが、多年にわたっておこなわれました。私たちはこれをうちやぶりましたが、これが、長期にわたってつづいたんです。

八〇年代――「文革」の国内総括と天安門事件の逆流

これは、中国の内部でおこった、いわゆる「文化大革命」と不可分のものでした。「文化大革命」の対外的な側面のいちばんひどい、いちばん露骨なあらわれが、日本にたいする攻撃だったといってよいと思います。

その「文化大革命」そのものは、中国の国内では、一九七六年に終結が宣言され、一九八一年には、鄧小平《とうしょうへい》指導部のもとで、あれは「指導者――すなわち毛沢東のことです――がまちがってひきおこし、それが反革命集団に利用されて、党と国家と各民族人民に大きな災難をもたらした内乱」だったという規定がおこなわれて、主要な責任者が処罰される、そういう総括が国内的にはされました。

しかし、当時の中国の指導部は、国内的な総括をそうやっておこないながら、日本共産党にたいする干渉と攻撃にたいしては、その誤りを認める用意がありませんでした。ですから、中国側からの申し入れに応じて、一九八五年に関係正常化の両党会談をおこないましたが、それは、結局、合意にいたらないまま終わりました。

その間、一九八九年には、例の天安門事件がおこって、世界を驚かせました。わが党は、この事件がおきる以前から、なりゆきの異常さを憂慮して、五月の末でしたが、「赤旗」に警告の「主張」をだしました。そして、事件がおこった六月四日には、平和的な人民運動にたいして大規模な武力弾圧をくわえるということは、社会主義的民主主義とは両立しがたい暴挙だ、ということをきびしく指摘した抗議の声明を発表しました。

事件がおこったのは、消費税が問題になって日本共産党の大きな前進がひろく期待されていた参議院選挙の直前でした。この事件が反共的な逆流をつよめ、ほんとうの意味での政治の前進をはばむ重要な要因になったことは、九年前のことですから、多くの方がいまでもよくおぼえておられることだと思います。

波風はあっても歴史は着実に前進する

ざっとふりかえっても、この三二年間には、こういう嵐があり、波乱がありました。しかし、それらをへながらも、歴史は着実な前進をとげるものだというのが、私どもの実感であります。（拍手）

これは、出発のときにもいったことですが、わが党の側でいえば、三二年前に会談をおこなったときには、党の国会での議席は、衆議院で四、参議院で四、あわせて八議席でした。それが、現在で

は、こんどの躍進をへて、衆議院で二六、参議院で二三、あわせて四九議席に前進しました。（拍手）

やはり、歴史の波風のなかで大きな前進が着実にすすむ、このことが、こんどの参議院選挙とむすびついた中国への訪問にもしっかりあらわれていたということを、申しそえておきたいと思います。（拍手）

そして内容的にいえば、この波風のなかでの着実な前進を実証したのが、今回の関係正常化と首脳会談だったということを、これからみなさんに、少し詳しく説明もし、報告もしたいと思うわけであります。

関係正常化にいたる交渉経過
――秘話をふくめて――

まず、両党関係の正常化にいたる交渉の経過ですけれども、現在の中国の江沢民《こうたくみん》指導部とは、われわれは昨年（一九九七年）までは、公式にも非公式にもまったく接触がありませんでした。

それがどうして今日の局面にいたったのか、そのいきさつをいままで発表しなかった――秘話といいますか――こともふくめて、話しておきたいんです。

変化のきざしは、昨年夏から始まる

まず、変化のきざしを私たちがみたのは、昨年の夏ごろからでした。都議選の結果がでたときに、「人民日報」にその結果が報道されましたが、そこで日本共産党の躍進・勝利ということが、わが党への肯定的な評価をふくめて報道されました。これは中国側のマスコミでは、じつは三一年ぶりのことでした。

つづいて八月に、日本のマスコミ、じつは朝日新聞の記者なんですけれども、その記者が日中国交回復二五周年記念で北京に取材にいったということで、私を訪問して、北京で張香山《ちょうこうざん》という人物からこういう話をきいたと伝えてきたのです。

張香山氏というのは、三二年前の中国共産党との会談のときに、中国側の中連部――中央対外連絡部といって日本共産党でいえば国際部にあたるものですけれども、その中連部で活動していた人で、われわれもコミュニケづくりなどでつきあった相手です。いまでは中連部の第一線からは引いているんですけれども、その当時の関係者が、あのときの「断絶の主な責任は中国側にある」ということを「朝日」の記者に公然と語ったという話でした。これは、中国側のその種の発言としては最初のものでした。

それにつづいておこったのが、九月の第二一回党大会への新華社の取材でした。

たしかに一つの変化がおこっているということを、われわれは感じたわけです。

そのころに、ほぼ同じ時期に中国で第一五回党大会がひらかれたわけですが、そこで選ばれた党指導部の構成をみますと、中国の党の指導部には政治局という機関があります。そのなかに政治局常務委員という人が七人いるんですね。その経歴をみますと、七人のなかで五人までが「文化大革命」のときに「労働」にまわされたとか「迫害をうけた」とかいうことをはっきり書いてある。書いてない人たちも、あの「文化大革命」のときに中心の側に座っていた人ではないのです。

そういう構成をみると、現在の指導部は、わが党に干渉をくわえた、「文化大革命」の中心になった指導部ではなくて、「文化大革命」で迫害された幹部がむしろ主流をなしている、そういう指導部だということもあらためてわかりまして、われわれも対応を考えてみました。

都議会代表訪中（昨秋）の機会に委託された中国側のメッセージ

そのころ、たまたま一一月に、東京都議会の超党派の代表団が訪中したのです。そこには、わが党からも木村陽治《ようじ》幹事長や松村友昭《ともあき》都議が参加しました。この代表団が中国の北京を訪れているとき、中国の党の、さっきもいいましたが中連部、中央対外連絡部から、わが党の二人の都議に、非公式だといいながら夕食の申し入れがあったのですね。

それで最初は、こんどは筋がちがうからと辞退もしたそうですが、結局はその招待をうけて、会食に応じました。そうすると、中連部の秘書長の朱達成《しゅたつせい》という方が、他の人たちといっしょにこの二人を接待していろいろ話したなかで、わが党の中央にたいする、つぎのような重要なメッセージを委託したのです。

日本共産党が現在、世界ではたしている役割を評価したうえで、日本共産党指導部へのメッセージを伝えてほしいとして、「中国共産党は、一つ、解放の事業に寄せてくれた支援と社会主義政権後の支援と同情は忘れない——これは戦前からの連帯の問題です。二つ、広範な国民は、中日国交正常化につくされた努力を忘れない。また、ガイドライン、日米軍事協力指針にたいする貴党の正しい態度に感謝の気持ちをもっている。われわれは貴党に友好的な感謝の気持ちをもっている。その党の一員が北京にきている以上、私たちは会わないわけにはいかなかったんだ」（拍手）、こういうメッセージとともに中国側の気持ちが伝えられました。

私たちは帰ってきた二人の同志からその報告をきいたときに、中国側のまじめな態度を正面からつよくうけとめました。

ただ、会食の席でのそのあとの話し合いの様子をききますと、どうもいちばんの問題である干渉問題、歴史問題についてては、まだことの見方や解決の考え方がたいへんおぼろげといいますか、はっきりしていないということもわかりました。

私たちとしては、中国側からのこのメッセージにたいして、われわれもしかるべき対応をする必要があるということを考えて、まず、一二月一〇日、「しんぶん赤旗」の北京支局の開設という問題を中国側に提起したのです。これは東京の中国大使館を訪問して申し入れました。相手側はたいへん驚いて、日本共産党の代表がはじめて大使館にきた（笑い）、そうしたらいきなり北京に「しんぶん赤旗」の支局をつくりたいという申し入れですかと、いささか面くらったようでした。

私たちは、支局の設置はもちろん中国の取材が主要な任務ですけれども、今後の両党間の話し合いをすすめるうえでも大事な足場になると考えて、提起したのです。中国の中連部にも少しあとになりましたが、電話で連絡しました。ここにもおもしろい話がありまして、なぜ電話をかけられたかというと、都議の同志が会ったときに、中連部の人たちの名刺をもらっていたのです。名刺には電話が書いてありますから（笑い）、党本部の国際部から電話番号を回せばちゃんと北京の中連部が電話にでるわけです。それで私たちは、こういう考えで「赤旗」の支局の設置を提起したんだという話もしました。

「人民日報」の戴談話と「党旗びらき」での不破発言——交渉の歯車が回り始める

その直後、一二月一九日付の「人民日報」に、中連部の部長の戴秉国《たいへいこく》さんの、今後の党の対外政策にかんするインタビューが載ったのです。そのインタビューの全体は一般論をのべたものですが、具体的課題が二つ提起されていました。当面の第一の課題は日本共産党との関係正常化、二番目がアメリカの民主党、共和党と関係をもつこと、この二つが提起されていたのです。先のメッセージが、ただの内輪での意思表示にとどまるものではなく、やはり党の国際関係の責任者が、日本共産党との関係正常化を、来年の第一の課題として公然と提起するだけの意味あいをもっているということがあらためてわかりましたので、それに対応して、私は、翌年一月五日の「党旗びらき」でそれにこたえる発言をし、われわれにも関係正常化の意思があるという態度をあらためてあきらかにしました。

ここから、両党の関係正常化についての交渉の歯車がまわりはじめたのです。

今年一月、来日した朱秘書長に日本側の真意を伝える

そのつぎにすすんだのが、両党の実際の接触と話し合いでした。一月の後半、都議団の同志たちにたいしていろいろな話をした中連部の朱達成秘書長が、現在、関係をもっている日本の諸党との今年(一九九八年)の交流計画の相談のために来日してきたのです。その機会に、わが党の国際部を表敬訪問したいという申し入れがありましたので、私どもはそれを受け入れました。ところが、中国の大使館は国交回復以来長く東京にあるわけですが、われわれの大使館訪問が初めてのことだったように、大使館側でも、日本共産党を訪問したことは一度もなかったわけですから、くるときにかなり迷ったようで、到着が結構おくれました(笑い)。ともかくこうして直接対面しての交渉がはじまったのです。

最初の日に西口(光《ひかる》)国際部長と朱秘書長との話し合いをやり、様子をきいてみますと、相手側には、関係改善の善意はあるのだが、なにしろ三二年前からの話で、それに直接関係した人がだれもいませんから、実際に何がおこったかについて歴史の事実の知識がない、そのために関係を正常化する

道筋についても、あいまいな問題やかみあわない問題が残るのは、どうもこのあたりに問題があるようだということに気づきました。

そこで私のほうも考えまして、翌日、私が、朱さん一行を食事に招待しよう、そしてそのさいに、断絶のときの日本側の関係者で現在活動している一人として、私の口から正確な事実を歴史的に話し、問題解決の基本についてもこちらの見解を伝えようと考えました。そして、そのことを相手側に申し入れ、一月二一日にその話し合いと夕食会をもったのです。

これはこんど北京にいってわかったことですけれども、中国側の朱さんたちは、いきなり党の委員長から、食事と話し合いを申し入れられたということで、だいぶ面くらったようです。すぐ、北京に電話して、招待に応じていいだろうか（笑い）ということを相談したという話をききました。ともかくそうして会ってみると、どこが食いちがっているかということがよくわかるのです。

中国側でいいますと、さっきいいましたように、現在の党の指導部は毛沢東時代の干渉にはまったく関係がありません。直接の外交当事者である中連部の部長にしても、九〇年代にはいってから中連部にきた人ですし、中連部のいちばん古い人でも、干渉当時、ことにかかわったという人は一人もいないのです。この問題の最大の権威者が、先ほど紹介した張香山という人なんです。この人は、当時の会談にはだいたいかかわっていて経過をよく知っているけれども、そのあとおきた干渉の全貌については、あまり詳しく知らないようでした。

われわれは当時、両党会談で合意できなかった、決裂したというところに問題があるわけではない、党と党とのあいだの会談で、共同コミュニケにいったん合意したが、あとで最高責任者がキャンセルするということは、ありうることであって、それは両党間の大きな問題ではない、問題は、そのことを根拠にしてその後大規模に干渉してきたところにあったということをずっと主張してきているんですが、会ってみると、その肝心なところがかみあっていないのです。ですから、短時間でしたが、干渉の歴史とその本質についてかなりくわしい話をしまして、こういう干渉があったという歴史をきっちり認めあわないと、これから「内部問題不干渉」で関係をむすびましょうといっても、「不干渉」という言葉が空文句になってしまう、それでは両党関係の安定した発展が望めないんだということを、たちいって話しました。そしてわれわれは、その事実の認識をもとめているのであって、別にあなた方に謝罪をもとめているんではないんだということも、よく話しました。

そのときに、われわれが前から主張している関係正常化の二つの条件——一つは干渉の歴史をしっかり認識すること、それから干渉の産物である反党集団との関係をもたないこと、これは最低の条件であって、これ以上は引き下げようがない、これを引き下げたら地面にめりこんでしまうぐらいの性質のものだ（笑い）、それでもしあなた方がこの条件を認められないというんだったら、認める用意ができるまでいつまでも待ちましょう、しかし流れがここまできているのに、話がすすまないということになれば、それはけっしてほめられた話ではないと思う、ここまでつっこんで話したわけですね。

あとでわかったことですが、このときの話し合いの内容は、中国側では中連部の範囲だけでなく、党の指導部にもすぐ伝えられたようです。そして、日本の党の真意がどこにあるかということをよくつかんで研究しはじめたということもわかりました。

四月の胡錦濤副主席来日――歓迎夕食会で、あうんの呼吸の〝幕切れの握手〟

それでつぎの話がどうすすんだかというと、四月に胡錦濤《こきんとう》さんという国家副主席、党の政治局常務委員の一人ですが、この人が日本にきました。そのとき、中連部からは、こんどは戴秉国部長が同行してきましたので、その機会に、わが党の国際部と中連部との話し合いもあらためてやりました。

この訪問で中国側が期待していたのは、指導部同士の接触がなんらかの形でおこなわれることだったようです。じつは、小渕（恵三《けいぞう》）外相の主催で、胡錦濤さんの歓迎夕食会がひらかれ、私は招待されてこれに出席しました。なかなか接触の機会がなかったのですが、この夕食会がおひらきになる間ぎわ、あと一、二分で幕がとじられるというときに、いわばあうんの呼吸で二人が「幕切れの握手」をやったのです。

さっきビデオでご覧になったように、胡錦濤さんが、「あのとき、おたがいにまた再会する機会はあるでしょうと約束しあった」といいましたが、そういう会話をかわしたわけです。その場面にはマスコミのカメラマンもはいっていませんし、写真はまったく存在しないと思っていたのですが、中国側の団員がとっさに手持ちのカメラでその瞬間を、ほんとうに一瞬だったのですが、見事にとらえて撮影してあったのです。

こんど訪問したときに、「歴史的瞬間の歴史的写真」だといって、これを大きく引きのばしたものを贈られましたが、やはりそういう接触を、中国側も非常な熱意をもって期待していたし、重視していたということが、そのことをつうじてもわかりました。これが、ことしの第二歩目の前進でした。

六月に関係正常化合意――中国側が干渉の誤りを認め「真剣な総括と是正」を表明

それで五月の末に、中国側から関係正常化の会談の提案がありました。私は一月に「認める用意がないのだったらいつまでも待つ」と話したわけですから、会談の申し入れがあったということは、それだけの条件がかなり熟したということだろうと考えて、西口国際部長を団長とする代表団を北京に送ったのです。

それで六月八日から会談をはじめたのですが、まず最初の日の午前中に初会談があって双方が見解をのべあいました。そのとき、中国側が、自分たちが三二年前におかした誤りをこういう言葉で特徴づけたんですね。「我をもって一線を画し、日本共産党を『両国人民の敵』と規定した」。こういう言葉を数回くりかえしました。これはどういうことかといいますと、「我をもって一線を画す」というのは、自分たちに同調しないものはみな敵とする、そういう立場で日本共産党を「日中両国人民の敵」としてあつかった、これが三二年前の誤りだったということを認めたものでした。

つまりこれが例の「四つの敵」論で、毛沢東時代の干渉のいわば指導原理だったものです。一月に中連部の秘書長に会って話したときには、中国側にそういう認識はなかったのですが、その後、党指導部をふくめて干渉の歴史をそこまでつきつめて分析し、ここにまちがいの根源があったということを見きわめて問題提起をしたということが、その発言でよくわかりました。会談をまとめて合意の文書をつくることについては、双方に考え方がいろいろありますから、代表団は苦労したのですけれども、私は電話で最初の日の午前中の会談内容の報告をきいたときに、これはこんどの会談はものになる、関係正常化の合意はできると感じました。そして実際に六月一〇日に文書で合意をし、六月一一日に双方で同時発表をしました。

この合意の文書のなかに、中国側が、干渉の性格をもった誤りをおかしたことについてのべたうえで、「真剣な総括と是正をおこなった」という言葉があるんですね。これが非常に大事な点なんです。つまり、過去の干渉の誤りを認めたうえで、真剣に総括し真剣に正した、ということを、合意の文書で公然と書いたわけです。ここが非常に肝心なところでした。

テレビ、新聞で国民に周知徹底――「政治的な誠実さ」をしめした中国の党指導部

あとでふりかえっても非常に大事な点だったと思ったのですが、私はじつは両党間の合意についての六月一一日の発表を、午後三時半に予定していたのです。そうしたら、相手側が「ぜひ同時発表したいから一時間おくらせてくれ。あなた方は三二年待ったのだから、一時間待てないことはないだろ

う」（笑い）といってきました。なぜ一時間が大事なのかはわかりませんでしたが、これに同意して記者会見を四時半にのばして発表したのです。そうしたら中国側は、その前に西口代表団と胡錦濤さんとの会談を用意してその写真をとり、それも合意と同時に発表しました。そのためにどうしてもこの一時間が必要だったようです。

そして、その日の午後七時のテレビのゴールデンアワーで、トップ・ニュースの一つに日中両党の関係正常化の合意があげられ、全国放映されました。そのテレビで合意の全文を読みあげたのには、みていた代表団も驚いたといっていましたけれども、それぐらい徹底して報道したのです。また翌日の新聞では、党機関紙の「人民日報」で全文をだしただけでなく、「北京日報」などの各地の新聞、それにくわえて「解放軍報」という軍の新聞や「工人日報」という労働組合の新聞までが全部この合意を発表しました。「私たちはこういうことで、国民にこのことを周知徹底させたいんだ」というのが中国側の説明でした。

これはソ連などの場合とはまったくちがっていました。ソ連では、干渉の誤りを認めても、国民の目からできるだけかくすのです。志賀一派を支持した誤りを認めたことがあるのですが、それを認めた文書はできるだけかくして、国民の目にはソ連が悪いことをやったということがいっさい見えないようにする。こういうやり方が一貫していました。ところが現在の中国の場合には、それをむしろ国民に周知徹底させる。関係者にきくと、こういうことを発表したら、いったい日本共産党とのあいだで何があったんだということが問題になるけれども、そういうこともわかってもらう必要がある、こういう誠意ある構えでした。

私は記者会見のときに、こんど初めて中国の党指導部と交渉をもったけれども、その「政治的な誠実さと政治的な決断を、高く評価する」と申しましたが、これはそういう経過をへてのほんとうに偽らざる感情だったのです。

そのとき私が同時に思ったのは、こういう党ならば、それこそ毛沢東指導部とも鄧小平指導部ともちがう、そのほかの問題でも誠実に、そして冷静に知的に話せる相手だろうということでした。その考えがこんどの訪問と首脳会談をつうじて、いろんな角度から実証されたと思っています。

両党首脳会談について

時間も同席者も展開も、異例ずくめに中国側もざわめく

つぎに両党の首脳会談についてのべますと、七月一九日に北京に到着しまして、二〇日には胡錦濤さんとの会談をやりました。この人は政治局の常務委員七人のうち、五番目の地位にあるといわれま

すが、二位、三位、四位の人はだいたい政府関係、政治協商会議関係の任務を主にしている人ですから、党の指導にかんしては江沢民総書記につぐ地位にある中心人物です。この人と会談を二時間やりまして、つづいて会食を一時間半、ほぼ午後から夕方にかけてあわせて三時間半ほど話し合ったことになります。

翌日、七月二一日には江沢民総書記との会談を約一時間五〇分やりました。

この二つの会談はいろんな意味で〝異例〟ずくめでした。中連部や北京にいる日本のマスコミ関係者の説明をきくと、だいたい二人の指導者がこれだけの時間をとって連続して話し合うということが、異例だというのです。また、江沢民総書記との会談に、政府の外交部長、つまり外務大臣の唐家《とうか》璇《せん》さんが出席したということも、党と党の会談としてはたいへん異例のことだとききました。

それからまた、江沢民総書記との会談が一時間五〇分、約二時間近くにおよんだということも異例中の異例だとのことです。私が訪中する前に、中連部からの事情説明としてきいたのは、党同士の会談ではだいたい三〇分から四〇分、政府の代表、大統領との会談は一時間がめどで、クリントン大統領と一時間二〇分から三〇分会談したのが最大の例外だったというんですね。そういうなかで一時間会談するのだから、「諒《りょう》」としてくれという話だったのです。実際に会談をやってみると、私が最初に話し、それから江沢民総書記が話したのですが、その話が予定の一時間がきても終わらないのです。そうすると、中国側の列席者がざわめきだすわけですね。それで江沢民さんが、話の終わりに問題を提起して、この問題について不破さんの意見をききたいといって結びましたから、また話がこっちにまわってくる（笑い）。こういうことで、会談を準備した中連部の予想をまったくこえた展開になりました。これも異例だということでした。

そこに、私たちのこんどの訪問にたいする中国側の気持ちもよくあらわれていたと思います。

「日中関係の五原則」――あるべき関係のレールを敷く

会談の内容はいろいろありますが、私のほうからはまず、日中関係の問題について「五原則」ということを提唱しました。これはさきほどのビデオでも紹介されましたが、

第一、日本は、過去の侵略戦争についてきびしく反省する、

第二、日本は、国際関係のなかで、「一つの中国」の立場を堅持する、

第三、日本と中国は、互いに侵さず、平和共存の関係を守りぬく、

第四、日本と中国は、どんな問題も、平和的な話し合いによって解決する、

第五、日本と中国は、アジアと世界の平和のために協力し合う、

というものです。この五つを、これから日中関係がよってたつべき原則として提唱したのです。そして、われわれは、いまの保守的な政権のもとでも、日中関係がこのレールに乗るようにがんばるし、もちろん、民主的な政権ができたら、これを当然、国策にする、そういう位置づけで提唱するものだと説明しました。

「侵略戦争への反省」と「一つの中国」——この二つの原則に日中関係の根本がかかる

きのうも、あるジャーナリストから、話し合いで解決するなどの原則はあたりまえのことじゃないかといった質問をうけたのですが、日中関係では、平和的に共存しあうとか、いろんな問題を話し合いで解決するとか、そういうあたりまえのことも、第一と第二の原則があやふやになるために、つねに根底がおびやかされるという関係にあるのです。つまり、いまの日本にとっては、この五原則のなかで、最初の二つの原則をきっちりすることが非常に大事なんです。これがしっかりしないと、あとの原則も生きてきません。

ことしは日中平和条約締結二〇周年ですし、日中共同宣言を発してから二六年になります。その間、日中関係は全体としてはすすんでいますが、たえずぐらつきます。逆流がおこります。どこから逆流が生まれるかというと、一つは過去の侵略戦争について反省しない流れが表にでたときです。もう一つは、日本がアメリカに追随して、台湾問題に手や口をだそうとするときです。つまり、侵略戦争への反省と、「一つの中国」の原則と、この二つの問題にすべてかかわるわけですね。

こういう私の提起に対して、胡錦濤さんは、こういいました。「日本軍国主義の侵略戦争で中国国民がうけた被害というのは、中国人民は絶対にこれを忘れない。それからまた、『一つの中国』、台湾問題については、中国は一寸たりともゆずることができない」。非常につよい言葉で、この二つの問題に、日中関係の今後にかかわる根本がある、ここに問題の心臓部があるということを強調しました。

それから、江沢民総書記は、表現は少しやわらかだったのですけれども、「中国人民はいつも二つのことを警戒している。一つは、日本軍国主義の教訓が日本国内でまだ明確にされていないことだ。もう一つは台湾の中国への統一の問題についての日本の揺れだ。この問題は、神聖なものであって、侵されてはならない問題だ」。表現はちがいますが、ことの重大性をしっかりとらえている点では、二人の発言はまったく同じでした。

安保の問題についても、江沢民さんは、「中国は、ずっとこれに注目している。安保というのは、冷戦時代——つまりソ連があった時代——にできたもので、それが残されたものだ」とのべたうえで、「われわれの特別の関心は、安保の適用範囲に中国の台湾をいれてはいけないということです」、こういう言葉で、ガイドラインの問題点をズバリつきました。

こういう意見交換は、まさにこの二つの問題で日中間にしっかりした関係をうちたててこそ、日中関係の安定的な発展が可能になるということを、いよいよ明瞭にしたものでした。

私は、会談をへて、五原則の提唱は、日中両国間の関係はいかにあるべきかというレールを敷いたという意義をもったということ、二一世紀にむかって、このレールのうえで両国関係を発展させる努力が、いよいよ重要だということを、深く痛感しました。(拍手)

抗日戦争記念館の展示——多くの先輩同志が命がけできずいた連帯と伝統に思いを寄せて

会談からちょっと離れますが、江沢民さんとの会談のあと、私たちは、中国への全面侵略の起点となった盧溝橋《ろこうきょう》に近い、「中国人民抗日戦争記念館」を訪問しました。この記念館は、いわゆる「満州事変」、一九三一年九月一八日の東北地方侵略のはじまりから、一九四五年八月一五日の日本の降伏までを展示の対象としているところです。

最初に館の方がたと会ったときに、私は「日本共産党は九月一八日の事変の九年前に創立されたが、すでに、そのときには中国への武力干渉がはじまっていて、日本共産党は『中国からの日本軍の完全撤退』を創立の最初から命がけで主張した」という歴史も話し、侵略戦争反対での日本と中国の国民のこの連帯が重要な意義をもっていることも話しました。

それで、展示館をみて歩きますと、その展示のなかに大きく、いわゆる「満州事変」、九月一八日の事変に反対する日本共産党と中国共産党の共同宣言が展示されているのです。これは、私どもの手元にないものですから、コピーをいただいてきましたが、日付をみると、一九三一年九月二〇日、事変の二日後にだされた共同宣言です。まさに、侵略戦争に反対する連帯がいかに展開されたか、また、そのことを中国側がいかに重視しているか、こういうことをありありとしめすものでした。

この展示は、まだわが党との関係が正常化する以前から展示されていたということです。三二年間の波乱をこえて、日中両国民のあいだに、歴史の奥行きの深い友好の流れがあること、そして、その流れのなかにわが党の歴史が脈々と流れていることを、あらためて非常につよく感じました。（拍手）

わが党がいま、日中関係の五原則をきっぱりと提唱できるのも、こういう歴史をもっているからこそであります。（拍手）

このことは、多くの先輩同志たちが命がけできずいてきた歴史的伝統が、いまアジアの未来に生きる力となって働いている、そのことをしめすものです。党創立七六周年を記念するこの日に、あらためてそのことに思いをむけようではありませんか。（大きな拍手）

核兵器問題――廃絶にむかって中国のイニシアチブを要望

会談にもどります。江沢民総書記との会談で、私は、つぎに、核兵器廃絶の問題を提起しました。核兵器の問題で、あなたにも書簡を送った、中国が他の核保有国とちがった立場をとっていることをよく知っているけれども、同じ文章で送った、とくに核保有国のなかで、核兵器廃絶にむけての先駆的役割をもとめるという話をしました。それにたいして、江沢民さんは、「中国のもっている核兵器の数は少ない」、それからまた、私が手紙で提起した諸項目について、核兵器廃絶の問題について中国は一貫して賛成していること、また、核兵器の先制使用を絶対しないという立場を最初からとなえていること、核実験についても、九六年七月以来、禁止をずっと主張していること、そういう立場を説明しました。これらは趣旨からいえば、私どもの提案の内容にかなっていることで、核保有五カ国のなかでこういう立場を明確にとっているのは、中国だけです。

私は、そのことを認めたうえで、その中国が、核保有五カ国のなかでその声をもっと大きくあげ、核保有国の態度を核兵器廃絶にむかって転換させてゆく、そのイニシアチブをとってもらうことを期待しているのだ、ということをかさねていいました。もちろん、それには国際的な環境も熟するという問題もありますし、適切なタイミングをとらえるという問題もあります。そのタイミングをよくとらえて、そういう役割をはたしてもらいたいんだという話をしました。そのときの中国側の雰囲気をみていますと、外務大臣の唐さんという人は、日本に九年もいて日本語がよくわかり、通訳する前から私の話にたいして笑ったり、うなずいたりする人なんです（笑い）。そういう方がたの顔をみながら、気持ちはつうじたなという印象をもちました。

今後の両党関係――「白紙」論を中国側に説明

それから大きな問題は、今後の両党関係の問題です。私は、この点で、最初の胡錦濤さんとの会談で、「白紙」論という問題を提起したんです。

つまり、一つには、両党は三二年間の空白をへているし、しかも現在の指導部同士としては初対面だ、お互いに文書では知っているけれども、相手が実際にどういうものであるかということについては、「白紙」から、よく研究する必要がある、ということです。

それからもう一つの「白紙」論として、われわれはソ連の解体から学んだという話をしました。ソ連は「社会主義」の看板をあれだけかかげていたが、対外政策も、国内体制もまったく社会主義とは無縁だった。ですから、われわれは社会主義という国についても、その社会主義の実態は何かということを、白紙で自分の目で確かめ、研究してつかんでゆくつもりだ、その二重の意味で、「白紙」論なんだということです。

「これはあなた方のことばでいえば、予断をもたないで研究する、『実事求是』という言葉が中国にある、事実にもとづいて真理をもとめる、そういう精神でやりたいんだ」と話しましたら、相手側も笑ってうなずいていました。

「社会主義市場経済」――レーニン時代の経験にもふれて

そのうえで私は、中国の現状の問題について、二つの問題を「感想」としてのべました。

一つは、いま中国がめざしている「社会主義市場経済」という問題についてです。これには日本でもいろんな見方があります。あれは資本主義じゃないかといった議論もいろいろありますが、私どもは、市場経済は資本主義だという立場はとりません。日本の将来の問題についても、社会主義と市場経済の不可分の関係について党の綱領にきちんと書いています。

この問題についての中国の方針を読むときに、私たちが思いだすのは、じつは、レーニンの晩年の時期の「新経済政策」（ネップ）という問題なんですね。レーニンは一九一七年に十月革命をやってから一九二四年に死亡するまで、社会主義にとりくんだ期間はわずかでしたが、そのとりくみのなかに、大事な探究をいろいろおこないました。革命後、初めに社会主義をめざそうとしたときには、じつは市場経済という問題はまったく念頭になかったのです。あのころは、戦争中にどこの国も戦時下の国家統制といいますか、生産や分配にたいする統制がさかんにおこなわれましたから、それを一つのモデルにして、こういう統制を人民の立場ですすめていけば、時間がかかっても社会主義にゆけるという展望を最初はもっていました。当時の文献に「全人民的な記帳と統制」、つまり、生産と分配を全人民的に記録し管理するということがよくいわれていますが、これは市場経済ぬきの社会主義への移行プランでした。

ところが、いろんな経験をへて、それではだめだということになり、最後に到達したのが、「新経済政策」というものでした。それは市場経済を大胆にうけいれ、そのなかには外国の資本主義企業も迎えいれる、社会主義部門はそれとの市場競争のなかで十分勝てる力をもつようにならなければいけない、こういう大きな構想をたてたわけですね。スターリンによって中断させられましたが、それが、レーニンが晩年に到達した最後の社会主義論でした。

その目で、いまの中国をみますと、市場経済をうけいれ、資本主義を一定範囲でうけいれて、それと競争できる社会主義部門をつくってゆく、「社会主義の初級段階」でも一〇〇年かかるといっていますが、これはレーニンの新経済政策と多くの共通点をもった構想だといえます。

ただ、レーニンの時代には、外国の資本主義をうけいれるといっても、実際に交渉にきたのは、あとでわかってみると、インチキな山師ばかりで、まともな資本主義がはいってきませんでしたから、外国の資本主義とも市場経済で競争するというレーニンのプランは、実際にはなかなか実現しませんでした。しかし、いまの中国には、日本をはじめ、外国の巨大資本主義がはいってきています。そういうものとも競争しながら、市場経済でこれにうちかてる社会主義部門をつくってゆくというのは、なかなかの大事業であって、私は「歴史上はじめてのプログラムとしての壮大さもあればむずかしさもあると思う」と、話しました。

いずれにしても、いまの中国の経済発展を考える場合、私はレーニン時代のロシアの経験、レーニンが展開した新経済政策の角度から整理してものをみることが非常に大事だと思っていますので、そのことにもふれて話したのです。

天安門事件など政治制度についても立ち入った問題提起

第二の問題は、天安門事件にかかわる政治制度の問題です。私は率直に、先ほど紹介した八九年六月四日にわが党が発表した糾弾の声明の趣旨をのべ、われわれはこう考えている、あなた方と見解がちがうが、きょうはこの問題で討論をするつもりできたわけではない、と話しました。

それをうけて胡錦濤さんがのべたのは、「あの措置をとらなかったら、中国の今日の局面と安定した状況はなかったでしょう」という話でした。これは、クリントン大統領にたいして、江沢民国家主席がのべたのと、ほぼ同じ説明でしたが、その説明をしたあとに、「この問題での意見のちがいがあっても、それは両党の友好関係の発展に影響するものではない」ということをすぐいいました。私はそれにこたえて、「同時に、天安門事件などで意見のちがいがあることを、こうやって率直にのべあうことが大事なんだ」ということを話しました。

そういうやりとりをつうじて、この問題をめぐる中国側の態度には、天安門事件を一つの歴史問題としてあつかうだけのゆとりがでてきているように感じました。

これにも一定の根拠があると思います。さきほど私は「文化大革命」の面からみたいまの指導部の構成について話しましたが、天安門事件との関係でもそれがいえるのです。天安門事件がおこった当時、党の指導部にいた人で現在残っているのは、七名の常務委員のなかで、首相をやめた李鵬《りほう》さんしかいないのです。江沢民総書記も、いま首相をやっている朱鎔基《しゆようき》さんも、当時は上海の指導者でした。上海では、天安門事件のすぐあとで学生の大規模な運動がおこったのですが、それにたいして当時の上海の指導部は、説得という方法で、完全に平和的に解決したのですね。天安門事件の直後に江沢民さんの総書記への抜擢《ばつてき》がおこなわれましたから、当時は、この事件になんらかの功績があって抜擢されたのだろうという推測もあったりしたのですが、現実は逆で、天安門事件に直接かかわりがなかったこと、そして、上海で問題の平和的な解決に成功したこと、この実績を評価されたことが、当時の人事の大きな理由だったということは、中国でも日本でもいま広くいわれていることです。また、私どもが会った胡錦濤さんも、あの時点には、チベットの党委員会の書記をやっていたわけです。ですから、現指導部は、天安門事件以後の指導部という性格が非常につよい。このことは、われわれが、中国のこの問題をみるうえで、よくみておく必要がある問題だと思います。

もう一ついいますと、当時、北京で事件の中心にあった人物の一人に北京市の市長がいます。彼は当時は、党の中央委員で、数年後に政治局員になった人ですが、去年（一九九七年）の党大会で汚職と職務怠慢の罪で除名されました。われわれが北京にゆく数日前に、彼がその罪で起訴されたということが中国で発表されていました。そういう面からいっても、現指導部には、天安門事件以後の指導部という性格がきわだってあらわれているなというのが、私たちがみてきた印象の一つです。

この問題について私は、胡錦濤さんとの会談で、さらにたちいった問題として、中国の政治制度の将来という問題を提起したのです。それは、「どんな体制でも、国民のあいだに根をおろした体制になるためには、言論による体制批判を禁止しないで、それには言論によって対応するという政治制度に発展しないと、本物にならない」ということです。

レーニンの時代にも、革命後、たとえば地主や資本家（搾取者）から選挙権を剥奪《はくだつ》するという措置をとったことがありました。レーニンはそういうことをやったときには、かならずそれについて注釈をくわえ、これは革命の必然ではない、ロシア革命のなりゆきのなかで必要になったいわばロシア革命の特殊性であって、しかも将来、一定の条件が生まれたら、こういうことはやめにする過渡的措置だということを、きちんと解明していました。

私はその話もし、政治制度の問題でも、そういう展望をもつ、将来性、方向性が大事だと思うということをのべました。私としては、この問題は、今後の中国の発展のうえでも一つの大事な側面になってくると考えています。

こんどの訪中はいわば出発点です。われわれはこれを第一回にして、先ほど「白紙」論という形でのべたように、中国の現状の研究を大いに全面的にやるつもりです。

その意味で、中国の現状を全体的にとらえるために、今後、研究代表団——中国側では視察代表団といったほうがわかりやすいようですが——を送って、中国の「社会主義市場経済」の全体像について、視察、調査、分析をやりたいという話を、中連部の人たちにしました。それにたいする中国側の対応もなかなかおもしろいものでした。

「それは大いに歓迎する。昔はそういう代表団がきたときには、いいところをみせるのがやり方だった。こんど、あなた方がきたときにはいいところもみせたいが、うまくいってないところもみせます。そういうところについて意見をぜひききたいんだ」。これも、いまの中国のあり方をしめすものとして、なかなかおもしろい反応だったなと思っています。

「世界の共産主義運動の問題」――江沢民総書記の質問にこたえて

それから最後の問題です。私はさきほど異例ずくめだったといいましたが、最後の〝異例〟は、江沢民総書記との会談のときのことでした。江沢民さんが、そこで、かなり長い発言をしたといいましたが、発言の最後に、冷戦後、つまりソ連崩壊後ですが、「冷戦後の世界の共産主義運動の問題について不破さんの意見をききたい」と、問題を投げてきたのです。

そして、「その前に私自身の見解もいいます」といい、「私は工学畑の人間で、党中央にきてから世界の共産主義運動の問題にもとりくんだ」と前置きしながら、自分の考えをのべました。そのなかには、マルクス主義の現代的な発展の問題、それから各国の実践との結合の問題、あるいは現代資本主義の発展をどう認識するかという問題、世界的な規模で資本主義と社会主義の交代にどんな展望があるか、どれだけの時間がかかるかという問題、最後に、ソ連がなぜ崩壊したのだろうか、この問題は複雑だという問題提起、このように、かなり多面にわたった発言でした。

かぎられた時間でしたので、この問題提起にこたえて、私はまず、ソ連の解体についてわれわれはどう考えているか、ソ連が社会主義とは無縁な抑圧型の社会になっていたという認識を、第二〇回党大会で結論としてひきだしたこと、ソ連論では、レーニン時代とスターリン時代の区別を明確にすることが大事だと思っていること、そういう話をしました。

それから、世界の共産主義運動の問題については、私たちがソ連共産党が解散したときに国際的なよびかけをだしたことを紹介し、それを中心に三つの問題について話しました。

第一は、ソ連覇権主義の悪影響、それからまたソ連がモデルだという誤った考え方からみずからを解放することが、どの国にとってもたいへん大事なんだという問題です。

第二は、自分の頭で考えて、自分の国にあった、自分の国の革命の路線というものをつかみだす努力が大事だということです。これはけっして単純ではありません。私たちの党も、戦後、今日の綱領路線に到達するまでに十数年かかっています。中国の党にしても、中国革命の路線をつかみだすまでに党創立から十数年かかっていますし、中国側がいま「中国の特色をもつ社会主義」路線だといっているものにたどりつくまでに、建国以来三〇年かかっています。そんなことも指摘して、それだけの労苦を要する仕事だが、どの国にとっても、これが大事だという話をしました。

第三に、「資本主義万歳」論の影響をきっぱり断ち切る必要があるということです。ソ連共産党が解体したときに、世界では「資本主義万歳」論がはやったが、数年して危機や矛盾が噴きだしてきた。それでも、「万歳」論の影響をうけて革命や社会主義の理想を失った部分が少なくない。こういう話もしました。

世界的にはまだ共産主義運動を全体として論じるほど事態は熟してない、そういう立場からわれわれは二党間交流を重視している、そして、中国との二党間交流も、そういうこともふくめて発展させたいという話をしました。それにたいして江沢民さんからは「どうもありがとう」という日本語がかえってきたわけです。

これはじつは、きいてみると、中国側の関係者にとってもたいへん意外な対話だったということです。戴秉国という中連部の部長さんは、江沢民総書記が外国の党代表と会うときにはかならず同席しているのですけれども、外国の党との会談で共産主義運動の問題について話し合った例は一度もないと、あとで驚きをまじえて私にいいました。

こういうこともふくめてみると、中国側が日本共産党との今後の交流に何を期待しているか、その問題意識の幅の広さがうかがわれる会談だったと思います。

話せばきりがないのですが、だいたい以上が会談のあらましであります。（拍手）

新しい歴史をきずく大事業に新たな確信と壮大な意欲をもって

最後に全体をふりかえりますと、中国側には、三二年間の断絶といった不幸な歴史を二度とくりかえしたくない、くりかえすつもりはない、そういう熱意が訪問の交流のふしぶしにうかがわれました。また、日中両党の関係を日本と中国の国家的な関係の安定、そしてまた国民的な友好の力にしたい、そういう気持ちもつよくあらわれていました。これは両党の関係正常化にたいする私たちの立場と完全に一致するものでした。

そういう意味でも、三二年の意味はほんとうに深いと思うのです。たまたま北京で、北京駐在の日本大使が歓迎の食事の会をひらきたいというので応じましたが、その席で、日本大使が冒頭にいったのは、「三二年間筋をとおすということは並たいていのことじゃない（拍手）。よくぞ筋をとおしたものだ」という歓迎と敬意の言葉でした。日本の大使の目からみても、やはり、それだけの意味はあったと思うんですね。

冒頭にもいいましたけれども、三二年はむだに過ぎはしなかった。これだけの歴史の波乱をへて、世界でもあまり例がないような道理のある解決に達したということは、単なる過去への復帰ではなしに、新しい情勢のもとでの新しい両党関係の発展にむすびついたことだし、それだけの基礎をきずいたものだということをわれわれは確信しています。（拍手）

（「しんぶん赤旗」一九九八年八月一日付）

不破哲三（ふわ　てつぞう）

1930年生まれ

主な著書 「スターリン秘史」（全6巻）「史的唯物論研究」「講座『家族・私有財産および国家の起源』入門」「自然の弁証法―エンゲルスの足跡をたどる」「エンゲルスと『資本論』」（上・下）「レーニンと『資本論』」（全7巻）「マルクスと『資本論』」（全3巻）「『資本論』全三部を読む」（全7巻）「古典研究　マルクス未来社会論」「古典研究　議会の多数を得ての革命」「古典への招待」（全3巻）「マルクス、エンゲルス　革命論研究」（上・下）「『資本論』はどのようにして形成されたか」「マルクス『資本論』―発掘・追跡・探究」「古典教室」（全3巻）「マルクスは生きている」（平凡社新書）「新・日本共産党綱領を読む」「報告集・日本共産党綱領」（党出版局）「党綱領の理論上の突破点について」（同前）「党綱領の力点」（同前）「日本共産党史を語る」（上・下）「スターリンと大国主義」「日本共産党にたいする干渉と内通の記録」（上・下）「二十一世紀と『科学の目』」「ふたたび『科学の目』を語る」「激動の世界はどこに向かうか―日中理論会談の報告」「『科学の目』で見る日本と世界」「歴史から学ぶ」「『科学の目』で日本の戦争を考える」「私の戦後六〇年」（新潮社）「回想の山道」（山と渓谷社）「私の南アルプス」（同前）「文化と政治を結んで」「宮本百合子と十二年」「小林多喜二―時代への挑戦」「不破哲三時代の証言」（中央公論新社）「マルクスと友達になろう―社会を変革する学び」（日本民主青年同盟）「科学的社会主義の理論の発展―マルクスの読み方を深めて」（学習の友社）

新版《しんぱん》 たたかいの記録《きろく》――三《みつ》つの覇権主義《はけんしゅぎ》

2017年1月15日　初　版

著　者　不　破　哲　三

発行者　田　所　　稔

郵便番号　151-0051　東京都渋谷区千駄ヶ谷4-25-6

発行所　株式会社　新日本出版社

電話　03（3423）8402（営業）

03（3423）9323（編集）

info@shinnihon-net.co.jp

www.shinnihon-net.co.jp

振替番号　00130-0-13681

印刷　光陽メディア　　製本　小泉製本

落丁・乱丁がありましたらおとりかえいたします。

ISBN978-4-406-06120-9 C0031　　Printed in Japan